JN098345

Q

An Introduction to
Social Research
Methods

入門・社会調査法[第4版]

▶2ステップで基礎から学ぶ

轟 亮・杉野 勇・平沢和司 編

Todoroki Makoto, Sugino Isamu, Hirasawa Kazushi

法律文化社

第 4 版のはじめに

初版刊行（2010年4月）から11年，第4版をお届けできることになった。今回の改訂では章間で移動した箇所があるため，第3版との対応表をウェブで公開することにした（https://www.li.ocha.ac.jp/ug/hss/socio/sugino/survey4th/）。紙幅の都合上，第2版と第3版のはじめにもそこに保存してあるが，本書の基本的な考え方を述べているので，ここで手短に振り返っておきたい。

第2版（2013年4月）のはじめにでは，社会調査の重要性が増すにもかかわらず人々の冷ややかな態度が広がるように見える中，正しい知識を得るには適切な方法が必要であると述べた。初版刊行後に東日本大震災が起こったが，未曽有の事態に直面し，従来とは異なる非定型的・独創的な対処が必要とされる時にこそ，調査の基本原理に関する理解が不可欠であり，斬新で効果的な対処方法はそうした方法論の根幹の延長上にあると主張した。

それから第3版刊行（2017年3月）までの間に，世論調査はBrexitとトランプ政権誕生を予測出来ずに人々からの信頼をさらに喪失したかにみえる。それは大統領選挙の予測失敗という点で，社会調査史上で有名な1936年と1948年のエピソードとも重なる。またSTAP細胞騒動があり，科学研究への人々の信頼は大きく揺らいだ。相前後して調査・研究の倫理に関わるさまざまな管理・統制が強化されていった。

その後，国内的には公的統計不正の問題がメディアを騒がせた。グローバルには現代史の重大事件であるCOVID-19のパンデミックが起こった。個別面接法による公的調査の幾つかが中止され，2020年秋の国勢調査にまで影響が及んだ。以前から人々の生活様式の変化によって個別面接法には困難が生じていたが，new normalというライフスタイルが定着していけば，個別面接法が社会調査の主流に戻ることはないだろう。同時にICTを用いたテレワークや遠隔授業にわれわれが慣れるように，人々の生活習慣や技術環境は常に変化し続ける。社会調査の方法もそれに適合していかなければならない。

こうした背景と考え方から本書は改訂を重ねてきた。第2版では新たに第8章でインターネット調査の実施法を説明した。第4章では因果分析についてより丁寧に解説し、重回帰分析の説明を第12章に加えた。第7章と第11章では標本抽出や統計的検定の説明を拡充し、付録に統計表を追加した。第9章ではコーディングや補定について加筆修正した。第3版では第14章で海外と日本の先駆的調査を紹介し、第9章をデータの電子ファイル化として新たに書き下ろした。電子調査票の説明は第8章に集約し、第2章で定性的研究の最前線に触れた。

　今回の第4版では、編者を3名として編集体制を強化した。第5章と第8章のインターネットを介した調査の記述をさらに整理し、われわれの調査研究の経験と成果を反映させた。第13章では研究倫理の説明を大幅に拡充した。最新の研究を紹介するために付した長い文献リストを更新し、索引にも手をかけた。ただし、定価を上げないために全体のページ数は変えていない。そのため残念ながら、Big Data、AI、IoT や計算社会科学については取り入れられず、ベイズ統計学にも僅かにしか触れていない。今後の課題としたい。

　社会調査協会の『社会と調査』25号（2020）の「著者が語る社会調査テキスト」で本書の成り立ちなどを述べた。執筆者の間で調査法に関して意見の相違があり、ときに先鋭化することも率直に紹介した。今回の改訂でもそれは完全には解消していない。用語や説明で不統一を感じられる箇所もあるだろうが、執筆者の個性や、考え方の多様性の表れとして御容赦願いたい。

　社会調査は、変化し続ける個人や社会について能動的に知ろうとする営みである。その方法論の研究は必然的に人間行動や社会現象についての深い理解を必要とする。その意味で実質的には各領域の社会学的研究と何ら変わるところはない。単なる技術論としてではなく、社会学的研究として社会調査の方法論を学んでもらいたいと願っている。

2021年1月

編　者

　本書は，社会科学のデータ収集法である「社会調査」について，初学者にもわかりやすく解説することを目的としている。目次をご覧いただければわかるように，本書では，いわゆる量的調査 survey research に焦点をあわせている。ここでいう量的調査とは，端的には，統計的処理を念頭においた，調査票を用いる標本調査のことである。しかし本書は，もう少しひろく，社会科学における調査研究の考え方や手順について読者の理解を深めることを目的としている。

　社会調査法のテキストにはすでに高い評価を確立している書もあり，近年も多くのものが刊行されている。にもかかわらず，比較的若い世代の研究者である私たちが，本書を刊行する意義はどこにあるのか。それは次のようなところにある。

　量的調査の理念は，時代によってそう大きく変わるものではない。たとえば，確率標本抽出，質問項目の信頼性・妥当性，統計的推測などは，これまで同様，本質的に重要な概念である。しかし具体的な手続きや方法，技術については，説明の強調点が時代とともに変化せざるを得ない。なぜなら，現在，社会調査という活動がそのなかでなされている「社会」自体が急速に変化しており，社会調査の現場では日々具体的な対応を求められているからである。そして，社会調査の実施にかんする問題解決を志向した，方法論の重要な研究成果も多く著されるようになっている。

　私たちは，このような実践的な知見を整理して紹介し，社会調査の現在を示すことが，社会調査教育において，いま特に重要となっていると考えたのである。しかし，テキストに書かれた理想的な方法をそのまま適用すれば良い調査が行えると考えてしまうのは重大な誤解だ。初学者であってもこの点をぜひ理解してもらい，実践的に，現場に即して考える材料を提供したい，そのことを通して社会調査のスキルを身につけてもらいたいというのが，本書の著者たち

の願いである。

　この点で，本書は欧米のテキストから多くを学んでいる。欧米では，日本に比べて圧倒的に多くの社会調査法研究が進められており，テキストにもそれらの成果が反映されている。そこでは応用技術的な内容が分厚く記述されており，また説明に高い体系性がみられる。本書を準備するにあたり，私たちは，複数の新しい欧米のテキストから学び，議論をフォローするように努めた。そして新たに注目すべきだと考えた概念や単語はできるだけとりいれて紹介するように心がけた。

　このように，基礎的な事項に加えて，実践・応用的な内容についても説明するため，本書は初学者にやや読みにくいものとなってしまう可能性があった。この問題を解決するために，編集方針として各章を大胆に 基礎 と 発展 のふたつに分け，初学者の目標を，とりあえず 基礎 の習得とすることができるよう，工夫してみた。もちろん積極的に 発展 へと読み進んでもらいたいと思っている。このような構成の試みは例が多くないので，各著者にはより多くの労をとってもらうことになった。 基礎 と 発展 のレベル設定については，いろいろな条件を考慮したうえで判断したが，異論もあるかもしれない。ご意見を聴かせていただければ幸いである。

　本書の企画・執筆にあたり，執筆者全員が集まって議論する機会を何度も設けた。当初は，同様の研究方法を用い，また比較的近いところに学問的な出自をもつ者同士なので，相互理解はスムーズであろうと考えていた。しかし実際には，社会調査についての理念や概念理解，あるいは細かな用語法まで，予想外に多くの相違があることに気づくことになった。相違点についてしっかりと議論することで，ある種の「知の標準化」を図ることができた。私たちの行う社会調査は専ら共同で実施するプロジェクトであるので，本書が同様に共同作業の成果として著されたことに，特別の喜びを感じている。

　執筆者はみな，社会学を専門としている。このため具体例などで，社会学専攻の学生や社会学者にとって馴染み深い話題が用いられていることがあるが，他の専門分野の学生や研究者，また社会調査に関心をもつ人であれば誰にでもひろく利用いただけることに十分配慮した。

　本書は，社会調査士資格のための授業科目 A・B のテキストとして用いるこ

とができるよう準備されている。また，各章を調査の実施プロセスに忠実に即して配列しているので，実習科目 G にも用いることができると思う。

　本書を著すことができたのは，私たちが先達から社会調査について学び，また社会調査を実際に経験する多くの機会を与えていただいたからである。個々のお名前をあげるときりがないので控えさせていただくが，これまで私たちに社会調査の手ほどきをしてくださった研究者の方々，調査運営を手助けしてくれた実務家の方々や学生諸君，そして調査に協力してくださった多くの市井の方々に，心からお礼の言葉を申し上げたい。最後になったが，法律文化社の掛川直之さんには，私たちの勉強と経験をこのような形にまとめる機会を与えてくださったばかりでなく，私たちの長時間の議論に毎回付き合ってくださったことに感謝している。もちろん，本書に残っているであろう至らぬ点の責任はすべて編者にある。お気づきの点を，どうかご指摘いただきたい。

　現代社会において，データに基づいて議論することが極めて重要になっている。社会調査は，データを収集し，分析し，報告するという意味で，すぐれて現代的な意義をもつ営為である。さらには，社会調査を行うわけではない人にとっても，社会調査によって得られたとされる結果を正しく吟味する能力を身につけることが，ますます大切になってきている。本書が社会調査にかんする知識や実践の水準をひろく高めることに貢献できるなら，私たちにとってたいへん嬉しいことである。

2010年3月

編　者

第3章
社会調査のプロセス
❖ アイディアから後かたづけまで ❖

第4章
社会調査のデザイン
❖ 因果分析を念頭に調査を設計するには？ ❖

曖昧な表現を使わない／ダブルバーレル質問をしない／難しい用語を
使わない／誘導的な表現を使わない／黙従傾向に注意する

第**7**章

サンプリング

❖ 対象者はどのように選べば良いのか？ ❖

第**8**章

調査の実施

❖ 郵送法・個別面接法・インターネット調査 ❖

第9章
データの電子ファイル化
❖ 大切な正確性と一貫性 ❖

第 12 章

変数間の関連

❖ データを分析する ❖

第 13 章

調査倫理とデータの管理

❖ 調査のフィナーレまでしっかりと ❖

Ⅰ 記号・ギリシャ文字一覧

文字・記号	読 み 方	意味・使い方の例	出てくる章
【ギリシャ文字】			
α	アルファ	α エラー（第一種の過誤）	第 11 章
β	ベータ	β エラー（第二種の過誤）	第 11 章
γ	ガンマ	グッドマンとクラスカルの γ	第 12 章
μ	ミュー	母平均	第 11 章
ν	ニュー	自由度	第 11 章
π	パイ	（円周率以外に，）母比率	第 11 章
ρ	ロー	母相関係数	第 12 章
$\sum$	シグマ（大文字）	和（足し算）の記号	第 10・11 章
σ	シグマ（小文字）	母標準偏差	第 7・11 章
τ	タウ	ケンドールのタウ	第 12 章
ϕ	ファイ	ファイ係数	第 12 章
χ	カイ	カイ二乗統計量 χ^2	第 12 章
【記号・数式など】			
$^-$	バー	算術平均。$\bar{x}$ は変数 x の平均	第 10・11 章
$^\wedge$	ハット	推定値や近似値。$\hat{\sigma}$ は母標準偏差の推定値	第 11 章
$\sqrt{}$	ルート，平方根，二乗根	平方根。$\sqrt{49}=7$	第 10・11 章
$\sqrt[n]{}$	n 乗根	n 乗根。$\sqrt[4]{16}$ は 4 乗したら16 になる数，つまり 2	第 10 章
$n!$	n の階乗	$n=5$ として例示すると，$5!=5\times4\times3\times2\times1=120$	第 7・11 章
max	マキシマム	max(a, b, c, d) は a, b, c, d のなかで最大のもの	第 10・12 章
min	ミニマム	min(a, b, c, d) は a, b, c, d のなかで最小のもの	第 10・12 章
$_NC_n$	コンビネーション	N 個から n 個を選ぶときの組合せの数	第 7・11 章
10^n	累乗または冪（べき）乗，n 乗	10の累乗は，特に桁が大きな数字を表すときに使う	第 7・11 章

2　数式の定義や計算の例示

● 和記号 ∑

i は添え字で、この場合は1からnまでの値をとるよ。

$$\sum_{i=1}^{n} x_i = x_1 + x_2 + x_3 + \cdots + x_{n-1} + x_n$$

上の式は変数 x の1番目から n 番目までの値の和（足し算）を意味する。

「和の ∑ は，∑ の和に！」

$$\sum_{i=1}^{n} (x_i + y_i) = (x_1 + y_1) + (x_2 + y_2) + \cdots + (x_n + y_n)$$

$$= (x_1 + x_2 + \cdots + x_n) + (y_1 + y_2 + \cdots + y_n) = \sum_{i=1}^{n} x_i + \sum_{i=1}^{n} y_i$$

「定数倍の ∑ は，∑ の定数倍に！」

$$\sum_{i=1}^{n} (2x_i) = 2x_1 + 2x_2 + \cdots + 2x_n = 2 \times (x_1 + x_2 + \cdots + x_n) = 2 \times \sum_{i=1}^{n} x_i = 2\sum_{i=1}^{n} x_i$$

● 階乗 $n!$

一般的に書くと，$n! = n \times (n-1) \times (n-2) \times \cdots \times 3 \times 2 \times 1$

$$9! = 9 \cdot 8 \cdot 7 \cdot 6 \cdot 5 \cdot 4 \cdot 3 \cdot 2 \cdot 1 = 362880$$

かけ算を×で書かずに・で書くことも多い。最後の1は一応書くのが慣習。

● 組合せの数 $_N C_n$（コンビネーション）

N 個から n 個を選び出すので，必ず N は n 以上の値でなければおかしい。

分母と分子に計3つある階乗を定義式にあてはめて書き下すとわかる。さらに，分母と分子で約分をすると下の式になる。

$$_N C_n = \frac{N!}{n! \times (N-n)!} = \frac{N(N-1)(N-2) \cdots 3 \cdot 2 \cdot 1}{n(n-1)(n-2) \cdots 3 \cdot 2 \cdot 1 \times (N-n)(N-n-1) \cdots 3 \cdot 2 \cdot 1}$$

$$= \frac{N(N-1)(N-2) \cdots (N-n+2)(N-n+1)}{n(n-1)(n-2) \cdots 3 \cdot 2 \cdot 1}$$

10人のなかから2人選び出す場合の組合せの数は以下のように求められる。

$$_{10} C_2 = \frac{10!}{2! \times (10-2)!} = \frac{10 \cdot 9 \cdot 8 \cdot 7 \cdot 6 \cdot 5 \cdot 4 \cdot 3 \cdot 2 \cdot 1}{(2 \cdot 1) \times (8 \cdot 7 \cdot 6 \cdot 5 \cdot 4 \cdot 3 \cdot 2 \cdot 1)} = \frac{10 \cdot 9}{2 \cdot 1} = 45$$

● 桁の大きな数，累乗

10^3 は $10 \times 10 \times 10 = 1{,}000$ を意味する。逆に，$1{,}000{,}000 = 10^6$ である。

こうして大きな桁の数の表記を見やすくすることが多い。

2,740,000,000,000という数は 2.74×10^{12} と書ける。意味さえわかれば後者の方が簡便である。コンピュータではこれを $2.74\mathrm{e}+12$ と表記する。

また，0.0000274は 2.74×10^{-5} と書く。コンピュータでは $2.74\mathrm{e}-5$ である。

3 統計分布表

◉ 標準正規分布表

u	0.00	0.01	0.02	0.03	0.04	0.05	0.06	0.07	0.08	0.09
0.0	.0000	.0040	.0080	.0120	.0160	.0199	.0239	.0279	.0319	.0359
0.1	.0398	.0438	.0478	.0517	.0557	.0596	.0636	.0675	.0714	.0753
0.2	.0793	.0832	.0871	.0910	.0948	.0987	.1026	.1064	.1103	.1141
⋮					⋮					
1.0	.3413	.3438	.3461	.3485	.3508	.3531	.3554	.3577	.3599	.3621
1.1	.3643	.3665	.3686	.3708	.3729	.3749	.3770	.3790	.3810	.3830
1.2	.3849	.3869	.3888	.3907	.3925	.3944	.3962	.3980	**.3997**	.4015
⋮					⋮					
1.6	.4452	.4463	.4474	.4484	**.4495**	.4505	.4515	.4525	.4535	.4545
1.7	.4554	.4564	.4573	.4582	.4591	.4599	.4608	.4616	.4625	.4633
1.8	.4641	.4649	.4656	.4664	.4671	.4678	.4686	.4693	.4699	.4706
1.9	.4713	.4719	.4726	.4732	.4738	.4744	**.4750**	.4756	.4761	.4767
2.0	.4772	.4778	.4783	.4788	.4793	.4798	.4803	.4808	.4812	.4817
⋮					⋮					
2.4	.4918	.4920	.4922	.4925	.4927	.4929	.4931	.4932	.4934	.4936
2.5	.4938	.4940	.4941	.4943	.4945	.4946	.4948	.4949	**.4951**	.4952

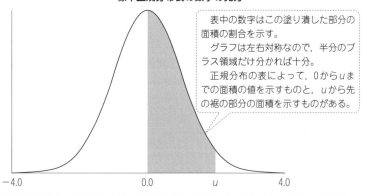

標準正規分布表の数字の見方

表中の数字はこの塗り潰した部分の面積の割合を示す。

グラフは左右対称なので，半分のプラス領域だけ分かれば十分。

正規分布の表によって，0から u までの面積の値を示すものと，u から先の裾の部分の面積を示すものがある。

-4.0　　　0.0　　　u　　　4.0

表の行（小数第一位まで）と列（小数第二位）の組み合わせで x 軸上の位置 u を表す。

● t 分布表

自由度 ν	α（分布の両裾合わせての確率）			
	0.100	0.050	0.010	0.001
1	6.3138	12.7062	63.6567	636.6192
2	2.9200	4.3027	9.9248	31.5991
3	2.3534	3.1824	5.8409	12.9240
4	2.1318	2.7764	4.6041	8.6103
5	2.0150	2.5706	4.0321	6.8688
10	1.8125	2.2281	3.1693	4.5869
20	1.7247	2.0860	2.8453	3.8495
30	1.6973	2.0423	2.7500	3.6460
40	1.6839	2.0211	2.7045	3.5510
50	1.6759	2.0086	2.6778	3.4960
100	1.6602	1.9840	2.6259	3.3905
150	1.6551	1.9759	2.6090	3.3566
200	1.6525	1.9719	2.6006	3.3398
250	1.6510	1.9695	2.5956	3.3299
500	1.6479	1.9647	2.5857	3.3101
1000	1.6464	1.9623	2.5808	3.3003
2000	1.6456	1.9612	2.5783	3.2954
標準正規分布	1.6449	1.9600	2.5758	3.2905

t 分布表の数字の見方

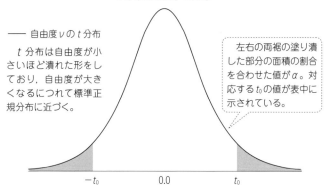

―― 自由度 ν の t 分布

t 分布は自由度が小さいほど潰れた形をしており，自由度が大きくなるにつれて標準正規分布に近づく。

左右の両裾の塗り潰した部分の面積の割合を合わせた値が α。対応する t_0 の値が表中に示されている。

$-t_0$　　　0.0　　　t_0

● χ^2 分布表

自由度 ν	有意確率 α			
	0.100	0.050	0.010	0.001
1	2.7055	3.8415	6.6349	10.8276
2	4.6052	5.9915	9.2103	13.8155
3	6.2514	7.8147	11.3449	16.2662
4	7.7794	9.4877	13.2767	18.4668
5	9.2364	11.0705	15.0863	20.5150
6	10.6446	12.5916	16.8119	22.4577
7	12.0170	14.0671	18.4753	24.3219
8	13.3616	15.5073	20.0902	26.1245
9	14.6837	16.9190	21.6660	27.8772
10	15.9872	18.3070	23.2093	29.5883
12	18.5493	21.0261	26.2170	32.9095
15	22.3071	24.9958	30.5779	37.6973
20	28.4120	31.4104	37.5662	45.3147
50	63.1671	67.5048	76.1539	86.6608
100	118.4980	124.3421	135.8067	149.4493

カイ二乗分布表の数字の見方

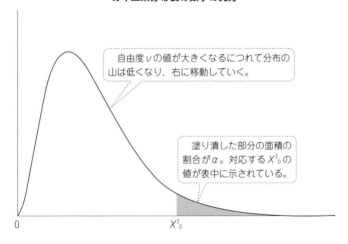

自由度 ν の値が大きくなるにつれて分布の山は低くなり，右に移動していく。

塗り潰した部分の面積の割合が α。対応する X^2_0 の値が表中に示されている。

参考 URL：http://sgn.sakura.ne.jp/lecture/Distributions.html

1 社会調査とは何か

調査法，はじめの一歩

> ## 基 礎 *Basic*

　本章では，まず，**基礎**で，なぜ社会調査が重要なのか，社会調査の定義，私たちと社会調査の関わりについて述べる。社会調査が実は身近で行われている活動だということに気づけるだろう。次に，**発展**では，公的統計，研究者による社会調査の実像，および調査倫理について説明する。

① 社会について「正しく」知ること

1-1 社会データの重要性

　私たちは社会のなかでさまざまな活動を行っている。大学の授業を選んで受講登録する，友人と旅行に行くなど，日常的な行為のことだ。そのような場面で，具体的にどのように行動するのかを決めるときには，自分がもっている知識を前提として考える。受講登録の例でいうと，この授業は先輩たちの評判がとても良いとか，若い教員だから優しいだろう等の情報に基づいて判断がなされている。このような知識は，やや大げさだが，**社会認識**の一部である。ここでいう「社会」とは，自分を含む人びとの集まり，「世の中」「身のまわり」というくらいに考えて欲しい。

　私たちは，社会がこうなっているという認識を前提に行動している。だが，その認識が間違っていることがしばしばある。先ほどの例でいうと，授業の評判をウェブでチェックしたのに実際にはイメージと全然違っていたり，若い教員なのに厳しいということもあるだろう（そもそも教育経験年数と学生への厳しさ

に関連があるのか，改めて考えてみると根拠のない自分の思い込みに気づいたりする）。

　より良く活動を行うためには，正しい社会認識をもつことが重要だ。間違った認識に基づいて，大損害がもたらされることもある。ただし社会認識における「正しさ」とは，善悪ではなく，客観的に事実であるということを指す。事実か否か，事実として確からしいかどうかの基準で，「正しさ」は判断される。いま，人間社会や文化に関わる事実について，**測定**して得た情報を「社会データ」と呼ぶことにしよう。たとえば内閣支持率が20％だった，去年よりも自殺者が減ったというような情報を指す（必ずしも数値で表せるものでなくても良い）。適切に測定したデータから，正しい認識に近づくことができる。

　社会を科学的に研究する「社会科学」は，こうした考え方を基本とする。これに対して，人間や社会にかんしては客観的といえるような事実はないとか，人文・社会科学にはそれとは別のもっと重要な役割があるなどと主張する研究者もいる。しかし，本書では，より正しい社会認識があり，研究によってそれに近づいていくべきだという立場で議論を進めていく。より正しい社会認識を得ることが，人間社会をより良く理解することになると考える。このような立場を，ここでは「経験社会科学」あるいは「経験社会学」と呼んでおこう。

　経験社会（科）学は，社会的な事実を知ること，事実が何であるかを確定することを志向している。そして，正しい社会認識に基づくことが，多くの場合，良い結果につながると考える。しかし，実社会のなかでしばしば，この態度が重視されていないことに気づく。たとえば，2018年末から2019年1月にかけて，厚生労働省の「毎月勤労統計」をはじめ22の基幹統計で不適切な調査方法や処理が行われていたとの報道がなされ，日本社会学会や社会調査協会は危機感をもって理事会や理事長が声明を発表した。たとえ自分にとって不都合なことであっても，事実は事実であるとして決断しなければならない。科学的態度は，私たちに正しいデータの収集と記録を要求するのだ。

1-2　社会データのリテラシー

　正しい社会認識を得るには，データを適切に扱う能力をもっていることが大切である。データに関わる能力（スキル）を，次の5点に整理しておきたい。①必要，②目利き，③調査，④管理，⑤分析・解釈である。

①必要とは、いま自分が直面している課題を解決するためには、正しいデータが必要だ、と思える感覚のことである。あらゆる場合にデータを求めよ、とまでは（あまりにコストが大きくなるので）いわないが、今日、政策決定や医療・臨床の現場などでは、議論が**エビデンス**（証拠データ）に基づくもの、evidence-based であることが、当然に要求されるようになっている。

②目利きとは、すでに測定され、まとめられているデータの「質」を見抜く能力である。他の人が測定したデータが正しく信頼に足るものなのかどうかを識別する能力が必要となる（Best［2008＝2011］が指摘するように、チェックがないまま広く信用されてしまった「怪しい統計」の例は、驚くほど多い）。

③調査とは、自分でデータを収集する能力である。必要なデータが、利用可能な形で存在していないのなら、自力で収集しなければならない。そのためには、適切なデータ収集法を知らなければならない。また、④管理とは、自分が収集したデータを他の人も利用可能なように、適切に整理し保管しておくことである。③と④ができれば、②の能力が高まる。適切な方法で収集され、管理がなされているとき、信頼できるデータだと判断できる。そこで、まず③と④の方法を学ぶことが重要となる。この方法こそが「社会調査法」なのである。

⑤分析・解釈とは、データを加工したり、結果を読みとったりする能力である。加工の第一歩は、データの**集計**作業だ。その先には、サブグループごとに集計したり（たとえば、男女別に大学進学率を計算する）、比較したり（たとえば、都道府県別の自殺者数）、さらに高度で複雑な分析が可能である。分析することで、より豊かな情報を得ることができる。そして最後に、分析結果を解釈し、それが示している意味を理解する作業が行われる。このステップは極めて重要で、高度な能力が必要である。

本書の読者には、以上のような社会データのリテラシーの基礎を修得してもらいたい。社会データの重要な収集法である「社会調査法」の学習は、これらの能力を獲得するために、きっと役立つと思う。

② 社会調査の定義

さて、いよいよ社会調査についてである。**社会調査**（social research）とは、

社会データの収集の一方法であり，社会調査によって得られたデータを，社会調査データという。戦後の社会学で経験的・計量的研究をリードした安田三郎（1925～90）は，社会調査を次のように定義している。「社会調査とは，一定の社会または社会集団における社会事象を，主として現地調査によって，直接に（first hand）観察し，記述（および分析）する過程である」［安田・原 1982：2］。以下ではこの定義を検討して，社会調査とは何かを理解したい。

　まず重要なのは，「社会調査」と「社会調査データの分析」の両者は異なるステップであるが，あわせて捉えるべき一連の過程だということである。データをいかに分析するかという想定なくしては，どのような種類のデータを，どのような方法で収集すべきかということすら決められない。データ収集法（社会調査法）とデータ分析法（社会統計学など）は区別されるが，両者をセットで学ぶことが大切だ。

　次に，安田の定義では，「社会調査とは直接にデータを収集することだ」とされている。「直接ではない」とは英語で second hand，他の人が収集したデータを分析し，解釈することを指している。こちらの研究方法は**二次分析**「社会調査データの二次利用」と呼ばれ，現在，盛んに行われている。良質なデータがすでに存在している場合には，自分で社会調査を行うよりもそれを利用する方が，賢明で効率的であるだろう。しかし，当然のことだが，二次分析が可能となるためには，自ら社会調査を実施して良質のデータを獲得し，他の人にも利用させてくれる「誰か」が存在しなくてはならない。

　他にも，業務を遂行すれば自ずとデータが得られる場合がある。たとえば，地方自治体の住民課での転出入者数，商店の日々の売り上げ，近年ではビッグデータと呼ばれる，ネット検索の履歴やGPSによる携帯電話やカーナビの移動情報の大量自動記録などである。このような記録や集計のあり方は，安田の定義では社会調査に含めにくい。社会調査とは，あえてデータを収集するという意図をもってはじめてなされる，能動的行為をいう。

　また，社会データを得るための，別の重要な方法として**実験**がある。実験では，諸条件を厳密に統制し，人為的に人間の行動が生起する場面を設定したうえで，行動を観察する。実験データを用いることで，因果関係についての仮説の厳密なテストが可能になる。これに対して社会調査は「現地」で，すなわ

ち，「実際の社会的場面の諸条件に統制を加えることなく，ありのままの状態」で，データを収集する。直井優は，実験的方法に対して社会調査が意義をもつのは，①実際の社会的場面に強い問題関心がある場合や，仮説の発見と構成が課題となっている場合，②人為的操作が困難な領域である場合，③実験の結果が実際の社会的場面で生起するかどうかを検証する場合であると述べている［直井 1983：3-4］。社会調査は，独自の意義をもつデータ収集法なのである。

　最後に，安田の定義では，社会調査は「社会事象」にかんするデータを収集するものだとされている。これは社会調査の目的を述べており，社会調査が個別具体的な個人や集団（個別事象）について知ることを目的としていないという意味である。たとえば，学校の期末テストと文部科学省の全国学力・学習状況調査を比較してみよう。期末テストは，それぞれの生徒の到達度を個別に知ることが目的なので，答案を無記名にしては意味がない。しかし，全国学力・学習状況調査は，当該年度の小学生や中学生の集団全体の学力を測定することが目的なので，無記名でかまわない。記名させるとすれば，回収の便のためだけである。社会調査は個々のケースについて知ることが目的ではなく，集団や社会についての認識，つまり社会認識を得るために行うのである。

　この点で少し補足しておきたい。よく考えると，調査して知りたいことが個別ケースについてなのか，それを超えたものなのかは，簡単には区別できない。たとえば，政治学では元総理大臣 A 氏への**インタビュー**というような，聞き書きの研究がある。これは社会調査なのか。総理大臣という存在について研究することが目的であり，この聞き取り作業が，総理大臣経験者の一事例のデータ収集とみなせるなら，安田の定義にあてはまるだろう。そうではなく，A 氏個人について知ることが目的ならば，それは社会調査とはいいにくいし，そもそも社会科学の研究になりにくい（歴史的に重要な証言記録とはいえる）。個別か否かの判断には相対的なところがあること，調査対象が個別であったとしても，その関心が個別を超えたところにある場合もあることに留意してもらいたい。

③ 私たちの社会調査との関わり

　社会調査に，私たちは大きく分けると，①情報の受け手，②調査の対象者，

③**調査者**（調査実施者）として関わることがある。

　①情報の受け手とは，調査結果の読者，利用者のことである。社会調査の結果は，毎日のように報道されている。しかし目の前の情報は，適切な方法で実施された社会調査によるのだろうか。賢い情報の受け手となるために，「目利き」能力，リサーチリテラシー［谷岡 2000］を身につけていたい。

　②調査の対象者という立場は，容易に想像できるだろう。街頭で「新商品のイメージ調査にご協力ください」と依頼されたことがあるかもしれない。ウェブ上には，時事的な問題に「あなたはどう思う？」とたずねるアンケートがたくさんある。私たちが社会調査の対象者となる機会は非常に多くなった。そのとき自分が依頼されているのは「社会調査」なのか，個別データを得ることが目的なのかは，回答するかどうかを判断する重要な基準となる。はっきりと拒否できるということも，大切な社会スキルだ。しかし，あとでも述べるように，私たちの社会には，社会調査によってしか知り得ない事実がたくさんある。調査による事実の把握が，有意義な社会活動につながっている場合も多い。だから，社会調査というものはとにかく拒否しておけば良いという姿勢も避けたい。社会調査の実施者としては，調査目的に意義があると感じられるなら，是非とも協力していただきたいと強く願っている。

　③調査の実施者にもいろいろな立場がある。自分では調査せずに，調査専門機関に調査を発注する（外注する），つまり委託者となる場合がある。このときは，どの機関が求める条件に従った調査を遂行できるのかを判断できなければならない。政府の省庁や地方自治体も調査専門会社のクライアントになることが多い。次に，自ら調査を実施する場合だが，そこにはいろいろな役割レベルがある。対象者と直接対面し回答を得る調査員，調査員をとりまとめる調査監督者，調査設計・運営の組織を構成する調査メンバー，調査の全過程について対外的に責任を負う調査代表者などである。あとの役割になるほど，社会調査法についてのひろい知識と能力が要求される。近年では，ビジネススキルのひとつに，比較的簡単な設計の調査を自ら実施する能力があげられている。専門家ではなくても，仕事で，社会調査の実施を経験する場面は増えているようだ。

④ 調査目的による社会調査の分類

「○○調査」という言葉は多様に用いられているので，少し整理しておくと便利だろう。社会調査の目的は，正しい社会認識を得ることであった。ここでは社会調査を，その認識の目的が何であるかによって分類してみる。大まかだが，①認識それ自体が目的である調査，②経済的利益のような私的利益を得ることが目的である調査，③公共的利益が目的である調査がある。

①認識それ自体が目的である調査の典型として，**学術調査**がある。社会学のみならず多くの学問分野で，研究のためのデータ収集作業として社会調査が行われている。たとえば，文系学問とされる，言語学・文化人類学・人文地理学・社会心理学・政治学・行政学・経済学・経営学・教育学・社会福祉学，また理系学問とされる，人口学・保健学・公衆衛生・都市工学などで学問的関心に応じた調査が行われている。それが何に役立っているのかと問われれば，端的には，より正しい認識を得ることそのもの，「知るために知る」ということになる。もちろん，学問的な知見が「人びと」の生活に直接的に役立つことがあり，それは喜ばしいことだ。しかしそれはあくまでも副次的な成果にすぎない。上の文の「人びと」の部分を，「納税者」や「調査資金の提供者」「権力者」「独裁者」などに置き換えてみるなら，「役立つことの望ましさ」の相対性に気づけるだろう。学術調査の第一目的は，人間社会や文化の性質について，正しい認識を得ることである。ただし，具体的に「何について」の認識を得るべきかは，専門分野の「学問共同体」によって議論され，共有されるべきものである［盛山 2004b：56, 272］。

分類の②と③は，認識を得ることを当然として，何らかの重要な実践的目的をもつものである。②の典型例は**市場調査**（マーケティングリサーチ）である。企業は経済的利益を追求するものであり，自社の活動が市場にどのように受け入れられるのか，現状把握と将来予測をするために，市場調査を盛んに行っている。消費者ニーズ調査は，イメージしやすい例だろう。テレビ番組の視聴率調査も市場調査である［藤平 2007］。企業からの委託を受ける**調査会社**は数多く存在しており，ひとつの産業を成している。また，政党は，有権者の嗜好や

ニーズを探る目的で，自動音声による電話調査を頻繁に行っているという。これは次に述べる世論調査にも分類できるが，有権者を「政策の買い手」という消費者としてみなしているとすれば，市場調査の一種ともいえる。

③の公共的利益を目的とする調査には，いろいろな例がある。まず，新聞社・通信社やテレビ局等のマスメディアが実施する，各種の**世論調査**があげられる。その関心は，政策や政治争点，社会問題について有権者の賛否・意見を把握すること，内閣支持や政党支持，投票態度を知ること，そして選挙結果を予測することにある。選挙予測調査はマスメディアの一大イベントとなっている。世論調査の結果には商品価値があり，メディアに経済的な利益をもたらすわけだが，世論の状況についての情報を有権者自身に還元し，政治的な判断の基礎を提供すること，「民意」を政治過程に反映させることという公共的利益を，まずは目的としていると考えることができる。[1]

他に，③の例として，国や地方の行政機関が計画策定や事業評価のために行う**統計調査**があげられる（政策調査・評価調査という語もある）。これについては次項で詳しく述べることにする。また，行政が目を向けない社会問題に，民間人が公共的な関心から社会調査を行うことがある。19世紀終わりのロンドンで，実業家C.ブース（1840〜1916）が私費を投じて行った**貧困調査**は，公共政策の発展に重要な役割を果した［阿部 1994］。ブースの調査は，社会調査の歴史的源流のひとつとされている[2]（→第14章 発展 **2**）。

目的タイプ別に見た社会調査の種類は，おおよそ以上の通りである。最後に，**アンケート調査**という言葉について述べておこう。フランス語のenquête には，日本語の「調査」とほぼ同様に多義的で，本書でいう「社会調査」の意味もある。[3]他方，日本語の「アンケート」という言葉は，質問紙（アンケート

1） 読者は世論調査の結果が，単なる日常会話のネタ，「消費される情報」にすぎないと思うかもしれない。しかし近年は「世論調査政治」といわれるほど，政治過程で世論調査の存在感が大きく［吉田 2008］，「定例調査」に加え，「緊急世論調査」が頻繁に実施されている。世論とは何なのか，日本社会で世論と世論調査の関係はどうであったのかは，調査と社会を考えるうえでの重要テーマである。松本［2003］，岡田ほか［2007］を参照のこと。
2） 社会調査の歴史について，欧米はEasthope［1974 = 1982］，Converse［2009］，村上［2014］，近代日本では川合［2004］が参考になる。第14章では日本の社会調査の重要事例もいくつか紹介している。

用紙）を用いて意見をたずねる調査やその方法，それに類する営為（たとえば，紙を使用しない「ネットアンケート」）を曖昧に指している。「アンケート」という言葉は，説明がなくても容易に（ただし漠然と）イメージしてもらえる点で便利なのだが，逆に，誰にでもできる簡単な作業だとか，「100人に聞きました」という程度の娯楽的な情報だとかという，理解の「軽さ」が災いすることも多い。調査研究者にとって悩ましい言葉になっている。

発 展　*Advanced*

Ⅰ　公的統計と統計調査

　ここでは国や地方の行政機関が行う統計調査について説明しよう。現代イギリスの社会学者 A. ギデンズは，近代国家（国民国家）を統治するにあたって，「管理目的に利用する情報の整然とした収集と保管，統制」が必要とされ，そのために「官庁統計」（Official Statistics）の体系的な収集が開始されたことを強調している。そこで収集される統計は，財政と徴税にかんするデータと人口統計である。そして，いまや官庁統計は「社会生活の多くの分野を網羅して」いる［Giddens 1985＝1999：206, 208］。

　近代日本も海外の考え方と方法を取り入れ，統計の整備を進めた。1920年には全国レベルの**人口センサス**である**国勢調査**がはじまっている。しかし戦時に統計機構や予算が縮小され，戦争末期には基本的な統計調査が実施できない状況となった。戦後，復興のための正確な統計を整備するため，アメリカの専門家使節団の支援も受けて，1947年に**統計法**が制定された。戦後60年，同法と統計報告調整法に基づき，公的統計が作成されてきた。社会情勢の変化に対応するために，2007年に統計法は全面改正され（平成19年法律第53号，2009年4月1日に施行），統計報告調整法は廃止された［松井 2008：6-7］。

　統計法に基づいた現在の日本の公的統計制度を説明しよう。公的統計は，統計調査を行って作成する調査統計，政府の業務で得られた業務記録（行政記録）に基づいて作成する業務統計や，他の統計の結果を加工して作成する加工統計を含む［松井 2008：11］。統計体系上重要な統計は**基幹統計**に指定される。統計法のもとにある統計調査には，府省庁が基幹統計を作成するための**基幹統計調査**，基幹統計調査以外に行政機関が行う一般統計調査，地方公共団体または独立行政法人等が行う統計調査がある。基幹統計には，2022年1月現在，国勢統計や国民経済計算，人口動態統計など53統計がある。

　行政機関等が行う統計調査には，私たちが知っているものも多い。基幹統計調査では，国勢調査は後述するとして，失業率や就業動向の分析を行うための「労働力調査」

3）　ブードンほか［1997］『ラルース社会学事典』の「調査」の項を参照。したがって，「アンケート調査」という表現は奇妙であることになる。

（毎月）と「就業構造基本調査」（5年ごと）がある。「家計調査」（毎月）と「全国家計構造調査」（5年ごと）は、世帯の収支の動向や生活水準を把握し、税制・福祉政策の検討や消費者物価指数の作成などに用いられる。「社会生活基本調査」（5年ごと）は国民の生活時間の配分や生活活動の状況を知ることを目的とする。経済構造統計の元となる「経済センサス」は、日本の事業所及び企業のすべてを対象として経済活動の状態を調査する。また基幹統計調査の他にも、「日銀短観」（全国企業短期経済観測調査、四半期ごと）のように、結果が必ず報道される、注目度の高い調査がある。地方公共団体や独立行政法人等の調査も含めれば、膨大な数の公的な統計調査が実施されている。

公表されている公的統計から、私たちが知りたい情報が得られる場合も多い。行政機関のホームページでは、多くの調査の概要や調査票（質問項目）、集計結果が紹介されており、それを閲覧するだけでも役立つ情報が得られる。統計法はさらに、公的統計を社会全体で利用される情報基盤と位置づけ、一定の条件を満たす場合に、委託に応じて既存の調査票情報から新たな集計表を作成・提供したり（オーダーメード集計）、匿名性を確保した調査票情報（匿名データ）を提供したりする利用制度（二次的利用）を定めている。総務省統計局のホームページで利用可能な調査と手続きが紹介されている。有効な活用が期待されるが、統計委員会匿名データ部会の議論では、利用件数は必ずしも伸びておらず、検討課題となっている（→第13章 発展 5）。

2 国勢調査

最も重要な基幹統計調査は、間違いなく国勢調査である。国勢調査は人口の状況を明らかにするため1920年から、1945年を除いて5年ごとに実施されており、10年ごとに大規模調査、その中間年に簡易調査が実施される。調査対象は、10月1日午前零時現在、日本国内に常住している者すべてで、外国人を含む。国勢調査員が**調査票**を世帯ごとに配布し、世帯が記入したものを取集する方法で実施されてきた。総務省統計局—都道府県—市町村—国勢調査指導員—国勢調査員という指揮の流れが作られており、国勢調査員の数は、約61.4万人（2020年調査時）にもなる。このように大規模な調査であるので、調査結果は順次公表されることになり、すべてが終了するまでに数年がかかる。**表1-1**が調査項目である。氏名を含め、個人と世帯の情報がたずねられている。国勢調査の歴史と変遷については、佐藤正広［2015］が詳しい。

国勢調査で得られるデータは、まず**法定人口**として用いられている。衆議院の小選挙区の画定と比例代表区の議員定数、地方交付税の交付額の配分、市や指定都市の設定、都市計画区域の決定、過疎地域の要件などの基準とされ、また、少子高齢化の将来予測、地域の人口の将来見通し、まちづくりのための計画や防災計画の策定など、行政施策の基礎データとされている。また、日本の将来人口推計、地域別の人口推計、国民経済計算の統計など、他の公的統計を作成するための基準となっており、さらに国勢調査の地域単位としての**国勢調査区**は、世帯を対象とする標本調査の標本設計や、地域メッ

表1-1　国勢調査の調査事項

■ 世帯員に関する事項	⑿ 仕事の種類
⑴ 氏　名	⒀ 従業上の地位
⑵ 男女の別	⒁ 従業地又は通学地
⑶ 出生の年月	⒂ 従業地又は通学地までの利用交通手段＊
⑷ 世帯主との続き柄	
⑸ 配偶の関係	
⑹ 国　籍	■ 世帯に関する事項
⑺ 現在の住居における居住期間	⑴ 世帯の種類
⑻ ５年前の住居の所在地	⑵ 世帯員の数
⑼ 在学，卒業等教育の状況＊	⑶ 住居の種類
⑽ 就業状態	⑷ 住宅の建て方
⑾ 所属の事業所の名称及び事業の種類	

令和２年調査の調査事項（＊は平成27年調査（簡易調査）でたずねられていない項目）

シュ別統計などの小地域別統計の作成に用いられている。[4]

　しかし特に2000年代に入ってから，国勢調査の実施は困難に直面している（→第14章 **基礎** 1）。まず，調査拒否世帯の増加という問題が生じている。プライバシー意識の高まりや，犯罪への警戒などが理由としてあげられている。2005年調査では，プライバシー保護対策として，希望者が封入提出を選べる方式が導入されたが，開封作業のコストが膨大になり，未記入・未完成票が増えてしまうという問題が生じた。また，調査拒否世帯や，不在，居住確認が困難な世帯が増加して，調査員の負担が過重になり，調査員が大量辞退したり，定められた方法を守らず回収することも起こっている。

　そのようななか，国勢調査不要論や見直し論が語られることがある。他の調査や行政記録で代替可能ではないか，全数調査である必要はない，記名は不要ではないかなどの疑問が提起されている。[5]逆に，国勢調査以外の方法で，果たして同等の信頼性のあるデータを入手できるのかという主張もある。国際連合が人口センサスを10年ごとに実施する勧告をしている点も重要だ。統計法の下で内閣府統計委員会が，市民からの意見公募をしながら，国勢調査の実施計画を作成している。調査票提出について，2010年調査では上記の封入提出が全面導入され，郵送提出やオンライン回答（東京都のみ）も選べるようになるなど大きく変更された。2015年調査は，パソコンやスマホによるインターネット回答が全国で可能となり，「オンライン調査先行方式」で実施された。これは，まず全世帯に回答用IDが配布され，インターネット回答期間が設定され，期間中に回答のない世帯に調査員が訪問，紙の調査票を配布し，直接か郵送で提出する方法である。

4）　国勢調査区は，原則として１調査区におおむね50世帯が含まれるように，恒久的な単位区域として設定されている基本単位区をもとにして構成されている。

5）　山本［1995］，藤田［1995］を参照。

インターネット回答は全国で36.9%だった。2020年調査ではオンライン回収先行方式（IDと調査票を同時配布）が取られたが，新型コロナウィルス感染症（Covid-19）流行のため，訪問をとりやめたり調査期間を延長したりした自治体もあった。

3　いろいろな調査のデザイン

「単一の対象集団に対して，1回だけ調査を実施する」という調査デザインを**横断的調査**（cross-sectional survey）という。対象集団とは，統計学で母集団と呼ばれるもののことである。つまり，横断的調査とは，単一母集団に1回だけ調査を行うことであり，調査デザインの基本形である。横断的調査よりも複雑なデザインの調査を実施することによって，独自の有用な情報を得ることができる。直井［1983］は，調査デザインを**表1-2**のように整理している。

繰り返し調査（repeated survey）は，想像のしやすい調査デザインだろう。これは，異なる時点で同一項目の調査を行い，集団における変化を捉えるものである。たとえば，メディアの実施する政党支持率調査を考えてみよう。この調査では政党支持率の変化を明らかにすることを目的として，調査の度に，日本の有権者という母集団からサンプリングを行っている［松本 2001］。たとえ同じ年の3月と10月でも，厳密にいえば異なった母集団である。しかし両者は比較可能な同質性を有していると考えられる。異なる時点でそれぞれ横断的調査を行い，統計的に計算される数値を比較することで，集団の変化を明らかにすることができる。社会学者が10年ごとに実施している「社会階層と社会移動全国調査」（SSM調査）は，日本社会の階層構造や階層意識の変化を探ることを目的として，繰り返し調査のデザインを採用している［三輪・小林編 2008］。また，統計数理研究所による「日本人の国民性調査」，NHK放送文化研究所による「日本人の意識」調査もよく知られている。そして，アメリカのGSS（General Social Survey），ヨーロッパのESS（European Social Survey），大阪商業大学JGSS研究センターの「日本版総合的社会調査」（JGSS）は，公開データの作成を主要な目的としている，繰り返し調査である。

次に，**比較調査**（comparative survey）である。これは，同一の調査時点で，複数の母集団で調査を実施するデザインである。国際比較調査を想像すると理解しやすいが［Johnson et al. 2018］，国家間・国民間の比較でなくても良い。たとえば，関東と関西の高校生集団の比較もこれにあてはまる。まったく同じ質問項目をたずねることで，集団間の異同を調べることができる。ポイントは，設定される複数の母集団が比較可能で，その比較に意味を見出せるかどうか，比較可能な同種の概念の測定ができるかどうか，である。国際比較調査の例としては，World Values Surveyプロジェクトやアジア・バロメーター調査などがあり［電通総研ほか編 2008，猪口ほか編 2007］，SSM調査でも2005年に国際比較調査が行われた。またESSは欧州各国の比較を意図したデザインとなっている。JGSSは台湾・韓国・中国との共同研究「東アジア社会調査プロジェクト」（East Asian Social Survey, EASS）に参加し，共通する質問のモジュールを組み込んでおり，比

1

較調査のデザインとなっている。

　最後に，**パネル調査**（panel survey）である。これは，ひとつの横断的調査の対象者に対して，異時点に反復して調査を行うデザインである。母集団は単一であり，対象者との接触

表1-2　調査デザインの類型

	単一の母集団	複数の母集団
一時点	横断的調査	比較調査
異時点	パネル調査	繰り返し調査

※直井［1983：14］をもとに，若干の表現の変更をした

が複数回なされる[6]。固定された対象者集団のことを**パネル**と呼ぶ。パネル調査を行うと，個体としての対象者それぞれについて，時間に従った変化情報を得ることができ，個体に関する情報量を大きく増やすことができる。因果関係の分析のためにはパネルデータが重要であるとの認識も広まっている［筒井ほか2016］。しかし，実施上の問題点として，パネルから対象者が徐々に脱落してしまい（「パネルの劣化」という），残ったケースに偏りが生じる恐れがある。パネル調査の具体例には，米国の長い歴史をもつPSID（Panel Study of Income Dynamics），家計経済研究所（2018年度以降は慶應義塾大学）の「消費生活に関するパネル調査」［樋口・岩田編1999］，社会学者による「職業とパーソナリティ研究」［Kohn and Schooler 1983；吉川編2007］などがある。

4　社会調査の実像

4-1　横断的調査──日本人の読み書き能力調査

　終戦直後の日本人の読み書き能力は，明治以降の初等教育の広範な普及に伴って，かなり高いと考えられていた。他方で言文一致（読むとおり書くこと）が不徹底であった当時，一般大衆が漢字を正しく書くことはかなり難しいともいわれていた。しかしそれらを実証するデータはなかった。そこでGHQの民間情報教育局世論調査課長J. ペルゼルらの主導の下，日本人の研究者が中心となって企画立案し，1948年夏に実施されたのが**日本人の読み書き能力調査**である［肥田野2020：41］。その結果は，リテラシーがあると判断された満点の人は6.2％しかいなかったが，まったく読み書きできない人も2.1％で，両義的なものであった。一般には予想以上に能力が高かったと解釈されている。教育に時間がかかりすぎる漢字をやめて，日本語をローマ字化，ひいては英語化しようと目論んでいたGHQは，この結果を見てそれを断念したといわれている［吉野1997：82］。社会調査の結果が占領政策に影響を与えたのだ。

　この調査では，層化多段抽出法が日本ではじめて用いられ，15～64歳の男女約4,500万人から21,008人を無作為抽出している。複雑な調査設計でパソコンはおろか電卓すらなかったにもかかわらず，さまざまな集計や検定をおこない，企画からわずか1年で完遂させた。結果は900頁におよぶ浩瀚な報告書［読み書き能力調査委員会1951］にまとめら

6）　横断的調査に対して，繰り返し調査やパネル調査を**縦断的調査**（longitudinal survey）と呼ぶ。

れている。なお，報告書執筆者のひとりである言語学者の柴田武は，熱心なローマ字化論者だった［朝日新聞 2008年12月8日付夕刊］。

4-2　比較調査──国民性の国際比較調査

　こうして日本人の読み書き能力調査は，社会調査というものが社会を知るうえで極めて有効なツールだということをまざまざと見せつけた。そこでこの調査に参加していた林知己夫が所属する統計数理研究所は，1953年に**日本人の国民性調査**を行うことになる。これは今日でこそ日本を代表する繰り返し調査だといわれているが，当初は何度も調査する計画はなかったらしい。ところが1958年にふたたび調査をしてみると，短期間では変化するはずがないと予想されていた国民性にかんする一部の項目でかなりの変化がみられた［吉野 2001：2］。そのため5年ごとに継続的に調査することになった。回収率の推移は，**図14-1**の通りである。

　国民性調査が回を重ねるなかで，日本以外に住む日本人や日系人，ひいては他国の国民性についての比較に関心が高まってきた。もっとも「初めから全く異なる国々を比較しても，計量的に意味のある比較はできない。言語や民族の源など，何らかの大きな共通点がある国々を比較」［吉野 2001：3］するからこそ意味がある。そこで考案されたのが「連鎖的比較の調査研究」と呼ばれる方法である。これはたとえば日本人とアメリカ人をいきなり比較するのではなく，日本人とハワイの日系人，ハワイ在住の日系人とハワイ生まれの非日系人，ハワイ生まれの非日系人とアメリカ本土生まれのハワイ在住非日系人，それとアメリカ人を比較するというものである。こうした視点から1985〜1994年に，日本・イギリス・フランス・ドイツ・アメリカ・オランダ・イタリアの7ケ国の男女を対象になされたのが，**国民性の国際比較調査**である。日米以外の標本の大きさは，ほぼ1000人である。国際比較調査の要諦と苦労は吉野［2001］にまとめられている。

4-3　繰り返し調査──SSM調査

　国民性調査と同じ繰り返し調査でも，意識のほか職業・学歴を重点的にたずねているのが**SSM調査**である。正式には「社会階層と社会移動全国調査」という。1955年の第1回調査から2015年の第7回調査まで10年ごとに，全国の研究者からなる調査委員会によって実施されている。各調査の対象者は，第3回調査までは20〜69歳の男性，第4〜6回調査は20〜69歳の，第7回は20〜79歳の男性と女性である。標本は全国から層化2段抽出法によって無作為抽出されている（**表1-3**参照）。調査方法は基本的に他記式個別面接法であるが，第6・7回調査は留置票が付加されている。

　主な質問内容は個人の社会的地位，すなわち学歴・職業および収入と，社会意識である。なかでも学歴と職業は本人のみならず父親・母親および配偶者に及んでいる。さらに本人については，学卒後にはじめてついた職業（初職）から現職に至るまで，従業先・仕事の内容（職種）などが変わるごとに，すべての職業履歴をたずねている。1回限りの調査をのぞけば，これだけ詳しい職歴データは日本には他に例がない。こうしたデー

タが7回蓄積されていることから，社
会階層や階層移動を分析するうえで，
欠くことができない貴重なデータとな
っている。また1975年と95年には，職
業威信についても調査されている。職
業威信とは各職業に対する社会的な評
価のことである。56種類（95年調査）の
職業を回答者に提示して5段階で評価
してもらい，それを職業ごとに加重平
均した数値を職業威信スコアという。
こうした分析ツールの開発や，調査に
関わる大学院生への教育効果も見逃せ
ない。

表1-3　SSM調査の概要

回（調査年）	種別	設計標本	回収標本	回収率
第1回(1955)	区部	1,500	1,138	75.9%
	市部	1,500	1,230	82.0%
	郡部	1,500	1,309	87.3%
第2回(1965)		3,000	2,158	71.9%
第3回(1975)		4,001	2,724	68.1%
	威信	1,800	1,296	72.0%
第4回(1985)	A票	2,030	1,239	61.0%
	B票	2,030	1,234	60.8%
	女性	2,171	1,474	67.9%
第5回(1995)	A票	4,032	2,653	65.8%
	B票	4,032	2,704	67.1%
	威信	1,675	1,214	72.5%
第6回(2005)		13,031*	5,742	44.1%
第7回(2015)		15,605*	7,817	50.1%

※原[2000：xvi]から転載。第6・7回について
は筆者が加筆。＊は有効抽出数を表す。

　成果は，報告書のほか，1975年調査
については富永編[1979]，85年調査は
直井ほか編[1990]，95年調査は原・盛山[1999]や原ほか編[2000]，2005年調査は佐藤
嘉倫ほか編[2011]にまとめられている。なお，主に社会学者が手がける大規模な全国
調査として，1998年からNFRJ調査（全国家族調査），2000年からほぼ毎年，JGSS調査
（日本版General Social Surveys）が行われており，SSMと同様に二次分析が可能である。

4-4　パネル調査──消費生活に関するパネル調査

　繰り返し調査は調査対象者が毎回異なるのに対して，パネル調査はいつも同じ対象者
に回答してもらう（→第4章 **発展** 1-4）。1950年代のアメリカでは，有名なパネル調査
が開始されている。[7] 日本ではじめての本格的なパネル調査が，この**消費生活に関するパ
ネル調査**（JPSC）で，調査の主体は財団法人家計経済研究所であった。第1回（調査によ
っては第1波という）の1993年に24〜34歳の女性1,500人を有効回答者（これをコーホートA
と呼んでいる）として始まり，その後，毎年10月に実施されている。より若年のコーホー
ト（**図1-1**参照）がこれまで4回追加された。[8] なお，家計経済研究所は2017年12月に解
散し，同調査は慶應義塾大学経済研究所附属パネルデータ設計・解析センターに引き継

---

7)　ウィスコンシン大学システムのWLS（Wisconsin Longitudinal Study，1957年〜），米
　　国労働統計局とオハイオ州立大学のNLS（National Longitudinal Surveys，1966年〜），
　　ミシガン大学のPSID（Panel Study of Income Dynamics，1968年〜），ウィスコンシン
　　大学のNSFH（A National Survey of Families and Households，1987年〜）など。
8)　回を重ねるごとにどうしても回答者の脱落がおきる。ただしJPSCの場合，いずれの
　　コーホートでも第1回の回収率は3〜4割であるが，それ以降はほぼ9割台を維持してい
　　る。脱落による選択バイアスにかんしては，坂本[2006]を参照。

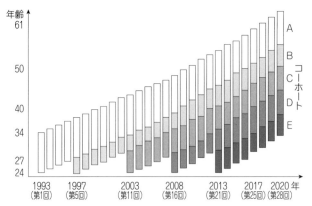

図1-1 消費生活に関するパネル調査における対象者の年齢とコーホート

※坂本［2006：56］に修正・加筆して作成

がれている。

　調査内容として収入・支出・貯蓄・借り入れ・クレジットカードの利用・耐久消費財の保有状況などが，かなり細かくたずねられている。そのほかに生活時間，就業状況，就業観などの質問もあり，有配偶者であれば夫や子どもにかんする項目が加わる。調査方法は留置法で，調査票は配偶者の有無，新婚かどうかなどによって毎回数種類が用意され，最も厚いものでは60頁以上にもなる。データは二次利用ができる。成果は報告書のほか，樋口・岩田編［1999］，御船ほか編［2007］などがある。調査対象者は女性のみだが，対象者の配偶者としてならば男性の分析も可能である。

5　社会調査士制度と調査倫理

　社会調査の困難化のなか，適切に有効な社会調査を遂行するには，調査者の高い技能と知識，経験が必要となる。日本社会学会など3学会が社会調査士資格認定機構を設立し，2004年に資格認定を開始した。現在，一般社団法人社会調査協会が継承している。**社会調査士**は学部卒業レベルで，「社会調査の基礎的能力」「基本的な調査方法や分析手法の妥当性，またその問題点を指摘」できる能力を認定する資格，**専門社会調査士**は大学院修士課程修了レベルで，より高度な調査企画能力や運営管理能力，「高度な分析手法による報告書執筆などの実践能力」の認定資格である。この制度は，社会調査の質的な改善や水準向上，社会調査の専門的人材の組織的な育成をはかることを目的として設立された。[9]

　たしかに調査を遂行するにはスキルが必要であるが，それが単なる技術にとどまって

9）　社会調査士資格認定機構「社会調査士資格認定機構の設立趣意書」（2003年11月29日）。

はならない。社会調査は、現実社会のなかでの営為なので、それにふさわしい倫理が要求される。これを**調査倫理**と呼ぶ。

　盛山和夫は、調査倫理の基本が「調査者が調査対象者と対等に共通の社会を構成していることを自覚して行為すること」にあるとし、具体的な倫理条項を①**インフォームドコンセント**、②**ハラスメントの回避**、③**コンフィデンシャリティ**の３項目に整理している［盛山 2004b：16-8］。①は、十分な説明を行ったうえで、自発的な同意のもとで調査を行うことである。②は人権侵害や、対象者を傷つけるような状況を避けることであるが、調査員がハラスメントを経験しないようにすることにも注意が必要である。③は、個人情報の秘密の厳守（調査の守秘性）のことである。調査倫理、そして研究倫理については第 13 章で詳述する。調査者は、倫理上の問題が社会調査の各ステップでどのように起こりうるのかを検討し、対応策を練っておくべきである。具体的問題のいくつかと、それらへの対応については、該当する章で説明することとしよう。

〔参考 URL〕
　　日本社会学会（https：//jss-sociology.org/）
　　一般社団法人 社会調査協会（https：//jasr.or.jp/）
　　公益財団法人 日本世論調査協会（http：//japor.or.jp/）
　　一般社団法人 日本マーケティング・リサーチ協会（https：//www.jmra-net.or.jp/）
　　総務省統計局（https：//www.stat.go.jp/）
　　American Association for Public Opinion Research（AAPOR）（https：//www.aapor.org/）
　　ESOMAR（元 European Society for Opinion and Marketing Research）（https：//www.esomar.org/）
　　日本人の国民性調査（https：//www.ism.ac.jp/kokuminsei/）
　　消費生活に関するパネル調査（https：//www.pdrc.keio.ac.jp/）
　　World Values Survey（https：//www.worldvaluessurvey.org/）

✐ 練 習 問 題

① 今週の新聞で、社会調査の結果に触れている記事を探し、その調査がどのように実施されたものかをインターネットで検索して調べてみよう。
② 社会調査協会のサイトでは、機関誌『社会と調査』のバックナンバーを読むことができる。コラム「世界の調査／日本の調査」や「調査の達人」を読んで、新しく知ったことを小レポートにまとめてみよう。
③ 総務省統計局のサイトで一番新しい国勢調査の Q&A や主要統計表をみてみよう。
④ 繰り返し調査とパネル調査の違いを説明してみよう。
⑤ 複雑なデザインで行われた、調査の具体例を調べて紹介してみよう。また、それらの調査の調査報告書を見つけてみよう。

───────────────────
基礎 発展 1〜3、5 轟 亮、発展 4 平沢 和司

一般社団法人社会調査協会
倫理規程

〔策定の趣旨と目的〕

　一般社団法人社会調査協会は発足にあたって，会員が依拠すべき倫理規程を定め，これを「社会調査協会倫理規程」として社会的に宣言する。

　会員は，質の高い社会調査の普及と発展のために，調査対象者および社会の信頼に応えるために，本規程を十分に認識し，遵守しなければならない。社会調査の実施にあたっては，調査対象者の協力があってはじめて社会調査が成立することを自覚し，調査対象者の立場を尊重しなければならない。また社会調査について教育・指導する際には，本規程にもとづいて，社会調査における倫理的な問題について十分配慮し，調査員や学習者に注意を促さなければならない。

　プライバシーや権利の意識の変化などにともなって，近年，社会調査に対する社会の側の受け止め方には，大きな変化がある。調査者の社会的責任と倫理，対象者の人権の尊重やプライバシーの保護，被りうる不利益への十二分な配慮などの基本的原則を忘れては，対象者の信頼および社会的理解を得ることはできない。会員は，研究の目的や手法，その必要性，起こりうる社会的影響について何よりも自覚的でなければならない。

　社会調査の発展と質的向上，創造的な調査・研究の一層の進展のためにも，本規程は社会的に要請され，必要とされている。本規程は，社会調査協会会員に対し，社会調査の企画から実施，成果の発表に至る全プロセスにおいて，社会調査の教育において，倫理的な問題への自覚を強く促すものである。

第1条　社会調査は，常に科学的な手続きにのっとり，客観的に実施されなければならない。会員は，絶えず調査技術や作業の水準の向上に努めなければならない。

第2条　社会調査は，実施する国々の国内法規及び国際的諸法規を遵守して実施されなければならない。会員は，故意，不注意にかかわらず社会調査に対する社会の信頼を損なうようないかなる行為もしてはならない。

第3条　調査対象者の協力は，自由意志によるものでなければならない。会員は，調査対象者に協力を求める際，この点について誤解を招くような

　　　ことがあってはならない。

第4条　会員は，調査対象者から求められた場合，調査データの提供先と使用
　　　目的を知らせなければならない。会員は，当初の調査目的の趣旨に合
　　　致した2次分析や社会調査のアーカイブ・データとして利用される場
　　　合および教育研究機関で教育的な目的で利用される場合を除いて，調
　　　査データが当該社会調査以外の目的には使用されないことを保証しな
　　　ければならない。

第5条　会員は，調査対象者のプライバシーの保護を最大限尊重し，調査対象
　　　者との信頼関係の構築・維持に努めなければならない。社会調査に協
　　　力したことによって調査対象者が不利益を被ることがないよう，適切
　　　な予防策を講じなければならない。

第6条　会員は，調査対象者をその性別・年齢・出自・人種・エスニシティ・
　　　障害の有無などによって差別的に取り扱ってはならない。調査票や報
　　　告書などに差別的な表現が含まれないよう注意しなければならない。
　　　会員は，調査の過程において，調査対象者および調査員を不快にする
　　　ような性的な言動や行動がなされないよう十分配慮しなければならな
　　　い。

第7条　調査対象者が年少者である場合には，会員は特にその人権について配
　　　慮しなければならない。調査対象者が満15歳以下である場合には，ま
　　　ず保護者もしくは学校長などの責任ある成人の承諾を得なければなら
　　　ない。

第8条　会員は，記録機材を用いる場合には，原則として調査対象者に調査の
　　　前または後に，調査の目的および記録機材を使用することを知らせな
　　　ければならない。調査対象者から要請があった場合には，当該部分の
　　　記録を破棄または削除しなければならない。

第9条　会員は，調査記録を安全に管理しなければならない。とくに調査票原
　　　票・標本リスト・記録媒体は厳重に管理しなければならない。

　付　　則
(1)　社会調査協会は，社会調査における倫理的な問題に関する質問・相談，普
　　及・啓発などに応じるため，「社会調査協会倫理委員会」をおく。
(2)　本規程は2009年5月16日より施行する。
(3)　本規程の変更は，社会調査協会社員総会の議を経ることを要する。

※掲載について，社会調査協会事務局の許可を得た

2

社会調査の種類

質的調査と量的調査とは？

> **基 礎** *Basic*

　前章で見た通り，社会調査を一言でいえば，社会事象を現地調査によって直接に見聞きし，記述・分析することである。直接的な現地調査といっても，目的や理論によっては観察対象の単位は個人ではなく，組織・団体・運動であるかもしれないし，あるいは個人よりも小さな，場面場面でなされる振る舞いや言動の一つひとつが観察や記録の単位とされるかもしれない。大量の記録・文書資料（ドキュメント）が収集される場合もある。

　観察対象が個人だとしても，直接その個人から聞き取りを行う，その個人が収蔵している私的な記録や資料（たとえば，日記や年賀状など）を閲覧させてもらう，その個人の行動や生活をひたすらそばで静かに観察するなど多様な方法がありうる。直接の聞き取りでも，調査者がなるべく影響を及ぼさないようにして語り手の自由な語りの聞き役に徹するもの，調査者自体がどんどん話の方向や用いる概念について提示して水路づけていくもの，調査票にそって指定された文章だけをその通りに読みあげて回答を記録するもの，主な質問項目だけ決めておいて，表現や順番は話の流れに応じて適宜アドリブでアレンジしてたずねるものなど，さまざまな違いが存在する。

　本章では，さまざまな社会調査の種類を紹介し，質的（定性的）調査と量的（定量的）調査との違いや共通性について考える。さらに，質的調査あるいは定性的研究の内部，量的調査・定量的研究の内部の多様性にも配慮しつつ，「二つの文化」として違いを強調する議論もあるなかで［Goertz and Mahoney 2012＝2015］，定性的・定量的研究の双方が目指すべき共通目標があるのかどうか，経験的調査が理論とどのような関係を結ぶべきかについても考えてみよう。

① 社会調査を分類するさまざまな軸

1-1 調査の方法と分析の方法

前章では，社会調査を目的の観点から３つに分類した。認識を目的とする学術調査，私的な経済利益を目的とする市場調査，公益を目的とする世論調査や統計調査である。社会調査の分類は，他にもいろいろな観点から行うことができる。たとえば盛山は下記のように複数の軸で分類している［盛山 2004b：9］。

① 目　　的：学術調査／実務調査（官庁統計，世論調査，市場調査など）
② 方　　法(a)：調査票調査／聞き取り調査／参与観察／ドキュメント分析など
　　　　　(b)：統計的調査（量的調査）／非統計的調査（質的調査）
　　　　　(c)：統計的研究／事例研究
③ 対象項目：人口統計（国勢調査など）／経済統計（労働力調査など）／狭義の社会統計（社会生活基本調査など）／その他
④ 対象主体：個人調査／世帯調査／企業（組織）調査／地域（コミュニティ）調査

盛山自身も述べているが，この分類では**調査方法**と**分析方法**が混在している。これは，本来は調査法と分析法が無関係に存在していてはならないことを表しているといえる。つまり，どのように分析するつもりなのかを考えたうえで，その分析法に適切なデータの収集を行わなければならない。調査は調査でまずやってしまい，データができてからさて分析方法はどうしようかという態度は好ましくない。研究の到達点を明確に意識してリサーチデザイン（調査設計，研究計画）を考えることが重要である。盛山はこのことを，正順作業プロセスと逆順計画プロセスという言葉で説明している［盛山 2004b：41］。

調査法と分析法のこの相互連関をよく理解したうえで，ここではあえて分析手法とは区別して調査方法の種類について論じる。[1]

1-2 統計的調査と非統計的調査・標本調査と事例調査

森岡清志は，先の盛山の「方法に沿った分類(b)」と同じく統計的調査と非統計的調査を大別し，前者の代表を「標本調査」，後者を「事例調査」と呼び換

えている。標本調査の特徴は，サンプリングと統計的検定を（よってある程度の
サンプルサイズを）必要とすること，構造化された調査票を用いること，仮説検
証と一般化への志向性を有することとしている［新・盛山編 2008：167］。事例
調査については，結果を統計量ではなく質的な記述によって表現すること，明
確な母集団規定や事例選択手続きをもたないこと，構造化質問紙を用いないこ
と，少数の調査者によって遂行できることと特徴づけている。

　しかし，いわゆる標本調査の計量分析においても，必ずしも厳密な仮説検証
のスタイルをとらないものがあるし，また全体のうちの一部分を調査して全体
について何らかの推論を行う研究は，無作為抽出ではないにしても何らかの事
例選択の方法や基準が必要である。アメリカやヨーロッパの**事例研究**（ケース
スタディ）や質的比較研究では事例の選択方法について詳細に論じたテキスト
も多い［Yin 1994＝1996；King et al. 1994＝2004；Ragin 1987＝1993］。学問的知見
を得るには比較が重要であり，意味のある比較のためには，何と何を比較すれ
ばどういうことがわかるのかをきちんと検討すべきだと述べられている。ケー
ス選択という根本問題において，無作為抽出できないならほかに何も選択手続
きがない（あるいはなくて良い）と極端に考えるべきではない（→ 発展 Ⅰ ）。

　このように，調査方法を分類するということは実は極めて難しい。森岡はあ
えて「標本調査／事例調査」の区別を「量的調査／質的調査」とは表現してい
ないが，盛山は「統計的調査／非統計的調査」を「量的調査／質的調査」と等
置している。「量的調査／質的調査」という区別はひろく用いられてもいるの
で，以下ではこの区別にひとまず依拠しながら種々の調査方法を紹介し，その
あとで「量的調査／質的調査」という区別そのものについても考えよう。

1）　盛山のいうドキュメント分析はアーカイブ（記録や資料の貯蔵庫）調査と呼ぶこともで
　　きる。アーカイブ調査をも社会調査に含めると，安田三郎の強調する「現地性」について
　　再検討することになるかもしれない。言説分析を社会調査と捉えようとする立場から，現
　　地性を社会調査の要件とすることに疑問を投げかけるものもある［赤川 2009］。
2）　日本では，「計量的モノグラフ」という言葉で，厳密な仮説検証とは異なったスタイルの
　　計量研究の立場を表明した研究がいくつかある［尾嶋編 2001；吉川 2001；尾嶋・荒牧編
　　2018］。仮説検証に対して仮説生成を重視した研究，説明的（因果関係を明らかにしようと
　　する研究）に対して探索的または記述的研究といえるだろう。

② 量的調査と質的調査——便宜的に分類すると

2-1 量的調査——大規模標本調査

一般に「量的調査」といわれる場合，それが意味しているものは比較的明確である。その典型は，母集団について統計的に推測することを目的とした標本調査である。したがって無作為抽出で標本が選ばれ，構造化された調査票を用いて原則として数値化された形でデータを収集し，コンピュータソフトで統計的・計量的分析を行うものといって間違いないだろう。一言で的確に表現する単語が必ずしもあるわけではないが，ここではとりあえずこれを **Survey Research** と呼んでおこう。実際にはこれらの構成要素のうちのいくつかが，必要に迫られてあるいは便宜上変更されたものも，だいたいにおいてこの典型に類似していれば量的調査と呼ばれるだろう。たとえば，無作為抽出ではなく割当抽出や便宜抽出された標本（→第7章 **基礎** 1）であっても，あるいは本来統計的推測を必要としない全数調査であっても，それ以外の点がこの典型に一致していれば，それは量的調査と呼ばれるだろう。量的調査，正確にいえば，構造化された調査票を用いた大規模標本調査については，次章以降本書全体で説明していくので，以下ではいわゆる質的調査について簡単に紹介していく。

2-2 質的調査——方法論の多様性

「量的調査」のイメージが比較的明らかなのに対して，「質的調査」[3]にはさまざまなものが含まれ，「これが質的調査の典型だ」と示すことは難しい。社会調査協会では，「質的な調査と分析の方法」として参与観察法，フィールドワーク，インタビュー，ライフヒストリー分析，会話分析，ドキュメント分析，内容分析，グラウンデッドセオリー，ビジュアルデータ分析等を挙げる（→章末参考 URL）。盛山は「質的研究」として，エスノグラフィー，学説研究，文芸批評・評論，言説分析，カルチュラル・スタディーズ，エスノメソドロ

---

3) 量的調査／質的調査は定量的調査／定性的調査といわれることも多いが，対応する英語はいずれも同じ "quantitative/qualitative" である。

ジー，ライフヒストリーやライフストーリー，ナラティブ分析，グラウンデッドセオリーなどかなり幅ひろいものをあげている。さらに質的調査方法としてフィールドワーク，参与観察，各種のインタビューに，質的分析手法として内容分析に触れている［盛山 2004b：252］。

　近年の「質的社会調査」のテキストでは，具体的な質的調査技法として，フィールドワーク，参与観察法（アクションリサーチを含む），ワークショップ，インタビューをあげており，質的分析技法としてライフヒストリー分析，会話分析，内容分析，そして「質的データのコンピュータ・コーディング」が説明されている［谷・芦田編 2009］。「計量テキスト分析」の技法とソフトウェアも発展し続けている［樋口［2014］2020］。質的研究においてもデジタルな道具への関心は高まっている［Dicks et al. 2005；Markham and Baym eds. 2009；Paulus et al. 2014］。

　近年の質的研究・質的調査の種類はほぼ触れたと思われるが，特にひろまったものとして**グラウンデッドセオリー・アプローチ（GTA）**があげられる。**ライフヒストリー**に代わって**ライフストーリー**という呼び方もひろがり，**言説分析やナラティブアプローチ**（物語的アプローチ）という概念もよく聞く。

　では，そうしたさまざまな調査方法・分析方法に共通している「質的であること」とは一体何であろうか。佐藤郁哉［2008a, 2008b］や谷・芦田編［2009：16］，盛山［2004b：22］は，データを「量的」と「質的」に分け，量的データは数字で表現されたものとし，それ以外の文書，図表，音声，映像といった非数値型データ（重要な部分が数値で表現されていないデータ）を「質的データ」と呼ぶ点で共通している。つまり数字以外はすべて質的ということになり，調査方法や分析方法も非常に多様・多彩なものが登場しやすくなる（→ 発展 2）。

　表2-1には，質的調査の方法としてしばしばあげられるものをとりあえずの一覧とした。あくまで便宜的・暫定的なもので，質的調査が網羅されているわけでも，それぞれの概念が明確に区別されているわけでもない。質的調査とラベリングすることに対する異論も当然ありうる。本書では，こうした多様な「質的調査」方法について詳しく説明する余裕はないので，「質的調査」のいくつかの特徴と考えられるものに沿って整理してみよう。

表 2-1　質的方法のとりあえずの目録

> インタビュー，半構造化インタビュー，深層インタビュー，アクティブインタビュー
> ライフヒストリー，ライフストーリー，ナラティブアプローチ
> 内容分析，計量文献学
> 会話分析・相互行為分析（エスノメソドロジー）
> 言説分析，構築主義的アプローチ
> グラウンデッドセオリー・アプローチ（GTA）
> 参与観察，その他の観察研究
> フィールドワーク，エスノグラフィー，フォト／ビデオエスノグラフィー
> ブール代数分析，質的（定性的）比較分析

③　質的調査の特徴

3-1　語られたものや語ることの重視

　まず第1の特徴として，語られたものや書かれたものについて強い関心を寄せるものが多いことがあげられる。「量的調査」では，主観的な意識や態度以外にも職業や学歴，家族構成をはじめとするさまざまな「客観的属性」や行動についての情報を集めるのが普通であるが，「質的調査」の場合は語られたもの・書かれたものに焦点化することが多い。

　マスメディア研究における**内容分析**は，新聞や雑誌の記事といった書かれたものを分析する際によく使われてきた方法である。漠然とした名前だが，一定の期間内・範囲内で多くの記事を検索または収集して，指定したキーワードの登場頻度を数えたりする特定の手法を指す。扱う元のデータは文字であるが，特定の単語を含む記事の数の年次変化をグラフ化したりする点では数量的（計量的）手法ともいえる。近年の計量テクスト研究では単に数を数えることをはるかに超えた高度な統計分析を行っている[4][樋口［2014］2020]。

　会話分析は，エスノメソドロジーという立場に基づいた特定の形式のデータ記録・分析手法を指すことが多い。調査方法としては観察もしくは音声・映像資料の収集（アーカイブ調査など）である。そして，複数の話者の会話を，沈黙

4）　この点で，内容分析を「量的」調査・分析に対して「質的」調査・分析に位置づけることの適切性が問われるかもしれないがここでは詳述しない。

時間や話の割り込みも含めて極力細かく文字化・記号化して分析素材とすることをその特徴としている。詳細なルールに従って文字化・記号化されたものは**トランスクリプト**と呼ばれる[5]。そこから導かれた有名な知見に会話の**順番取得システム**といったものがある［Psathas 1995＝1998］。

　グラウンデッドセオリー・アプローチ（GTA）はデータに根ざした理論を構築するという目的をもつ調査・分析手法であるが，データとして用いられるものは聞き取りした内容をそのまま文字化したテクストであることが多い。現在ではGTA内部での立場の違いもあるが，文字化されたインタビューデータの文や段落に細かくラベルをつけ（コード化），それらをより抽象的な概念・カテゴリーへとまとめあげ，そうして帰納的に抽出される複数の概念やカテゴリーを関係づけていって理論を構築する立場だといって良いだろう［Glaser and Strauss 1967＝1996；Strauss and Corbin 1998＝2004］。

　現在では**言説分析**という言葉もひろく用いられている［盛山 2004b：253；佐藤・友枝編 2006］が，もともとはフーコーの企図したかなり特殊な分析視角である[6]。現在ではそうした起源は薄れており，人が語ったものとしてひろく流通しているものを言説と呼び，その類型や解釈を論じたりするもの，**社会構築主義**と互換的に使用されているものなどさまざまである[7]。

　調査対象者の話したことを「物語」という視点から見る**ナラティブアプローチ**［野口編 2009］や**ライフヒストリー**，あるいは**ライフストーリー**アプローチ［Bertaux 1997＝2003；桜井・小林編 2005］は，語られたことだけでなく語るという行為自体についても強い関心を寄せている。話者が，いまに至るまでの自分の経験や人生をどのように物語として紡ぎ出すのか，語られたストーリーはど

5）　現在では映像をトランスクリプトに表現する研究もあらわれており，「話されたもの」だけを扱うわけではなくなってきている。それに従い，会話分析ではなく，非言語的コミュニケーションをも扱う相互行為分析と呼ばれることもある［谷・芦田編 2009：106］。

6）　簡単には説明できないが，実際に「言われたこと」（言表）を超えて話者の意図や真意，無意識の作用を見出そうとすることはせず，「このようなことが言われた／書かれた，しかもそれ以外の言われ方が現れなかったのはなぜなのか」を問う分析視角である［Foucault 1969＝1995：45, 1994＝1999：112-3］。

7）　佐藤俊樹は「言説分析」の氾濫にやや批判的である［佐藤・友枝編 2006：3］。赤川［2009：56］は，言説分析の中心的な問いとして「誰が語っても，似たような語りになるのはなぜか？」という問いを重視している。

のような特徴をもっているのかなどが中心的に考察される（日本のライフヒストリー研究の古典として中野卓の『口述の生活史』［中野編 1977］、近年の生活史研究としては谷富夫らの大阪における民族関係研究［谷 2015］や沖縄研究［谷ほか編 2014］、ライフストーリー研究の一例としては桜井［2005］がある）。

3-2 調査者と調査対象者の関係の重視

質的調査の多くに共通する特徴のふたつめとしては、調査者と調査対象者の関係に強い関心を有することが指摘できる。インタビュー場面で調査者（インタビューする側 interviewer）の存在や属性、振る舞いが調査対象者（インタビューされる側 interviewee）に影響し、回答内容・話される内容が変化してしまうということについては、質的調査研究者だけではなく量的調査研究者もよく認識している［Fowler and Mangione 1990；Fowler 2009：127；Groves et al. 2009：291］。しかし量的調査の場合には、いかに調査者の影響を最小化するか・コントロールするかという問題意識で検討されることが多いのは確かであろう。質的調査においてはそうした志向性は弱く、調査者と調査対象者との相互作用のなかで語りが生成される（語りの内容が決まってくる）ことを指摘する対話的構築主義［桜井 2002］や、調査者の影響を最小化しようなどと考えるのは間違いだとして、むしろ積極的に語りに介入していこうとする**アクティブインタビュー**［Holstein and Gubrium 1995＝2004］などの立場が目を引く（→ 発展 3）。

質的調査では、語りの内容が共同制作の産物であることを認識するのみならず、調査者と調査対象者との間の関係それ自体を重視するものも多い。両者の関係の非対称性を権力という視点から捉え、その関係を対等化しようという志向性が強い。かつては被調査者や被験者という単語が使用されていたが、情報提供者（インフォーマント）あるいは調査対象者となり、さらに調査協力者と呼ばれるようになってきているところにもそれが表れている。対等な関係のなかで、調査される者（調査に協力する者）の利益やエンパワメント（力をつけること）を重視する観点から、ワークショップ［谷・芦田編 2009：60］やアクションリサーチ、市民調査［宮内・上田 2020］、といった立場が生じる。

3-3 調査の継続性・反復性とラポール

　調査者と調査対象者との関係に強い関心が向けられるのは，量的調査に比べて質的調査では両者の接触頻度がずっと高く，接触時間や接触期間がはるかに長くなることにもよる。このことは，質的調査の例示に出てくるいくつかの用語が暗黙のうちに前提として有しているイメージにもあらわれている。

　インタビューという言葉は，１回だけの短い対面調査をも含む言葉であるが，[8] 質的調査の説明のなかで使われる場合には，ある程度長い時間をかけた集中的なインタビューや半構造化（もしくは非構造化）インタビュー，あるいは深層インタビューを意味している。長い期間に，同じ対象者に何度もインタビューを行う場合も多い。桜井［2002］は，対象者の人生を詳細に聞き取るというライフストーリーのインタビューを主に念頭におきつつ，インタビューによる調査研究の特徴や注意点などを多岐に論じている。

　フィールドワークについても，長時間・長期間にわたって調査対象地や対象集団に入り込んで行う調査を指すのが通例であり，現地活動一般を指すわけではない。文化人類学者が研究対象の村や地域に何週間，何ヶ月も滞在して行う調査がその典型である。佐藤郁哉［2002］は，暴走族や現代演劇についての自らの観察研究に基づきつつ，フィールドワークの方法と技法について詳細な説明を行っている（工藤ほか編［[2010] 2016：43, 68］もわかりやすい）。

　質的調査の一覧で，**参与観察**が取り上げられることが多いのも，こうした長期性・反復性のためである。有名なロフランドらのテキストでは，参与観察とは「ある人間社会について科学的な理解を深めるために，調査者がその社会と自然な状況のもとで多面的で比較的長期にわたる関係を確立し維持する過程」であるとされている［Lofland and Lofland 1995＝1997：19］。非数量的データを扱う観察研究のすべてが参与観察ではないのだが，[9] 反復継続して調査を行う場合には，単なる傍観者にとどまり続けることが難しい場合もあるし，研究対象の人びとと同じ生活をした方が豊富な情報を得られることも多い。

　これらの多くに共通する特徴としては，時間をかけて多様な側面から詳細な

8）個別面接法（→第5章）において，調査票をもった調査員が対象者宅を訪問して行う面接も，英語では interview という（標準化インタビュー）。第8章 **発展** **1** も参照せよ。

情報を得るということはもちろん，得られたテクストデータを数値化することなく，**文脈**を重視しつつ**解釈**という手法で扱うことがあげられる[10]。またできあがった作品は，**エスノグラフィー**もしくは**モノグラフ**と呼ばれる。

こうした関係の継続性・反復性が，「詳細で深い」情報・知識を得られる，または薄い記述に対して**厚い記述**を可能にするものとして長所と考えられることも多いが（→ 発展 4），それゆえに十分な信頼関係を築くことの重要さと困難さもまた強く意識されざるを得ない。調査者が対象者との間に（良好な）関係を作ることを**ラポール**を形成すると表現するが，適度なラポールが必要とされる一方で，調査者と調査対象者が過度に親しくなってしまい，それが語りの内容やもたらされる情報に大きな影響を与えてしまったり，調査対象者から調査者に向けて調査外・専門外の期待を抱かせてしまったりすることの危険性・問題性[11]も指摘される。これを**オーバーラポール**が生じさせる問題という。

なお，歴史社会学者の佐藤健二は最近著で，「テクスト空間のエスノグラフィー」「テクスト空間のフィールドワーク」という表現を用いている［佐藤健二 2020］。

3-4 信頼性と妥当性についての考え方

対話的構築主義やアクティブインタビューでは，語られる内容が調査者や場面に応じて変化し，語られた内容同士が矛盾したりすることを必ずしも否定的に考えていない。得られた複数の情報の間に一貫性や整合性を必ずしも求めない[12]のである。アクティブインタビューのように，異なった，時には矛盾した語

---

9) 参与観察の古典的な例としては，認知的不協和の理論で有名なフェスティンガーらの『予言がはずれるとき』がある［Festinger et al. 1956＝1995］。これはある信仰集団に信徒として参入し，信者たちの思念や行動を「内側から」記述しようとするものである。ロブソンは「完全な参与者」や「観察者としての参与者」「周辺的参与者」「参与者としての観察者」，構造化された観察など，多様な観察を論じている［Robson 2002：309-45］。

10) ただし，文脈に結びつけるやり方については質的研究内部でも異なった立場がある。GTA では，語りのデータをバラバラにして一旦個別の文脈から切り離す「切片化」を重視する立場と重視しない立場，元データとコードの往還を重視する立場と切片化・コード化のあとは主にそれを素材として議論を組み立てていく立場があり，日本では修正版GTA［木下 2007］も登場している［佐藤郁哉 2008a も参照］。

11) この点については山口［2003：564］が，調査対象者の abuse（悪用や裏切り，ないがしろにすること）につながりかねないとして強く警告している。

りが得られれば得られるほどデータとして豊穣であるとみなす立場すらある
[Holstein and Gubrium 1995＝2004：87]。第4章で述べるように，社会学の量的
調査や心理学の統計的研究においては，測定したいものが正しく測定できてい
るという**妥当性**と，誰が測ってもいつ測っても結果が等しくなるという**信頼性**
が重視されている。調査員が男性か女性かによって調査対象者の回答が異なっ
てしまえば信頼性を欠くことになるので，調査員の影響を統制して安定的な回
答が得られるように努力するのである。語られる内容が変化しても矛盾しても
良いとする立場は，こうした信頼性の考え方とは大きく異なる。

　語りの内容に一貫性が欠けることはいろいろな理由で生じうると考えられ
る。ホルスタインらも言うように，個人はさまざまな役割を引き受けており，
どの役割の観点に立つかによって同じ事柄について矛盾する感情をもつことは
ある。また，個人の表層的意識はささいなことで大きく変化する。行動経済学
の基礎にもなっているカーネマンのヒューリスティクスとバイアスに関する研
究では，フレーミング（争点の言語表現の仕方）やプライミング（先行する刺激）
によって人の意見が大きく変わりうることが示された [Kahneman 2011＝2012]。
フレーミングやプライミングは調査票作成においても，ワーディングや文脈効
果に関連する重要な問題である（→第6章 **基礎** 5，6，**発展** 1）。

　しかし，どんなデータでも良い，どんな解釈も可能だとなると，すぐれた研
究とそうでない研究を区別できなくなるし，それ以上に，どの研究の結果を受
けいれて良いのか，どの結果はあてにならないのかを判断することができなく
なる。妥当性や信頼性は，研究とその読者の間の理解と受容を可能にする，い
い換えれば研究についてのコミュニケーションを媒介する役割を担っている。
フィールドワーク研究者の佐藤郁哉は，調査者の本質的な義務として「確かな
証拠をあげて事実の有無を証明する」[佐藤郁哉 2002：158] 挙証責任をあげて
いる。計量的階層研究で有名なゴールドソープも，証拠と主張を結び付ける
「推論の論理」は種々の諸科学で共通であるべきだという [Goldthorpe 2007：63,
230]。学術や科学であるかぎりは，従来の統計学的な信頼性・妥当性の概念で
はないにしても，それに代わる何らかの仕掛けが必要だろう（→ **発展** 3）。

---

12)　語られた内容やナラティブを「得られた情報」と呼ぶことに抵抗を感じる質的調査者も
　　いるかも知れないが，ここでは問題としないこととする。

④ Mixed Method

すでに述べたように，「量的調査／質的調査」という区別は暫定的，便宜的なものであり，厳密に区別や分類を行おうとすべきではないだろう。

近年では，こうした二項対立的な図式を脱却しようとする立場も増えてきている。量的調査と質的調査の双方を組み込んだミックスされた調査方法（Mixed Method）を提唱するもの［Creswell 2009; Teddlie and Tashakkori 2009］や必ずしも仮説検証や統計的検定を重視しない計量的モノグラフなどはそうした動向を示す。ケーススタディの有名なテキストも，ケーススタディがしばしば質的調査に分類されるのは誤りであり，ケーススタディが使用する証拠には質的なものも量的なものも含まれると主張している［Yin 1994＝1996］。こうした，多様な証拠の含意が収斂することで信憑性を高めようとする手法は**トライアンギュレーション**（三角測量）と呼ばれている［King et al. 1994＝2004; 佐藤郁哉 2008a］。安易な併用は両者の立脚する認識論などを無視した単なる折衷的方法になる危険性もあるが（→ 発展 5），量的調査と質的調査との対話の可能性を広げるという意味では注目すべき傾向であろう。[13][14]

以上本章では，社会調査のなかの特に学術調査について，量的／質的という分類軸に言及しながら，さまざまな調査方法やその特徴について論じてきた。この後の第 3 章以降では，学術的社会調査のなかのいわゆる「量的調査」，つまり調査票を用いた標本調査（Survey Research）について説明していく。

---

13) 政治学の分野での定性的研究のテキストとして書かれた KKV［King et al. 1994＝2004］は，他の定性研究者から「定量帝国主義」などとして強い批判を受けたが，定性派と定量派の対話への道を開いた点では評価されている［Brady and Collier eds. 2004＝2008］。また両者が推論や一般化の重要性についてもおおむね同意している点は注目に値する。

14) 調査票調査の内部でもかつては，個別面接法なら全員に個別面接し，郵送法ならすべて郵送で行うやり方が一般的であり，複数の調査法を併用することは，得られるデータの性質が変わってしまうおそれがあるので控えるべきだとされていた。しかし最近では，回収率の低下の問題もあって，使える方法はそれぞれの長所を生かして組み合わせて活用しようという Mixed Mode が薦められることも多い（→第 5 章 発展 3）。

発 展　*Advanced*

1　全体とケース選択

「量的調査」と呼ばれる大規模標本調査では，あらかじめその調査研究が関心をもっている対象全体（母集団）を明確に確定することが必要である（→第7章 **基礎** 1）。「質的調査」においては，必ずしもこの母集団が確定できるとはかぎらない。仮に母集団が確定できても，そこから無作為抽出する手段がない場合は多い。よくあるケース選択のアドバイスは，被説明変数や説明変数にバラツキをもたせる，中心的説明要因以外はよく似通った事例を探して比較する，理論や仮説に従えば存在する／しないはずの事例を探すよう努めるなどである［Yin 1994 = 1996, 2003 ; King et al. 1994 = 2004］。その他，要因（変数）の交絡や統制にも配慮してケースを選択することが望ましい（→第4章 **基礎** 2）。

こうした手続を最も明瞭に定式化して表現したものとして，レイガンのブール代数アプローチがあげられるだろう［Ragin 1987 = 1993 ; 鹿又ほか編 2001］。ケースという概念の重要性を説き［Ragin and Becker eds. 1992］，質的比較研究を提唱するレイガンは，論理的に可能な現象のパターンを真理表と呼ばれる形式にコード化して，その表のそれぞれのマス目に相当する事例をできるだけ多く（多様に）観察することを目指す。

ケース選択の考え方の一つに **GTA の理論的サンプリング** がある。調査→分析→調査→分析……の過程を繰り返すなかで，注目するカテゴリーについて新しい知見をもたらすケースがもう出現しなくなるという **理論的飽和** に達し，その時点で十分に多様なケースが収集されたと判断する［Strauss and Corbin 1998 = 2004 : 249-68］。帰納的で柔軟であるが，ブール代数と比べると，いつ「カテゴリーが十分に発達した」（新たなパターンが出な

---

15)　MSDO（Most Similar but Different Outcome）は数少ない相違から異なる帰結の原因を探る考え方，MDSO（Most Different but Similar/Same Outcome）は逆に僅かな共通性から同じ帰結の原因を探る考え方である。Most Likely Case は最も有利な条件で理論的予測が反証されるか否かを，逆に Least Likely Case は最も不利な条件でも理論的予測が正しいか否かを確かめる。この2つは事例内分析でも有効で，ベイズ理論とも親和的である［Beach and Pedersen 2013］。英米の社会科学の定性的研究では，事例内分析の方法としての「過程追跡」とベイズ理論についての関心が高まっている［杉野 2019］。

16)　ブール代数は，変数値を原則として0か1にコード化する点や記号式の演算で結論を求める点など日本の伝統的な質的調査とはかなり異質だが，レイガン自身は量的研究の「変数志向」を質的な「ケース志向」の立場から強く批判する。確率論的認識論と決定論的認識論の相違や線型効果と多元結合因果の相違といった難しい議論もあり，こうした多様な方法を量的か質的かに単純に分類するのは難しい。定性データ分析（QDA）ソフト［佐藤郁哉 2008b］の普及もこうした変化に拍車をかけるのではないだろうか。現在の定性的比較分析（QCA）は，二値コードの制約を越えるためにファジー集合理論を利用したものへ発展している［Ragin 2000, 2008 ; Rihoux and Ragin eds. 2009 = 2016］。

くなった）と判断して良いのかがはっきりしない危険性がある。飽和したと判断する基準を明確にして調査を進めることが必要であろう［Charmaz 2006＝2008：108-24］。統計学の立場から理論的飽和に数学的表現を与えようとする試みもなされた［豊田・大橋・池原 2013］。理論的に飽和したかどうかを，データから確率論的に推測して判断する方法の検討である。質と量の生産的な対話のひとつと見ることができるだろう。

2　さまざまな水準での「量的／質的」区別

　量的／質的の二項図式はあまりにも多様に用いられ，その指し示すものが不明瞭になっている。量的変数／質的変数，量的データ／質的データ，量的調査／質的調査，量的分析／質的分析，量的研究／質的研究などの複数の二項図式が同義語のように使われることがある。このうち，質的変数はカテゴリカル変数（名義尺度や順序尺度の変数）を指すことも多く，テキストデータや映像データと比べると量的なデータとも思える[17]。計量分析の多項ロジットモデルも，順序尺度や名義尺度のための分析手法である。

　また，量的調査では量的データしか収集しないとはかぎらず，自由記述欄などを設けて半構造的な回答を得ることも少なくない。分量が短いとはいえ，処理・分析の仕方からいっても質的データと呼ぶ方が近い。量的研究という言葉はさらに不明確である。大規模標本調査のデータ分析は一切解釈を行わずに延々と統計的検定を行っているわけではない。また，フィールドワークやインタビューでも調査した複数ケースの度数分布や簡単な記述統計を提示する部分は存在しうるし，既存統計を参照することもあるだろう。調査方法は詳細なインタビュー（in-depth interview）でも，得られた情報を数値コード化して計量分析を行うことは可能である（テクストの作者を明らかにしようという仮説検証型の計量文献学はそれに近い）。これらの複数の「質的／量的」の二項対立がすべて表の左右に整然と分類できると思うなら，それは認識上の錯視［佐藤健二 2011：420］である。

3　客観性・信頼性

　ポストモダンと呼ばれる思想の普及以後，客観性や真実，科学的事実といった概念が疑問視され，批判されるようになった。信頼性という概念はやや客観主義的なニュアンスをもつため，質的調査研究の分野では批判されることも多い。しかし，客観性や信頼性，妥当性の概念について，「質的調査」の内部で統一的立場があるわけではない。

　ホルスタインらは，従来の信頼性や妥当性の概念は，調査対象者を**回答の容器**としか見ていないと批判する。インタビューをアクティブでダイナミックなものと捉えれば，調査者が調査対象者に影響を及ぼすことを「データが汚染される」（データの真実性や客観性が損なわれる）と心配する必要はなく，対象者がテープレコーダーに反応することすら

---

17)　谷らはこの点については，qualitative data と categorical data を区別し，主として前者の意味で「質的データ」という語を使うとしている［谷・芦田編 2009：16］。

否定的に考える必要はないという [Holstein and Gubrium 1995＝2004：29-32, 91, 129]。

　ライフストーリー研究でも，従来の信頼性の基準ではなく，手続きの透明性や，内的一貫性からもたらされる信憑性という概念を提案している [桜井・小林編 2005：48-52]。また「他者にとって刺激的で，共感を呼び，興味を引く経験的物語であるかどうかということ」も妥当性の基準になるとしているが，人によって刺激を受けたり共感したりする対象に大きな違いがあることをどう考慮するのかは必ずしも明らかではない。

　ケーススタディのあるテキストでは，従来の妥当性や信頼性の基準を受け入れつつ，ケーススタディがその基準を満たせないとの見方に反論する [Yin 1994＝1996：45-53]。日本の質的調査研究のテキストのなかにも，「誰がやっても同じ結果がでる」という意味での信頼性を基準としておおよそ受容しているものがある [谷・芦田編 2009：5, 135]。

　海外のいくつかのテクストから，信頼性や妥当性（あるいは依拠可能性や信用，信憑性，真正性，一貫性）を高める方策をまとめてみると，トライアンギュレーション，対象者による確認，継続的観察，研究者同士の精査，調査者のバイアスの明確化，豊かで厚い記述，複数地点設計，外部監査人や監査証跡の利用，否定的もしくは矛盾した情報の提示，などがあげられる [Merriam 1998＝2004；Creswell 2009]。

4　エスノグラフィーの質の基準としての厚い記述

　厚い記述という言葉は，質的研究やエスノグラフィーにかんする文献において頻繁に目にするものである。言葉の起源・系譜は省略するが，厚い記述というのは単に分量が多いとか記述が詳細であるということではない。ある辞書では，人間の行為の記述は参与者（調査対象者）の記述に依拠するが，その参与者の記述自体がまた別の記述に依拠するように，意味が多層に重なっていることを指すとされている [Abercrombie et al. 2000：358]。人びとの行為を記述するということは，解釈の解釈 [Denzin and Lincoln eds. 2003：25]，多重の意味解釈の産物である。観察される側の立場に立ってその行為の意味を解釈する記述だとするものもある [Brady and Collier eds. 2004＝2008：307]。厚い記述という言葉は，人間の行為の記述とはそもそもそうしたものだという意味よりは，エスノグラフィーが目指すべき質という意味で使われることが多い。意味の多層性や相互連関を十分に解釈できているか否かが記述の厚さを決めるといわれる [桜井・小林編 2005：161-2]。佐藤郁哉 [2008a] は，「ご都合主義的引用型」「引用過多型」「自己主張型」など７つのタイプの「薄い記述」の考察を通して，厚い記述の条件を浮かびあがらせている。

5　「質的／量的」という区別への批判

　佐藤健二は，「量的／質的」という二項対立がどう構築されてきたかを丹念に調べ上げ，「量的／質的の二項対立的理解は，戦後の社会調査の流行とそれに対する思索のなかで歴史的・社会的に構築され，そののちしだいに肥大化した幻想である」[佐藤健二 2011：180] り，「『質的／量的』に関するさまざまなカテゴリーの対立を，むやみに大が

かりなものにしてはならない」[佐藤健二 2011：419]と忠告する。佐藤郁哉も，「『量的調査 対 質的調査』という二分法自体には，あまり意味がない」[佐藤郁哉 2015：上 iv-v]という。

盛山は，定性的データの「解釈自己提示性」という特性を指摘するが，量的調査が客観主義的で質的調査は主観主義的だとの把握に対しては，「調査票という観測装置」は研究者が主観的に構成するものであり，収集されるデータも「事例研究の場合と同じ程度に，主観的なものである」と反論する[盛山 2004b：31]。ただ，調査票や標本設計，調査データそのものもかなり公開されており，統計分析手法についても多数のテキストがあるので，読者に対して手続の透明性が確保される度合いは相対的に高い。質的調査の議論では，統計学的な信頼性と妥当性の概念に代えて透明性などの概念が提案されるが[桜井・小林編 2005]，あえて量的と質的とで区別すべきかは検討の余地があろう。

国内外の「定性／定量」論争や質的研究の多様性を見ると，大きな争点は「質的／量的」，「標本調査／事例研究」の区別にはなく，一般化可能な知識の獲得や不可視のものの推論に志向しているか否かにあるように思われる。一般化可能な知識とは，直接に調査をした事例の理解を超えて，他の事例の理解にも役立てられる知識のことである。一般化可能性を志向するとは，どこまでは一般化（適用）可能で，どこからは不可能なのか，その境界を見定めることである。サーベイ・リサーチは，直接調べた標本から不可視の母集団について確率論的な推論をするのが目的である。標本自体について知ることが目的ではなく，目標母集団を超えた一般化の根拠は必ずしもない。質的調査の場合，ある事例・人物について厚い記述や深い理解ができたとして，そこから他の事例・人物についての理解を得たいのかどうかが重要である。ライフストーリー研究のベルトーは明白に一般的知識の獲得を志向している[Bertaux 1997＝2003]。一般化を志向するか否かで，ケース選択の方法や導き出す知識のタイプが大きく異なってくるだろう。

〔参考 URL〕
　　一般社団法人 社会調査協会「社会調査士のカリキュラム」（https：//jasr.or.jp/for_students/get-sr/curriculum_sr/）

◆ 練 習 問 題

① 社会調査についてのテクストを複数とりあげて，質的調査と量的調査という区別が使われているか否か，使われている場合にはそれぞれどのように定義され，特徴づけられているかを調べよう。

② 質的調査による研究を読んで，同じ研究課題を量的調査で行うことができないか考えよう。あるいは，量的調査による研究を読んで，同じ研究課題を質的調査で行うとしたら具体的にどのようにすれば良いか考えよう。

杉野　勇

3 社会調査のプロセス

アイディアから後かたづけまで

　前章では社会調査のさまざまな種類について説明された。第3章以降では，そのなかの「量的調査」に焦点を合わせている。「量的調査」とは，統計的処理を想定する，調査票を用いた標本調査（Survey Research）である。そして，以降の説明では「調査対象を個人とする学術調査」を主に念頭においている。本章では量的調査の一連の流れを概観したい。

① 調査の全体像を把握する

　どのような仕事でも，あらかじめ全体のイメージをもって着手すれば，うまく進めていくことができるものだ。社会調査にはいくつものステップがあり，想像以上に，多くの労力をかなりの長期にわたり必要とする。「一大事業」といっても大げさではない。このため全体の作業イメージを形成しておくことが大切になる。社会調査を企画・運営する人は，その立場につく前に，実際に調査に関わることを通して全体のプロセスを理解しておくべきだろう。また，調査実施を研究機関や調査会社に依頼をする場合でも，社会調査が全体としてどのようなものか，どのくらいの時間や費用がかかるのかを知っておくとよい。

　図3-1に，量的調査の標準的プロセスの全体像を示した。調査の流れを，大きく7つのステップに整理することができる。(1) **構想・計画**，(2) **準備**，(3) **実査**，(4) **データの入力と点検**，(5) **分析**，(6) **報告**，(7) **データの管理**である。

　さて，調査のプロセス全体を実行するには，どのくらいの時間が必要だろうか。事前に調査研究のアイディアをどの程度もっているか，そして実施する調

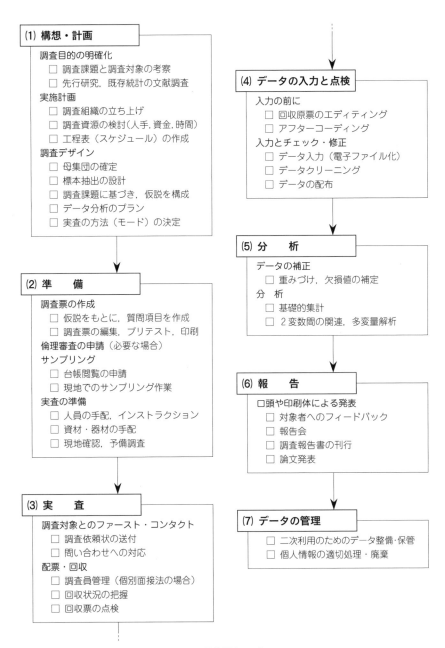

(1) 構想・計画

調査目的の明確化
- ☐ 調査課題と調査対象の考察
- ☐ 先行研究，既存統計の文献調査

実施計画
- ☐ 調査組織の立ち上げ
- ☐ 調査資源の検討（人手，資金，時間）
- ☐ 工程表（スケジュール）の作成

調査デザイン
- ☐ 母集団の確定
- ☐ 標本抽出の設計
- ☐ 調査課題に基づき，仮説を構成
- ☐ データ分析のプラン
- ☐ 実査の方法（モード）の決定

(2) 準　備

調査票の作成
- ☐ 仮説をもとに，質問項目を作成
- ☐ 調査票の編集，プリテスト，印刷

倫理審査の申請（必要な場合）

サンプリング
- ☐ 台帳閲覧の申請
- ☐ 現地でのサンプリング作業

実査の準備
- ☐ 人員の手配，インストラクション
- ☐ 資材・器材の手配
- ☐ 現地確認，予備調査

(3) 実　査

調査対象とのファースト・コンタクト
- ☐ 調査依頼状の送付
- ☐ 問い合わせへの対応

配票・回収
- ☐ 調査員管理（個別面接法の場合）
- ☐ 回収状況の把握
- ☐ 回収票の点検

(4) データの入力と点検

入力の前に
- ☐ 回収原票のエディティング
- ☐ アフターコーディング

入力とチェック・修正
- ☐ データ入力（電子ファイル化）
- ☐ データクリーニング
- ☐ データの配布

(5) 分　析

データの補正
- ☐ 重みづけ，欠損値の補定

分　析
- ☐ 基礎的集計
- ☐ ２変数間の関連，多変量解析

(6) 報　告

口頭や印刷体による発表
- ☐ 対象者へのフィードバック
- ☐ 報告会
- ☐ 調査報告書の刊行
- ☐ 論文発表

(7) データの管理
- ☐ 二次利用のためのデータ整備・保管
- ☐ 個人情報の適切処理・廃棄

図 3-1　量的調査のプロセス

査の規模や方法，利用可能な調査資源などによってさまざまである。しかし，学術調査の場合には，調査者と調査組織とがその作業にほぼ専念できたとして，(3) **実査**に1ヶ月，(4) **データ入力・点検**に1ヶ月，(5) **分析**に1ヶ月は，最低限必要となるだろう。よって，プロセス全体では，最短でも半年，たいていの場合すくなくとも1年は必要だと思われる。ときどき，単年度予算の制約によって，(5) **分析**以降のステップに十分な時間をかけられない，という悩みを耳にすることがある。調査に習熟した者でも，1年の期限で，準備のない状態から調査プロジェクトを立ち上げ，最後のステップまでを完了することはかなり難しい。社会調査を企画するときは，どのような成果（アウトプット）を，いつまでに提出することが必要か（期限）を確認し，利用できる資源や手段を検討して，実行可能なタイム・スケジュールを作成しなくてはならない。そのためにも，調査の全体像を理解しておくべきなのである。

(1) **構想・計画**の段階は，比較的自由に研究の構想をひろげてから，それを実現可能なものにしていくステップである。ここに十分な時間をかけることができれば，調査の意義（発見できることの価値）を大きく高めることができる。

(2) **準備**の段階では，前段階で策定した調査デザインに従って具体的な作業を行い，実査の準備を行う。最短でも1～2ヶ月，対外的な申請許可等が必要になればさらに数ヶ月と，かなりの時間を要する。(3) **実査**は，調査対象者と接触しデータ収集を行う段階である。一旦このステップに進んでしまうと後戻りはできない。たとえば，ここに至って調査票の項目に欠落があることに気づいても，対応は極めて困難である。(1) **構想・計画**，(2) **準備**の段階で，検討を十分に重ねておくことが非常に大切である。

実査が終了した後，(4) **データの入力と点検**，(5) **分析**の段階が続く。初心者は，データ入力のステップを簡単に考えてしまうが，注意を払っても，データを正確に入力する作業ではミスが生じる[1]。このように，データの完成までにも，想像以上の時間がかかる。多くのチェックを経て完成したデータを使用してようやく調査の問いに答えるための分析がはじめられる。

分析が終わると，(6) **報告**を行う。調査研究は，学術知の発展や政策策定の

---

1) 回答を目視して正しくコンピュータ入力する作業は，かなり難度が高いと思う方が良い。共同で作業する場合には，いっそう難しくなる。

ための情報獲得など，（私的ではなく）公的な目的のために行われるのだから，得られた成果の公表・報告を怠ってはいけない。最後に，一連の調査研究作業の終了後，データや資料をどのように保管し，そして廃棄するのかを決め，実行するステップ，(7) **データの管理**も忘れないように。

② それぞれのステップを理解する

図 3 - 1 のそれぞれの枠内には，そのステップの具体的な作業項目をあげているので，これを使ってもう少し詳しく説明しておきたい。これは，次章からなされる各段階の説明への導入となるだろう。

(1) 構想・計画

私たちは，いつ社会調査をしようと考えるのだろうか。まずは，「何かについて知りたいとき」である。だが現実には，そうでないときにも社会調査が実施されている。たとえば，思わぬ予算がついたので調査をしなければならなくなったなどの場合である。このようなときでも，まず自分が明らかにしたいことを明確にすることが第一歩である。

なかには，明らかにしたい疑問を何も思いつかないという人がいる。日ごろから，社会の不思議や謎についての感受性を高め，疑問を育て，鍛えあげる練習をしておくとよい［佐藤郁哉 2002：84-8］。

さて，はじめの問題関心から出発し，調査課題（調査の問い）を明確にしていく検討作業では，先行研究をいろいろと調べることになる（→その調べ方は **発展** 1 を参照）。先行研究がすでに自分の疑問に答えていることもある。そのときにはわざわざ調査をするまでもない。疑問への答えが未だ明らかにされていないのであれば，社会調査を実施する意義が高まる。

次に，より具体的に調査デザインを検討することになる。どのような集団（の全体）を関心の対象としているのか，どのような種類の情報をその集団（の一部）から得れば疑問に答えられるのか，この点を明確にする必要がある[2]。例えば，日本人の成人男女が関心の対象であるとき，これまでのように20歳以上でよいのか，18歳以上にするのか，熟慮して決めなければならない。

ここまでが，**図3-1**にある「調査目的の明確化」と「調査デザイン」といぅ作業である（きっかけとなるような問いから調査課題を設定し，調査内容や調査デザインを決めていく過程については，第4章で詳しく説明される）。

調査目的と調査デザインとがある程度明確になった後，調査の実施計画を作成していく。この前後のタイミングで**調査組織**を立ち上げ，調査する内容や調査デザインをグループで討議し，実施計画を検討していくことが，しばしばある。組織による共同研究にはメリットがある。たとえば，複数の視点から調査課題を練りあげ，調査デザインをより適切なものにすることができるし，組織運営のためのコストが増えるものの，複数人が関与することで，意義の低い調査課題を避けたり，研究遂行上の問題（倫理問題を含む）を起こさないように相互チェックしたりすることもできるだろう。

調査課題と調査デザインを検討し，調査の実施計画を作る過程は，行きつ戻りつ進行していくものである。調査資源の現有状況もあわせて，総合的に判断し，対象者からどのような方法で回答を得るのか，どのようなタイム・スケジュールで進めるかについて結論を出さなければならない。これらのことが決まらなければ，次のステップに進むことができない（対象者から回答を得る方法＝多様な調査モードについては第5章で，調査倫理については第13章で説明される）。

(2) 準 備

この段階は，前段階で確定された調査デザインを実現していくという，実務的に重要な過程である。大別して3つ行うべきことがある。第1に，**調査票**の作成である。量的調査では，綿密な意図をもって構造化された調査票を用いて，対象者から回答を得る。調査票は，いわば測定・記録装置である。調査項目が，具体的な質問文と回答選択肢，自由記述の記入欄などで示される。調査票のなかに表現されなかった事項については，当然，データとして収集することができない。調査票は，対象者とのコミュニケーションの最も主要な部分を

---

2) 調査課題のなかで設定される，「関心の対象となる人びとの全体」とは，統計学でいう**母集団**のことである。そして，実際に調査で回答をもとめる人びとの集合を**標本**と呼ぶが，これは母集団の部分集合である。どちらも「調査対象」と呼ばれることがあるので，注意して欲しい。

なしているメディアなので，その点でもていねいに作成する必要がある（調査票の作成については，第6章で説明される）。

　準備段階の第2は，アクセスする調査対象者を選定する，**サンプリング**という作業である。調査課題の集団のうち，どの要素（個体）から回答を得るのか，その手続きを遂行する作業である。たとえば，調査課題の対象がA県在住の成人女性集団であるとき，集団全体から，アクセスする対象者を何名，どのような方法で選び出すのかをデザインし，そして実施する作業のことである。これが適切になされないと，知りたいことを統計的に正しく知ることができなくなってしまう（サンプリングについては，第7章で説明される）。

　調査票の作成とサンプリングの後に，第3の作業である「実査の準備」にとりかかることになる。ここでの重要な作業は，対象者リストの作成である。また，実査の方法として個別面接法を採る場合には調査員，郵送法の場合には発送・回収作業に従事する者のリクルートが必要となる。さらにさまざまな調査用の器材，用具を調達しておく必要がある（実査の準備については，実査そのものとあわせて，第8章で説明する）。

(3) 実　　査

　実査とは，対象者と実際に接触し，回答を得る作業を指しており，まさに社会調査の実施そのものだ。[3] 構想・計画段階で用いることに決め，人員や器材を準備してきた「実査の方法」を，実行に移すわけである。実査の方法は，個別面接法のように，対象者と調査員が直接的にやりとりをする場合と，郵送法のように，手紙や調査票を媒介として間接的にやりとりをする場合とに大別される。どちらの場合も，対象者と調査者との間でコミュニケーションが行われる。さまざまな心理的葛藤やミスが生じうるので，注意が必要となる。

　実査の段階で重要なのは，正確なデータを多く獲得すること，つまり回答漏れや誤記入のない有効票が，高い**回収率**で得られることである。同時に，調査倫理を踏まえて，対象者や調査員，調査組織に不必要な負担や葛藤が生じないことも重要である。これらを実現するために，さまざまな工夫や技術が蓄積さ

3） 社会調査の基礎情報として示される「調査期間」という項目は，通常，実査にあたった
　　期間のことを指している。

れている（実査段階については第8章，調査倫理については第13章で説明する）。

⑷ データの入力と点検

　紙に印刷した調査票を用いる調査では，実査終了後，回答が記入された調査票一式が得られる。量的調査では，記入された回答情報をコンピュータに入力し作成した電子ファイルを使って分析が行われる。

　調査票に書かれた記述は，そのままではコンピュータ入力ができないことも多い。手書きされた〇印が薄かったり，文字が判読しづらいことがある。同じ人の回答のなかに矛盾がみられることもある。そのような問題点を解決し，入力すべき回答を確定する作業を**エディティング**という。また，データを入力する前に，質問への回答を見渡して，調査者が分類作業を行うこと（同じカテゴリーに分類される回答に，同じ符号を与えること）をアフターコーディングという。アフターコーディングは，たとえば，職業に関する質問項目群でよく行われている。これらの作業の後に，データ入力を開始する。

　先にも述べたように，データ入力では，想像以上に高い確率で誤入力が生じてしまう。データ入力のミスを低減する工夫を知ることが大切である。また，正しい入力データを得るための，点検の手続きが確立している。この点検・修正作業のことを，しばしば**データクリーニング**と呼んでいる（データ入力・点検の作業については，第9章で説明される）。

　クリーニングが終わり，完成したデータの電子ファイル（データセット）が，調査組織のしかるべき範囲に配布され，いよいよ分析作業へと進んでいく。

⑸ 分　　析

　各自の調査課題に基づいて分析する前に，必ずやっておくべきことがらに，基礎的な集計作業がある。完成データセットで，各質問の回答を**単純集計**し，表にする。この表（度数分布表）は，データ分析の際の最も基本的な情報となるので，調査組織で適切に作成して共有し，随時参照できるようにする（データの基礎的集計については，第10章で説明される）。

　さて，誤解を怖れず簡単にいえば，データ分析とは，人びとのある特性と別の特性との間の関連を明らかにすることである。たとえば，ある調査データで，

男性の方が女性よりも政党Bを支持している人の比率が高かったとする。この結果は、性別という特性と、政党Bへの支持という特性とが関連していることを意味している。ここで「特性」と表現したものを**変数**と呼ぶが、変数間の関連には、実にさまざまな分析法がある。自分の分析課題にとってふさわしい分析法を用いて、仮説を検証する。このためにここまで苦労してデータを収集してきたのである（変数間の関連を分析する方法については、第12章で説明される）。

　データ分析によって、ある傾向が発見されたとしよう。統計的な研究では、回答者集団（標本）のデータにみられる傾向が、関心の対象である集団（母集団）において、どの程度の確からしさでいえるのかを、厳密に取り扱いたいと考えている。そのために、準備の段階でサンプリングの適切な設計と実施にこだわるのである。データ分析には、推定、検定という**統計的推測**が含まれる（統計的推測については、第11章で説明される）。

⑹ 報　　告

　社会調査の実施には、時間と手間と費用がかかり、対象者の協力が必要であるため、そこで得られた結果は貴重である。得られた結果を公表することは、社会に成果を還元する、同じような調査を実施しなくてすむといった社会的意義と、調査過程の確認や再分析に必要な基礎情報や基礎集計表を残す、読者から今後の調査研究の改善についての意見を得ることができるといった学術的意義がある。

　結果を公表する方法は一様ではない。政府による調査結果や統計は統計局や実施省庁のウェブサイトで、マスメディアによる世論調査は社のウェブサイトで公表されるほか、新聞やテレビで紹介されることも多い。学術調査の場合、分析結果に解釈を加え、それを学会発表や雑誌論文の形で報告するのが常である。このような個別報告の他に、多くの調査で比較的定型化されている「調査報告書」が公刊される。これは、調査組織としてフォーマルに、調査概要と調査結果を記したものであり、その調査の全体的な実施状況を知ることができる（→ 発展 2）。

(7) データの管理

　多くのテキストでは,「報告」の段階で社会調査の幕が引かれるが, 本書では, 最後にデータ管理のステップをつけ加えておきたい。今日, 個人情報の取り扱いに強い関心がもたれ, 法律が定められている。調査者は, 社会調査のプロセスで作成された資料やデータを整理し, 保存すべきものと廃棄すべきものに分類しなければならない。廃棄の判断をいつ行うか, 特に回収原票についてどうすべきかは, 難しい問題である。保存すべき資料やデータは, 適切に保管し, 紛失しないように気をつけなければならない。廃棄対象物は, 情報漏洩がないように確実に廃棄しなければならない。あらかじめこれらについての手順と方法を考えておくべきである。また, データセットを調査組織以外の人に公開し, 分析の機会をひろく提供することは, 学術研究上の公共の利益に適っている。そのためのデータの整備・保管, 寄託も, 社会調査のプロセスに組み入れておきたい（データの管理については, 第13章で説明される）。

　以上が, 量的調査のプロセスの全体像である。概要の説明だけでも, 知らなければならないことが多くあるとわかったと思う。ここでふり返って, 社会調査の7つのステップが順番に説明できるかどうか, 自分で確かめて欲しい。

発　展　*Advanced*

Ⅰ　既存研究の探し方

　ここでいう既存研究は, ①論文, ②書籍・雑誌, ③統計書, ④新聞記事, ⑤調査票に大別される。①は『社会学評論』などさまざまな雑誌に掲載されている論文一つひとつを指す。②には複数の論文を集めた書籍を含む。以下では①と②をあわせて文献という。

　これらのうち文献を探すには, ふたつの方法がある。ひとつは「芋づる式」である。ある文献の（通常は末尾にある）文献一覧に載っている論文や書籍のうち,「これは」と思うものを見つけて読んでみて, その文献の一覧からめぼしい文献を見つけるという作業を繰り返す方法である。もうひとつは「検索式」である。先の芋づる式で難しいのは, 最初のひとつをどうやって見つけるかである。大学などの図書館や規模の大きな書店で, 関連しそうな書籍を片っ端から見るというのも良いが, これではそこにない書籍や

論文を見つけられない。そうしたときに威力を発揮するのが，インターネット上での検索である。

検索サイトでまず思い浮かぶのは Google であろう。Google Scholar という学術情報専用サイトもがあるが，まずは通常の Google で探すのが簡便である。そのほか以下のような論文や書籍・雑誌の検索に特化したサイトも有用である。

1．論文のデータベース　CiNii Articles（https：//ci.nii.ac.jp/）
2．大学図書館に所蔵される書籍・雑誌のデータベース　CiNii Books
（https：//ci.nii.ac.jp/books/）
3．博士論文のデータベース　CiNii Dissertations（https：//ci.nii.ac.jp/d/）
4．「連想検索」が可能なデータベース　Webcat Plus
（http：//webcatplus.nii.ac.jp/）
5．科学研究費助成事業データベース　KAKEN（https：//kaken.nii.ac.jp/ja/）

これらは著者名や論文名・書名はもちろん，キーワードでも検索できる。1 では書誌情報（論文の表題・雑誌名・掲載ページなど）がわかるだけでなく，全文を pdf ファイルで読める論文もけっこうある。読めない場合でも，2 にリンクが張られているので，所在情報（当該の文献がどの図書館に所蔵されているか，その請求記号など）を知ることができる。4 は基本的に書籍を探すサイトで，キーワードによる一般的な「一致検索」のほか短文による「連想検索」が可能だ。

ただし，これらは基本的に日本で収集された文献を掲載しているので，海外文献を探したいときは，多くの大学図書館で利用できる Sociological Abstracts, Current Contents, Web of Science などのデータベースや，電子ジャーナルが役に立つ。このほか個別の領域ごとにもすぐれたサイトがある。たとえば労働についてであれば，労働政策研究・研修機構，大原社会問題研究所などである。

③統計書については，政府統計の総合窓口 e-Stat が役立つ。政府が有している統計情報について，どのような統計があるのかを調べることはもとより，その集計結果を Excel や PDF ファイルでダウンロードできる。ただし，非常に多くの表が掲載されているので，目当ての表にたどり着くには時間を要する場合もある。

④過去の新聞記事については，多くの大学図書館で利用できるオンラインまたは CD-ROM のデータベースで検索することができる。有料でよければ，各新聞社のサイトか，G-Search データベースがある。

⑤調査票については，調査報告書の末尾に掲載されていることが多いので，まず CiNii Books で探してみると良い。またデータアーカイブ（→ 第 13 章 発展 4 ）に所収の調査であれば，そのホームページで調査票を見ることができる。

〔参考 URL〕

労働政策研究・研修機構（https://www.jil.go.jp/）

法政大学大原社会問題研究所（https://oisr-org.ws.hosei.ac.jp/）

政府の統計窓口（https://www.e-stat.go.jp/）

G-Search（https://db.g-search.or.jp）

2　報告書の作成

基礎 **2**(6)で述べた「調査報告書」の構成について特に決まりはないが，一般的には以下のようになる。

①序（調査を実施することになった経緯や背景，調査対象者や関係者への謝辞など）　②目次　③調査の概要（調査主体，調査の目的，母集団，サンプリング，実査の方法，調査期間，回収率など）　④回答者の基本属性　⑤個別の調査レポート　⑥文献リスト　⑦単純集計　⑧調査票　⑨資料（調査対象者に出した印刷物，活動日誌や作業記録，コーディングガイド／エディティングガイド，調査参加者一覧など）

文献リストは，社会学の分野では，著者名を ABC 順にして，⑤の後注のあとにまとめて列挙するのが一般的である。記載の形式は学会や学術雑誌によって異なるが，日本社会学会のサイトの「社会学評論スタイルガイド［第 3 版］」（2018年）には詳しく例示されていて参考になる。

報告書では，図表を用いることが有効だが，作成にあたっての基本的な注意点は次の通りである。図表には図表番号とタイトルを付ける。基本的には，表の番号とタイトルは表の上側に，図の場合は図の下側に明記する。また，本文中で図表について言及する場合は，その文末に「……（**表1-1**）。」というように，図表番号を記載しておく。そのほか n（ケース数），SD（標準偏差），n.s.（統計的に有意ではない），$p<.05$（5％水準で有意）のような略記号を使用することがある。

練 習 問 題

① 量的調査の 7 つのステップを順にあげ，それぞれの作業内容を述べてみよう。

② 新聞社が行う世論調査では，実施されてから報道されるまでに，どのくらい時間がかかっているかを調べてみよう。おそらく，学術調査の場合と比べてたいへん短い期間で公表されているが，その理由はなぜか，考えてみよう。

社会調査のプロセスはだいたいわかったね
次章からは各ステップについて詳しく説明するよ！

基礎 轟　亮，発展 **1** 平沢和司，発展 **2** 俵　希實

社会調査のデザイン

因果分析を念頭に調査を設計するには？

> ### 基 礎 *Basic*
>
> 前章までで社会調査の概要とそのプロセスがイメージできたであろう。本章ではそれを踏まえ，量的調査の企画段階に焦点を絞って，調査デザインについて考える。調査デザインとは，①何を，②どのように，③誰から調査し分析するのかについての研究戦略である。なかでも社会現象を仮説によって因果的に分析するには，どのように調査を設計すれば良いのかを中心に論じる。本章で強調したいメッセージをあらかじめ伝えておけば，どんな分析をしたいかよく考えたうえで調査をデザインしようということに尽きる。とはいえまだ調査も実施していないのに，なぜその先の分析のことまで考えなければいけないのか。本章を読み進めればその真意を理解できるはずだ。

① 何を知りたいのか

❙-❙ リサーチ・クエスチョンを育てる

　ひとくちに社会調査といっても，それを通じて知りたいことは多様であろう。調査を通じて知りたいことを**調査の問い**または**リサーチ・クエスチョン**と呼ぶ。ただし，たとえば「格差社会について知りたい」というのは，ふつうリサーチ・クエスチョンとはいわない。これだけでは漠然としていて，何をどう調べれば良いのかわからないからである。そこで「格差社会とは，貧しい人がたくさんいる社会だ」と考えたとしよう。少しは具体的になったが，貧しいかどうかを調査でどうやって判断すれば良いだろうか。こう考えれば貧しさの目

表4-1 調査研究をデザインする際の検討事項

A. 調査内容に関する検討事項
 1. 調査を通じて知りたいことをいくつかのリサーチ・クエスチョンとしてまとめる。(本章)
 2. リサーチ・クエスチョンに関連する既存研究を徹底的に調べる。(第3章 発展 1)
 3. どのような分析をしたいかを念頭に,理論仮説と作業仮説を立てる。(本章)
 4. 信頼性と妥当性に留意して構成概念を操作概念に操作化して測定する。(本章)
 5. 調査票に盛り込む質問項目を列挙する。(第6章)
B. 調査方法に関する検討事項
 1. 調査類型を決める。例. 横断的調査,繰り返し調査など(本章,第1章 発展 3,4)
 2. 調査方法を選ぶ。例. 個別面接法,留置法,郵送法など(第5章)
 3. 調査票を作る(配る)調査単位(観察単位)を決める。例. 個人・世帯・市町村など
 4. 調査対象の母集団を確定する。例. ○○市の20歳から69歳までの男性(本章)
 5. 標本の大きさを決める。例. 5,000人(第11章)
 6. 母集団から標本抽出する方法を決める。例. 層化2段抽出法(第7章)

安として,年収を調べれば良いことに気づくはずだ(これが上記②「どのように」の一部にあたる)。さらに年収の少ない人は,中学や高校を出てすぐに働き始めた人に多いと予想して,彼らを対象に調査をすればよいと思うかもしれない。もちろんそれも良いのだが,大卒者も思ったほど年収が高くないかもしれない。この点を明らかにするには,働いているすべて(の学歴)の人を対象に年収を調べてみる必要がある(上記③「誰から」にあたる)。その結果,中高卒者より大卒者のほうが,平均年収が高いことがわかったとしよう。けれども,考えてみれば,年収に差をもたらすのは学歴だけではなく,何かほかに原因があるのではないか…,といった感じで問いがつぎつぎに拡がっていくだろう(上記①「何を」にあたる)。こうしてリサーチ・クエスチョンが生み出され,調査デザインについても一筋の光明が見えてくるはずだ。

　もっとも調査デザインといっても,検討すべきことは多い(**表4-1**参照)。紙幅の制約から,そのすべてを本章で言及できないので,関連する他の章も必要に応じて参照してほしい。

1-2 記述的な問いと説明的な問い

　リサーチ・クエスチョンの内容ではなく形式(種類)に着目すれば,問いは記述的な問いと説明的な問いに分けられる。両者を完全に区分することはできないが,**記述的な問い**はどのように,**説明的な問い**はなぜかを主に知ろうとす

る問いだといえる。[1] いずれも社会現象を**解釈**するための手段である。

　先の例でいえば，「中高卒者と大卒者は年収が異なるのか」「異なるとしたら
いくら異なるのか」というのは，記述的な問いである。この問いに対しては，
調査データを分析することによって，「中高卒者の平均年収は360万円に対し
て，大卒者のそれは500万円」といった答えが得られるであろう（数値は架空）。

　他方で，「年収の違いはなぜ生じるのか（何によって生じるのか）」というの
は，説明的な問いである。この問いの核心は「年収は個人（世帯）によって異
なり，社会には裕福な人も貧乏な人もいるけれども，その散らばりは何によっ
てもたらされるのか」という点にある。この表現から窺い知れるとおり，量的
調査で分析したいのは，特定の個人の年収がいくらかということではなく，多
数の個人の間にみられる年収の違いが，何によって（どういう原因で）生じるの
か，である。

　答えはいろいろ考えられる。先にあげた「学歴」もその候補である。しかし
社会現象は複雑なので，原因がひとつだけということはまずない。ほかにも
「性別」「年齢」「働き方（正規雇用かどうか）」などが浮かぶ。重要なのは，この
ように答えがいくつもあり得るので，自分なりの仮の答えを**仮説**として明示す
ることである。「性別・年齢・学歴そして働き方が，年収に影響する」という
のが仮説の一例である。

　こうした説明的な問いに対する理解は，記述的な問いを立てるうえでも有用
である。なぜなら年齢の若い人ほど学歴が平均的には高いので，学歴によって
平均年収が違うといっても，それは若年層と中高年層の違いを表しているのに
過ぎないかもしれない。そこで「年齢層ごとに分けても，中高卒者と大卒者は
年収が異なるのか」といった問いに置き換えることが適切な場合もあるだろ
う。つまり学歴間で年収を**比較**する際に，誰を対象にするのが適切なのか（全
年齢層か年齢層別か）をよく考えることが重要だ。

　さらに量的調査の分析では，一歩進んで「性別・年齢そして働き方の影響を
除いても，学歴は年収に影響するのか」あるいは「性別・年齢・学歴そして働
き方のうち，年収に与える影響が（相対的に）もっとも大きいのはどれか」と

1）　この分類にかんしては盛山［2004b］によりくわしい解説がある。

いった問いが立てられることが多い。つまり個人間にある年収の違い（という結果）をもたらす複数の原因を特定し，それらの関連を分析するのがおもな目的となる。そのためには因果関係に関する理解が必要になってくる。

1-3　変数と分布

因果関係について考える前に，重要な基礎用語について整理しておく。**変数**とは着目している事項の特性であり，その変数の取り得る値のことを**値**または**変数値**という（以下では値という）。たとえば「学歴」は変数で，「大卒」と「大卒以外」は値である（値の分け方はこれ以外にもある）。また「年収」は変数で，「450万円」「500～600万円」は複数ある値のひとつである。他方で，ある値をとるケース数のことを**度数**または**頻度**という。**分布**とはそれぞれの値の度数がいくつであるかを変数ごとに表現したものである。「学歴」であれば「大卒」が30ケースで全体の60%，「大卒以外」が20ケースで40%といったように表現される（分布や変数の要約については第10章参照）。

変数については従属変数と独立変数の区別が重要である。説明的な問いで，何らかの原因から影響を受ける変数が**従属変数**（＝被説明変数・目的変数・基準変数）であるのに対して，従属変数を説明する変数が**独立変数**（＝説明変数・予測変数）である。先の例でいえば「年収」は従属変数，「性別」「年齢」「学歴」「働き方」は独立変数ということになる。さしあたって原因が独立変数，結果が従属変数というイメージをもてば良い。

② どのように検証するか

2-1　因果関係とは

あらためて因果関係とは何だろうか。これにきちんと答えることは思いのほか難しく，いくつかの見解がある。量的調査に限定すれば，以下の3つの条件が成り立てば**因果関係**があるとされる。

① 変数 X と変数 Y の間に媒介変数を介していない関連（相関）がみられること

（X ↔ Yと表記する[2]）

② 原因とされる変数 X が，その結果として生じた変数 Y より時間的に先行していること

③ 変数 X と変数 Y の双方に影響を与える変数 Z を統制しても，変数 X が変数 Y に影響すること

である。このとき変数 X は変数 Y に効果がある，あるいは影響を与えているといい，X → Yと表記する。変数 X が独立変数，変数 Y が従属変数である。

　先の例では学歴が変数 X，年収が変数 Y にあたる。①もし学歴と年収に何の関連もみられなければ，換言すれば中卒者・高卒者・大卒者の平均年収がそれぞれほぼ400万円で一致していれば，学歴と年収の間に関連はなく，したがって因果関係もない。他方で，中卒者の平均年収が300万円，高卒400万円，大卒500万円であれば，学歴と年収の間に少なくとも関連があり，因果関係の存在が予期される（関連と相関については第 12 章 基礎 参照）。

　条件②はこの例では自明であろう。一般に（学生時代のアルバイトをのぞけば）最終学歴が決まったあとに働き始めて年収を得るからである。変数 X を性別にして置き換えてみれば，さらにわかりやすいだろう。男性だから（何らかの理由によって）年収が高いのであって，年収が高いから男性だというのは明らかにおかしい。なぜなら性別は年収に先行して決定されているからだ[3]。このように関連（相関）は因果の方向（どちらが原因・結果か）が特定されていないのに対して，因果関係はその方向が特定されているという点で異なる。

　条件③は具体例から考えた方がわかりやすい。条件①と②を満たしていれば学歴は年収に影響するという因果関係があるように思われるが，結論を急いではいけない。なぜなら学歴と年収の双方に影響を与えている変数，たとえば性別が背後で年収を規定しているかもしれないからである（図 4 - 1）。男性は女性に比べて学歴と年収がともに高いので，学歴と年収が相関しているようにみえるだけかもしれない。そうだとすると大卒だから年収が高いのか，男性だから年収が高いのか，あるいは男性が大卒に多いから年収が高いのか，判然とし

2）　このほかに変数 X が変数 W に媒介されて変数 Y に間接的に影響する因果関係を考えることもできる。詳しくは宮川 ［2004］ を参照。

3）　ただしいつもこのように時間的順序が明白とはかぎらない。因果の方向については 発展 1 - 4 を参照。

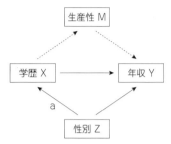

図 4 - 1　統制変数 Z と媒介変数 M

ない。

2-2　疑似相関と変数の統制

　この点を確かめるには，性別が同じ人の間で，つまり男女別に年収を比べてみればよい。もし学歴ごとの平均年収がほぼ同じであれば，条件①を満たさないから当初の学歴と年収の関連は，**疑似的な**（＝見せかけの）**相関**にすぎず，真の因果関係は性別→年収ということになる。

　他方で，男女別に同じ分析を行っても，学歴がより高い人のほうが年収も平均的に高ければ，学歴と年収の間には因果関係があると考えられる。ここでの性別，すなわち変数 X と変数 Y のいずれにも影響する変数 Z を**統制変数**（＝**第三変数，交絡変数，共変量**）といい，この確認の作業を統制変数による**統制**（＝**コントロール**）という。こうした変数の統制は，質的研究では困難なことが多い。計量的な研究の利点といってよいだろう[4]。

　ここで**図 4 - 1** の矢印 a の向きにあらためて着目しよう。「学歴が年収に（因果的に）影響する」が検証したい仮説である場合には，統制変数として，学歴と年収に影響する変数を選ぶ必要がある。なぜなら①の条件から，学歴が年収に（間接的ではなく）直接的に関係している必要があるからだ。言い換えれば，学歴と年収の間に，たとえば「生産性」といった変数を想定することもできる。しかし，それでは学歴が生産性の統制変数になってしまい，学歴の年収への直接的な因果関係を示したことにならない。仮説にもよるが，統制変数としてはたとえば性別・年齢・地域といった属性的な変数を想定することが多い。

　なお，生産性を（学歴が年収に影響をあたえる際の）媒介変数（中間変数）とい

4）　本文中では第三変数による統制によって消える相関と残る因果関係の例をあげたが，このほかに統制によってはじめて現れる因果関係もある。たとえば当初は投薬→治癒に因果関係はない（薬を飲んだ者と飲まない者に治癒率の差がない）にもかかわらず，病状の重さという交絡変数で統制すると，重病人ほど投薬されやすく，かつ治癒しにくいことから，投薬→治癒に因果関係が認められることがある。これらは**シンプソンのパラドックス**という有名な現象である。疑似相関と同様に，統制変数を見逃すと因果関係を見誤まる危険がある。狩野［2002］を参照。

う。媒介変数は学歴がなぜ年収に影響するのかを解釈するときに役立つ（大卒者は生産性が高いので年収が高い）。このほか媒介変数としては企業規模（大卒者は大企業で働いていることが多いので年収が高い）などいろいろ考えられる。他方，統制変数は因果効果の大きさを推計するうえで極めて重要である（→ 発展 1）。

　ここまでくれば調査デザインの章であるにもかかわらず，因果関係について紙幅を割いた理由が明らかになったと思う。学術的な社会調査では比較や説明的な問いに対する答えを求められる。そのとき因果関係にかんする理解が必須であり，かつ因果関係を明らかにするには，最初に関心をもった変数のほかに独立変数はもとより統制変数や媒介変数を想定することが決定的に重要である。しかも調査はやりなおしがきかないことが多いので，調査票にはそれらの変数が含まれていなければならない。つまり説明的な問いに対する自分なりの仮の答えである**仮説**を，調査の準備段階で検討しておくことが肝要である。

2-3　理論仮説・作業仮説とその検証

　では，どのように仮説を立てれば良いのだろうか。先ほどの説明的な問い（なぜ人びとの間で年収が異なるのか）をもう一度考えてみよう。その独立変数として学歴を真っ先に思い浮かべた読者はおそらく少ないであろう。それよりはむしろ仕事を遂行する「能力」や「貢献」によって年収が変わると考えた人が多いのではないだろうか。

　つまり仮説は 2 段階（種類）に分けられる。一般に同じ現象に関するより抽象度の高い仮説を**理論仮説**，より具体的な仮説を**作業仮説**という[5]。両者の差異は多分に相対的だが，データでより直接的に検証可能（作業仮説）か否（理論仮説）かが，重要な分かれ目である。**観察可能な含意**，すなわち「もし当該の理論仮説が正しければデータではこうした現象が観察されるはずだ」という内容を具体的に示したのが作業仮説だと考えれば良い。先の例では，「能力が所得に影響する」が理論仮説のひとつであり，それが正しければデータでは作業仮説「学歴の高い者の方が平均的にはより高い年収を得ている」という現象が確かめられるはずだ。この作業を**データによる仮説の検証**という。ここで「能

5）　理論仮説を Punch［1998＝2005］は理論的命題，盛山［2004b］は基本仮説と呼んでいる。また佐藤郁哉［2015：上127-8］は作業仮説と操作仮説の峻別を主張している。

力」と「学歴」，「所得」と「年収」はいわんとすることは同じだが，抽象度が異なる。「能力」や「所得」は多義的でより抽象的な概念だから，理論仮説だけでは正しいのか間違っているのか判断のしようがない。そこでそれを作業仮説に翻訳したというわけである。

こういうと作業仮説だけ考えれば良いと思うかもしれない。たしかに研究の目的にもよるが，一般には双方の仮説を同時に練った方が良い。というのは，研究はふつう理論仮説をさらに普遍的，つまり応用の利く**理論**（普遍的な言明）に精緻化することを目標にしているからである。また実践的にも，具体的なレベルと抽象的なレベルの間を行ったり来たりする思考の過程で，仮説が豊かになっていくことが多い。たとえば男女間で年収が異なることは日常的に経験する事実である。この「性別」という具体的な指標を少し抽象化してみれば，属性（生得）的な，つまり本人の力では変えることが難しい特性であることに気づく。そうすれば今度は属性的な他の指標として「年齢」を思いついて，作業仮説を増やせるであろう。ひとつの従属変数について，統制変数を含めて複数の作業仮説があると良い。さらに，なぜそうなるかを示す媒介変数が仮説に含まれているとなお良い。

ところで，さきほど「正しい」という表現を用いたが，それはあくまでも「理論仮説が作業仮説による検証を通じてデータと一致している」という意味に限定している。つまり「理念的に，あるいは倫理的に正しい」ということとは関係ない。さらに理論仮説とデータが一致していたとしても，それはいま措定した作業仮説においてそうだったということである。言い換えれば理論仮説はそれが正しくないという反例が出てこないかぎり暫定的に正しいと考えるということである。その意味で，理論仮説はどこまでも仮説であり，修正される可能性がたえず残っている。こうした考え方をポパーの**反証主義**［Popper 1934＝1971, 1972］といい，社会科学の正しさの基準としてほぼ定着している。

こう考えれば理論仮説から複数の作業仮説を導き，それをデータによってひとつずつ検証していく地道な作業が調査者には求められる。その過程では作業仮説が否定され，理論仮説を含めて調査後に練り直しを余儀なくされることも当然ある。むしろその方が多いかもしれない。そうして次第に「正解」に近づいていくはずだ（→ 発展 **2**）。

2-4 測定の信頼性・妥当性

　仮説が2段階（種類）あるのに呼応して，それを構成する変数も2段階に分けられる。理論仮説で用いる抽象度の高い**構成概念**と，それをデータで検証可能なレベルにした**操作概念**である。先に指標といったのはこの操作概念のことである。そして構成概念を操作概念に置き換えることを**操作化**という。先の例では「能力」という構成概念が「学歴」という操作概念に操作化されたことになる。また操作化の一環として，決められた規則に従って，それぞれのケースに数値を割り当てることを**測定**という。もちろん能力や正義感など測定できるのか判断が分かれる構成概念も多いが，操作化によって測定できたとみなすということである。したがってひとつの構成概念が複数の操作概念に操作化されることも多いし，それによって分析結果が異なることもある。

　そこでできるだけ正確な測定をするために，信頼性と妥当性に留意することが定石となっている。**信頼性**とは，同一の対象（者）から測定した結果が安定し一貫していることをいう。これには複数の時点間での安定性と，複数の下位尺度間の内的整合性とがある。[6] 信頼性は，測定結果が真値と測定誤差から成り立っているという考え方に基づいている。たとえば大学入試の本試験用問題と予備の追試験用問題の双方を解いたとき，それぞれの得点は本人の実力に相当する部分（真値）と受験日の体調などによる偶発的な部分（測定誤差）に分けられる。両試験の得点の相関が高ければ信頼性が高く，良い問題だと判断される。

　もうひとつ重要な妥当性にもいくつか種類があるが，最も重要なのは**構成概念妥当性**である。操作概念が構成概念を本当に測定していれば構成概念妥当性が高いという。先の例では「能力」が構成概念で，「学歴」が操作概念である。これに違和感を覚えた人もいるだろう。つまり学歴は能力の指標としてふさわしいのかという疑問である。これは十分に吟味すべき問題であり，調査設計の勘所だといってよい。学歴といった一般的な能力など年収にとって重要ではなさそうだし，何かほかによい操作概念はないものか……。こうした感覚は極めて重要だ。というのも残念ながら構成概念妥当性を検証する一般的な方法はな

6）　妥当性と信頼性については稲葉［2007］や南風原［2002］を参照。

いからである。まずは既存研究を探してみよう（→ 第3章 **発展** **1**）。

発 展　*Advanced*

1　仮説を正確に検証するにはどうしたらよいか

1-1　反実仮想モデル

　これまで述べてきたように，ひとつの従属変数は複数の独立変数に影響されるのがふつうである。したがって，他の変数の影響を統制した後に，着目する独立変数が従属変数へ与える影響（因果効果）の大きさを正確に知ることが求められる。そのためには，**因果推論**（因果関係ついての推論）の方法を知っておくとよい。[7]

　さきほどの学歴が収入に影響する例で，Aさんという大学を卒業後に就職した25歳の男性をイメージしてほしい。**反実仮想**といわれるモデル［Rubin 1974］では，Aさんが仮に大学に入らず高校卒業後に働き始めたときに得られたであろう年収（たとえば250万円）と，実際のAさんの年収（300万円）の差（50万円）が，Aさんが大学を卒業したことの，つまり学歴の効果だと考える。同じ人物のなかで比較しているので，性別はとうぜん同じであり，その他の変数も統制する必要がない。けれどもAさんは高校を卒業したあと大学に進学してしまったわけだから，高卒で働いたときの年収はわからない。したがって同一人物のなかでの因果効果の大きさは，じつは計れないのである。この問題は一般に「因果推論における基本的問題」［Holland 1986］と呼ばれている。

　そこで高卒である以外は何から何までAさんとそっくりな男性A′さんを見つけてきてAさんと比較したいところだが，これは無理な相談だ。やむなく個人内での年収の比較はあきらめて，個人間の比較で代用することになる。具体的には，高卒者と大卒者をたくさん集めてきて年収を比較するのである。

　ただしいくら調査対象者を無作為抽出して高卒者の平均年収と大卒者の平均年収を比較してその差を求めても，それが学歴の効果だと断定するのはまだ早い。なぜなら今度は個人内の比較ではないので，すでに述べたとおり，学歴と年収の双方に影響する要因（たとえば性別）をできるだけ統制する必要があるからだ。そうしないと，年収差のすべてが，学歴が高いことの効果を表しているのか，年収が高い男性が大卒に多いことの効果などが紛れ込んでいるのか，はっきりしない。

7）　本節の内容全般に関して狩野［2002］，宮川［2004］，星野［2009］，石田［2012］が示唆に富む考察を行っており，本節はそれらに負うている。実験計画法における無作為割付，マッチング，バランス化などについては南風原［2002］を，調査データに基づく因果推論については森田［2014］，岩崎［2015］，田中［2015］（学歴が年収に与える影響を例に，より専門的な方法を解説）を参照。

1-2　無作為割付実験と重回帰分析

　ここから先は，実験ができるかどうかでやるべきことが異なってくる。社会調査は実際の社会をありのままに観察するのに対して，実験は諸条件を厳密に統制し，人為的にある現象が生起する状況を設定して行動を観察する（→第1章 **基礎** 2）。

　実験が可能な場合は，高校卒業の時点で無作為抽出された対象者を，大学に進学する処置群（実験での実験群に該当）と，高卒後すぐに就職する統制群とに，**無作為割付**することになる。無作為割付とは，本人の意志とは無関係に，たとえばコインを投げて表が出たら処置群に，裏が出たら統制群に入ってもらうことを意味する（無作為抽出とは関係ない）。こうすればいずれの群に入るかはまったく偶然に決まる。したがって両群において，学歴以外の要因は完全に統制されている，つまり学歴以外の変数の分布は両群で等しくなることが期待される。各群で男女は半数ずつであろうし，勉強好きで成績のよい人が社会全体で20％いれば，各群でも20％ずつになるはずだ。そのうえでたとえば25歳になったときに再調査を行い，両群の平均年収の差を学歴の効果と見なすのである。この方法が優れているのは，無作為割付さえすれば，統制変数を考えなくてもよいことである。

　もちろん，本人の意志を無視して学歴を操作（介入）する無作為割付など倫理的に許されるはずもない。そこで社会調査の枠組みのなかで利用されるもっとも一般的な方法が，**重回帰分析**である（→第12章 **発展** 3 参照）。具体的には，学歴と統制変数を独立変数に，年収を従属変数として重回帰分析をおこない，学歴の（標準化）偏回帰係数を学歴の効果とみなす。ただし，この係数の大きさは，統制変数に何を選択するかによって異なる。もし，男性だけでなく生まれつき何らかの能力の高い人が進学しやすい場合，性別のほかに能力を統制変数として回帰分析に投入すべきである。しかしその測定が難しいため，投入できずに求めた偏回帰係数には，**バイアス**（真の値より大きいか小さい偏り）のある可能性が高い。なぜなら能力の高いことの効果が，学歴の効果に混入してしまい，結果的に真の値より過大に推計されてしまうからである。[8]要するに，統制変数を慎重に選択したうえで，過不足なく重回帰分析の独立変数として投入することが重要で

8）　そのひとつの解決策として傾向スコアを用いる方法がある。傾向スコアとは，大学に進学するかどうかに影響する多数の共変量（＝統制変数）を1つ（1次元）にまとめた変数で，各人の大学進学のしやすさを表す。この値が同じか近い者で層を作り，層ごとに実際の大卒者の平均年収と高卒者のそれとの差をとれば，年収に対する学歴の効果を知ることができる。これは，無作為割付による実験ができないとき，特定の傾向を有する者が大学に進学しやすい（処置群に入りやすい）ことによる推計の歪みを，社会調査データの中で事後的に補正する方法だといってよい。ただし，これで補正できるのは高校卒業以前に決まっていた共変量だけである。高卒後に進学者と非進学者が社会から等しく扱われるという前提が満たされない限り，この方法で求めた効果にもバイアスがあるといわざるを得ない。このように因果効果の大きさを正しく推計することはとても難しいが，社会調査データを分析するとき，実験の考え方を知っておくことは有用である。傾向スコアを用いた分析例としては，中澤［2013］を参照。

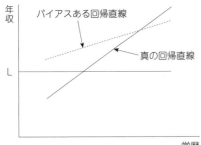

* L以下の年収の女性が分析対象に含まれないため，回帰直線の傾きが小さくなる。

図4‐2　女性個人年収の学歴への回帰直線

ある。

1‐3　選択バイアスと母集団の設定

けれども厄介なことに，統制変数が過不足なく重回帰分析に組み込まれたとしても，分析対象者に留意しないと，バイアスのある結果を鵜呑みにしてしまうことがある。学歴が収入に与える効果にかんしていえば，分析が難しいのは女性である。女性のなかには出産や育児のために，学卒後に働いていた会社をやめ労働市場から退出する人が少なからずいる。そのとき（配偶者の年収が高く）自らの収入が低い女性ほど労働市場から退出しやすい傾向があると，労働市場には結果的に年収の高い女性が多く残ることになる。その人たちだけを対象に学歴が（女性個人の）年収に与える影響を推計すると，真の値より小さくなるバイアスが生じやすい（**図4‐2**）。

本当は調査時点で働いていない人をふくめてすべての女性を対象に分析したいのであるが，労働市場から退出した女性個人の収入は（ふつうないから）知りようがない。このようにほんらい対象とすべき集団から一部の対象者が選択されている，ないしは脱落しているために生じる推計の歪みを，**選択バイアス**という［星野 2009］。

したがって，選択バイアスが疑われる場合は，調査を設計する段階で母集団（あるいは分析対象者）を適切に設定することに細心の注意を払う必要がある。

なお，選択バイアスによる因果効果の大きさの歪みを小さくすることはかならずしも容易ではないものの，女性一人ひとりが労働市場からどの程度退出しやすいのかを表す変数を，重回帰分析に統制変数として追加するのがひとつの方法である。その程度を特定するためには，女性が退出する前にどのくらいの期間働いていたか，そのときの年収はいくらだったか，といった過去の情報を正確に把握することが求められる。

1‐4　調査類型の選択

こうした要請に応えるには，調査類型を適切に選ぶことが重要になってくる。具体的には，1回限りの横断的調査でよいのか，それとも同一個人を複数回にわたって追跡するパネル調査が必要か，の判断である（調査の実例は→第1章**発展** 4）。

パネル調査の利点は多岐にわたるが，ここでは3点指摘しておく。第1は，横断的調査では正確に把握することが難しい情報を捕捉できることである。たとえば昨年の年収であれば誰でも答えられるであろうが，5年前の年収を正確に回答できる人は稀である。また**過去の意識**（たとえば「あなたは3年前，生活に満足していましたか」）をたずねられ

ても，ほとんどの人は答えに窮するであろう。しかし，パネル調査であれば，たえず現在の状況や意識をたずねるので，より正確な回答が期待できる。しかも同一項目を複数の時点でたずねてデータを蓄積していくので，**個人内の変化**（たとえば職歴や健康状態など）を正確に把握しやすい。

第2は，**因果の方向**を特定しやすいことである。たとえば専業主婦は性別役割分業意識（「男性は外で働き女性は家庭を守るべきである」）に対して肯定的な傾向があることがわかったとしよう。このとき，（会社勤めをやめて）専業主婦になったから性別役割分業意識に肯定的なのか，もともと性別役割分業意識に肯定的な女性が専業主婦になったのかは，横断的調査だけでは判断できない。パネル調査であれば，どちらが（あるいは両方）正しいかを判断しやすくなる。

第3は，やや専門的なことであるが，因果効果の大きさを正確に推計しやすくなることである。すでに述べたように，そのためには統制変数を適切に重回帰分析に組み込むことが重要である。けれども一人ひとりの個性ともいうべき究極的な違い（**個人の観察されない個別性**）を正確に測定することは極めて難しいため，通常は誤差項として扱われてしまう。それによって注目している独立変数（たとえば収入に与える学歴）の偏回帰係数の大きさにバイアスがもたらされやすい。しかし同一個人の複数回のデータがあると，個人内で差をとることによって，個人内で不変の個別性が式から消去され，さらにいくつかの仮定をおくことでバイアスの少ない因果効果の推計が可能となる。

ただし，パネル調査も万能ではないし，それを実施するさまざまなコストは，横断的調査と比べものにならないくらい大きい（→第14章 **基礎** 3-1）。調査をする側の資源はたいてい制約があるから，実際にはさまざまな条件を勘案して調査類型や方法を決めることになるだろう。

それだけに調査をデザインするには分析方法を含めて研究全体を見据えた構想力や分析力が求められる。同時にそうした力は政策の適否を判断するのにも役立つはずだ。近年は EBPM（＝Evidence Based Policy Making，根拠に基づく政策立案）の重要性が指摘されているが，因果推論は EBPM の骨格を成すからである。

2 より良い調査研究とは

調査を適切に設計するにはどうしたらよいだろうか。仮説自体がそもそも思いつくものであり，統制変数の候補は無数にある。つまりこうした手続きを踏めば，必ず適切な仮説を立てることができるといったようなアルゴリズムは残念ながらない。そこでありがたいのが既存研究である（その探し方は第3章 **発展** 1 を参照）。ほとんどの問いは先人の誰かが一度は挑戦したものである。その足跡をたどることは，それ自体楽しいしとても勉強になる。同時に社会学や隣接分野の勉強と，社会調査法の修得が表裏一体であることも納得できよう。

さらに既存研究を渉猟することは，一歩進めて「良い」問いや仮説がどのようなもの

なのかを教えてくれる。それを一言でいえば，研究者の学界や実務家の集まりといった「問いの共同体」［盛山 2004b：56］にとって意義のある問いや仮説だ。研究は「社会問題」の解決や知的好奇心を満たすために行うものではあるが，同時に問いの共同体における議論に開かれている必要がある。したがって，（最新の）既存研究からどこか疑わしい点，未完成な点を見つけ，それを修正できるような問いや仮説を立てることが望まれる。他方，かなり完成度の高い研究が潤沢にある分野では，そもそも多大なコストをかけて調査を行うべきか，原点に立ち返って検討し直すべきである。もちろん初心者にとって，こうした見極めは難しいかもしれないが，既存研究を徹底的に調べることで見通しがつくだろう。

　こう考えてくれば，冒頭に掲げた2種類の問いのうち，記述的な問いより説明の問いが優れているというわけではないことに気づく。本章では仮説をデータで検証するタイプの研究を念頭に議論を進めてきたが，データから仮説を発見するタイプの研究も十分に意義あるものである。[9] それゆえ問題発見的な視点をもちながら，得られた経験的知見を整序して現実の歴史的な過程を明らかにする**計量的モノグラフ**［尾嶋編 2001］という考え方は，注目に値する。そうしたデータと仮説の往復運動は経験科学の醍醐味であろう。どのような問いや研究のタイプが適切かは，当該分野の研究の（進展）状況や関心に依存しているのである。

練 習 問 題

① 「学校を卒業した後はじめてついた職業が非正規雇用であった人は，その後，正規雇用につきにくい」という仮説を検証するには，どのような調査をデザインすれば良いか考えてみよう。

② 「ヤンキーが早婚で子だくさん」というのは本当だろうか。これを確かめるには，どのような社会調査をデザインすれば良いか考えてみよう。

平沢 和司

9）既存の論文を読むと，仮説が提示されたのちにそれが検証されているので，研究がその順序で進んだと思うかもしれない。しかしそういうことは稀であろう。むしろ，はじめに立てた仮説が成り立たないことが間々あるし，そうしたときにこそ，新たな解釈や仮説を思いつくものだ。その意味で，仮説の検証と発見は，表裏一体である。研究の舞台裏での順序と，表舞台である論文での順序は別だと考えた方が良い。木村［2006：72-6］や佐藤郁哉［2015：上65-82］に，関連する議論がある。

実査の方法

どのようなデータ収集法を選べば良いのか？

① データ収集法選択の基準

1-1　調査票調査におけるデータ収集法の重要性

　社会調査を行うことに決めて，そのなかで量的調査を選択して，さらにそのなかでも調査票調査をしようと決断し，すでにやれやれという人もいるかもしれない。しかし，まだ終わりではない。調査票調査における，対象者からのデータの集め方にはさまざまな方法があり，次はその選択をしなければならないのである。そのような方法は**調査モード**（mode）と呼ばれる。本章では，まず基礎において調査モードのなかでも「個別面接法」「電話法」「留置法」「郵送法」「集合法」「インターネット法」の6つをとりあげ，それぞれの特徴について学ぶ。多くの場合，実査はひとつの調査モードで実施される。しかし，近年は複数の調査モードを組み合わせてデータ収集を行うことも多くなってきた。これを **Mixed Mode**（ミクスト・モード，ミックス・モード，混合モード）と呼ぶ。発展ではインターネット法を用いた調査のなかでも最近よく見かけるオンラインパネルを用いた方法について問題点を指摘するとともに，インターネット法の長所を活かすための方法として，Mixed Mode によるデータ収集の可能性を示す。また，調査モードを大きく変えるコンピュータ支援型調査全般にも触れる。

　まず，実際にどのようなデータ収集法が選択されているのかを確認しよう。

表5-1　2017年度実施世論調査におけるデータ収集法の分布

データ収集法	調査数	%	うち無作為抽出標本に対するもの
個別面接法	52	9.2	50
留置法	21	3.7	18
郵送法	309	54.5	254
電話法	79	13.9	79
集合法	52	9.2	2
ミクスト・モード	24	4.2	10
その他	30	5.3	0
合　計	567	100.0	413

※内閣府「全国世論調査の現況　平成30年版」から，回収率の記載のないもの，また留置郵送回収などの「上記以外の個別記入法」43ケースを除外して，本書で扱うデータ収集法について方法名を本書の表記になおして作成（以下の表も同様）

　日本で行われている世論調査についての情報を集めた『全国世論調査の現況 平成30年版』（以下『現況』と略記）には，各調査のデータ収集法の情報も示されているが，そのうち単独の調査モードとしてあげられているのは5つであり，本章の「個別面接法」「郵送法」「留置法」「電話法」「集合法」と対応する[1]。『現況』には「インターネット法」という分類は無く「その他」に多くが含まれる。

　表5-1からは，これら5種類のなかでは「郵送法」の割合が圧倒的に多いことがわかる。では郵送法が最も望ましいデータ収集法なのかというと，必ずしもそうではない。郵送法以外も4割強とさまざまなデータ収集法が併存していることが物語るのは，どのような状況においても最適な方法というものはないということである。したがって，調査票調査実施におけるデータ収集法の選択にとって重要なことは，それぞれの方法の長所と短所を十分に理解することである。

1-2　データ収集法を選ぶ基準——コストと回収率と情報の量・質

　データ収集法の選択においては，誰を調査対象とするのか，どんな内容の質

1）　『現況』では「個別面接法」は「個別面接聴取法」。「留置法」は「個別記入法」。「集合法」は「集団記入法」と表記されている。

表 5 - 2　2017年度実施世論調査のデータ収集法別, 回収率60%以上の調査数

データ収集法	無作為抽出標本に対する調査数…A	回収率60%以上の調査数…B	B/A%
個別面接法	50	31	62.0
留置法	18	16	88.9
郵送法	254	70	27.6
電話法	79	11	13.9
合　計	401	128	31.9

問をするのかといったように, 何を明らかにしたいのかを基準とすべきなのはいうまでもない。しかし, 実際に私たちが社会調査を行う場合, まず問題となってくるのはコストの制約であろう。

　ここでのコストには金銭的, 人的, 時間的コストすべてが含まれるが, どれをとっても調査をする側からすれば, 少なく済むにこしたことはない。特に金銭的コストは, 調査に関わるスタッフの数だけ, そして時間がかかればスタッフの拘束時間だけアルバイト代のような形でかさむものだが, 学術目的で調査を行う場合は予算が潤沢ではないことが普通であり, この制約は大きいものとならざるを得ない。したがって, 調査にかけられるコストの上限が決まっているのであれば, その制約内で実施可能なデータ収集法を選択するよりない。

　ただ, ここで問題となるのが, コストと引き替えに何かが犠牲になるということである。これを**回収率**と**質問の量と複雑さ**, そして**回答情報の正確性**という基準から考えていこう。

　聞きやすい人にだけ聞いていては社会調査にはならない。したがって, 第7章で学ぶように, 明らかにしたい対象 (母集団) の縮図になるように調査対象者を選ぶ必要があるわけだが, このように選ばれた人びとに調査を依頼しても, すべての人から協力を得られることはほぼない。調査を依頼した人のうち, 協力 (回答) してくれた人の割合を回収率と呼ぶ。回収率が低いとサンプルは母集団の縮図として偏ったものとなる危険性が高くなるため, 回収率が低くて良いということはあり得ない。問題は回収率とコスト面での有利さとが, 基本的にトレードオフの関係になっていることである。

　『現況』に収録されている調査のうち対象者が無作為抽出法によって選択されたものに限って, 回収率の水準を示したのが**表 5 - 2**である。『現況』に収録

されるのは回収率が50％を超えた調査のみなので，平均値の比較ではなく，回収率が60％以上になった調査の割合を比較する。無作為抽出調査でほぼ利用されていない「集合法」と「その他」を除いた4つの調査モードで比較すると，高い順に「留置法」「個別面接法」「郵送法」「電話法」となる。前者2つと後者2つの間に大きな差があるが，前者は調査員が対象者を訪問する方法なのに対し，後者は調査員が現地に赴く必要がなくコスト面で有利である。このように，コストをかけないことには高い回収率は期待しにくいのである。調査の成否を判断する回収率の水準をどの程度の所に設定できるかは，先に述べたコストの制約と密接に関わるため，まず自分たちにどの程度，調査に割ける予算があるのか，また調査に動員可能な人的資源をどの程度抱えているのかを把握することが重要である。

　次に，質問の量と複雑さである。社会調査においては，複雑な社会現象に対してさまざまな仮説を用意して，その検証を行おうとする場合が少なくない。このような調査では必然的に調査項目が多くなったり，複雑な概念について質問をしたりしがちである。しかし，当然調査項目が多くなるほど，また質問内容が複雑であるほど回答者の負担は大きくなり，結果的に協力を得ることも難しくなる。このような質問の量と複雑さについても，回収率と同様にコストを抑えた調査方法ほど制約が厳しいものになる傾向がある。

　回答情報の正確性とはターゲットである調査対象者の行動や意識などの情報をいかに正確に測定できているかという基準である。回収率の高さや質問の量と複雑さの許容度はコスト面での有利さとトレードオフの関係にあると述べたが，回答情報の正確性は単純にそのような関係になるわけではないので注意が必要である。というのも，回答情報の正確性はいくつかの要素に分けられるためである。ここでは，①調査対象者本人が回答しているかどうかの**本人性の問題**，②回答者が質問内容を誤解していたり，回答を誤記入していたりという**回答精度の問題**，そして③回答者の回答が調査員の存在によって歪んでしまう**回答の偏りの問題**をとりあげるが，これらのどの要素を重視するのか次第で，望ましいデータ収集法が変わってくるのである。[2]

2）　ここにあげた3つの要素は，調査のさまざまなプロセスにおいて生じうる誤差の一部であり，これら以外にも調査誤差はありうる。詳しくは第8章 発展 4を参照のこと。

② さまざまな調査モード

2-1 調査員の関与の程度

　たいていの場合，調査票調査には多くの人手が必要になるが，調査スタッフのなかでも，とくに実査の際に，調査対象者と関わる人たちを調査員と呼ぶ。調査員が調査対象者に関わる度合いは，調査モードによって異なるが，データ収集に際して，誰が調査票に記入をするのかという点で大きく2つに分けることができる。それが**他記式調査**と**自記式調査**である。

2-2 他記式調査

　他記式調査とは，調査対象者自らが調査票に回答を記入するのではなく，調査票に基づいて調査員が調査対象者に質問し，調査員がその回答を調査票に記入していく方式の調査である。このタイプの調査では，調査主体（調査企画者）と調査対象者との間を調査員が媒介し，さまざまな影響力をもつことになる。

　当然ながら，調査員の存在はコストを押しあげる。調査員は実査を委託された調査会社の調査員であることもあるし，大学などが行う学術調査の場合であれば，学部学生や大学院生が駆り出されることもあるが，多くの場合，彼ら彼女らを雇うためにコストがかかる。

　しかし，調査員が存在していることによって調査対象者に対して回答協力をとりつけやすくなることも確かである。調査員から直接依頼されることがある種の圧力となって，渋々であっても回答してくれるのであれば，回収率にもプラスになる。したがって，回収率の要求水準が高い場合には調査員を用いるべきであるということになる。また，質問の量と複雑さについても，やはり調査員が存在していることで多少分量が多かったり，複雑だったりする質問にも，最後まで回答してもらうよう働きかけることが可能である。

　回答情報の正確性に与える調査員の影響については，先にあげた①本人性の問題，②回答精度の問題，そして③回答の偏りの問題とで影響が異なる。調査員に回答することになる他記式調査の場合，一般的には本人性の問題と回答精

度の問題ではプラスになる。というのは，調査員とのやりとりによって実査が行われるのであれば，回答者が調査対象者本人であるかをチェックすることは比較的容易だろうし，そもそも誤った記入をすることもないためである。一方，調査員による偏りの問題については，マイナスの影響があることが多い。というのも，法律や社会規範に照らし合わせて明確な「望ましさ」が存在する行為や意見に関する質問においては，「投票に行く」や「ボランティアをする」のように社会的に望ましい行為は，していると答える人が実際よりも多くなり，「違法薬物を使用したことがある」や「不倫をするのは個人の自由だという意見への賛成の度合い」のように，一般に望ましくないとされる行為や意見は逆に実際よりも少なく，あるいは低くなりやすい。これを**社会的望ましさバイアス**というが，このバイアスは調査員とのやりとりのなかで実査の行われる他記式調査において強まることが知られているからである［Tourageau and Smith 1996；歸山・小林・平沢 2015など］。このように，調査員の影響力には長所と考えられるものと短所と考えられるものとがあり，これらのうち調査テーマと照らし合わせて，どちらをとるかが他記式調査の方法で調査を実施するか否かの判断基準となる。他記式調査の主なものには個別面接法，電話法がある。以下それぞれ見ていく。

▶ 個別面接法

　個別面接法とは，調査員が調査対象者の自宅などを訪問し，対象者本人と対面した状態で調査票をもとに質問を投げかけ，その回答を書き留めていくという調査モードである。個別面接法は，調査員の関与の度合いが最も大きい調査モードであるといえる。したがって，調査員が存在することによるプラスとマイナスの双方ともに最も色濃くなる。

　すなわち，調査員が訪問し面と向かって実査を行うため，高い回収率を最も期待でき，質問の量と複雑さにおいても最も融通の利く調査モードである。しかし，その反面，この方法は大量の調査員を長時間拘束する必要があることを意味し，必然的にコストは最もかさむことになる。

　また，回答情報の正確性への影響も大きいものとなる。対面しての調査なので，なりすましや代理回答をしていないかどうかチェックでき回答の本人性も

高い。そして，調査員とのやりとりで調査が進められることから質問を誤解する恐れも少なく，記入を調査員が行い誤記入も発生しないことから回答の精度も高い。しかし，赤の他人である調査員を目の前にして自身のプライベートな事柄などを回答することへの抵抗から，無難な回答や中庸な回答に集中する偏りが生じやすい。しかも，調査員が大量にいる場合は，習熟度や調査に対する理解度が調査員間でばらつくこともあり，その不均一性が問題になる。このため，調査員に対する綿密なインストラクションが必要である。

　コスト面と回答の偏りのデメリットもあるが，回答の本人性と精度の高さ，そしてなによりも高い回収率というメリットは大きく，個別面接法は調査票調査の標準と位置づけられてきた。しかし，近年の調査環境の悪化は，個別面接法の前提となる調査対象者との対面接触を難しくさせている。このため，**表5 -2**の通り回収率の水準は留置法に及ばず，コストに見合うだけの回収率の高さを得ることは難しくなりつつあることも確かである。

▶ 電 話 法

　電話法とは，調査員が調査対象者に電話をかけ，質問を投げかけて，得られた回答を書き留めていくという調査モードである。電話法も他記式調査ではあるが，調査員の関与の度合いは個別面接法ほどではない。[3]この調査方法の利点は，調査主体別に調査手法の分布を見るとはっきりとわかる。**表5-3**を見ると電話法が「新聞社・通信社・放送局」において圧倒的に利用されていることがわかるだろう。これは何を意味しているのであろうか。

マスメディアで
よく使われているみたいだな

　答えはスピードである。電話を用いることで調査員は現地に出向く必要がないため，調査対象が広範囲にわたっても調査を迅速に実施することが可能なの

3）　ここでは調査員がオペレータとして電話をかける方式に絞って解説するが，電話を用いる場合でも，近年増えているのは音声自動応答方式（IVR：Interactive Voice Response）と呼ばれる，コンピュータ制御の自動音声による質問に対して，電話機のプッシュボタンで回答する方式である。この場合，調査員の関与はほとんどなく自記式に近い。

表 5 - 3　2017年度実施世論調査における調査主体別　データ収集法の分布

調査主体	データ収集法							合計
	個別面接法	留置法	郵送法	電話法	集合法	ミクスト・モード	その他	
政府機関・政府関係機関	50.0%	6.7%	30.0%	3.3%	3.3%	0.0%	6.7%	30
都道府県・市・同教委・同選管等	2.4%	0.9%	85.8%	0.0%	3.1%	4.1%	3.7%	1,390
大　学	0.0%	2.0%	27.5%	0.0%	56.9%	9.8%	3.9%	51
新聞社・通信社・放送局	12.6%	3.1%	6.9%	76.7%	0.0%	0.6%	0.0%	159
一般企業・団体・専門・広告業	15.8%	21.1%	42.1%	10.5%	5.3%	0.0%	5.3%	19
合　計	4.3%	1.5%	74.9%	7.6%	4.5%	3.8%	3.5%	1,649

である。たとえば，現在の内閣総理大臣に対して支持か不支持かの調査を，個別面接法で2週間かけて行っている間にスキャンダルや国際情勢の変化などが起こって政治情勢が急変すれば，スキャンダル前と後のケースが混在するデータは信頼性が乏しいだろうし，そもそもその間に総理大臣がかわってしまったら，調査結果はニュースとしての価値を失ってしまう。これに対して電話法の場合は，政治的な動きが比較的少ない週末の2日間で調査を実施し，月曜日のニュースに間にあわせるということが可能で，この速報性こそが調査にニュースとしての価値を与えるのである。

　また，調査員が現地に出向かなくても済むことで，時間だけではなく人件費，旅費，宿泊費などの金銭的コストも大幅に抑えることができる。内閣支持率や政党支持率のように，一定期間ごとに継続して調査を行うことで，その推移を捉えることを目的とする調査の場合，1回の調査コストが小さいことが大変重要であることはいうまでもない。

　しかし，当然難点も存在する。調査員が介在するとはいってもあくまで受話器越しなので，回答への圧力は個別面接法ほどではなく，面接調査ほどの高い回収率を期待することはできない（**表5-2**参照）。そして，同様の理由で質問の量も制約され，音声のみで調査対象者とやりとりを行わなくてはならないことから，あまり込み入った内容の質問は難しい。また，回答者が調査対象者本人かどうかのチェックにも限界がある。回答の偏りについても，プライベートな事柄についての質問などには，たとえ受話器越しにであっても抵抗がある場合があり注意が必要となる。

また，電話法は，対象者リストとして選挙人名簿や住民基本台帳といった個人ベースの台帳をそのまま用いて調査対象者を抽出することができない。これらのリストに電話番号が記載されていないためである。そこで，かつては電話帳がリストとして用いられていた。しかし，このやり方だと，調査対象者は電話番号を電話帳に載せている世帯にかぎられてしまう。この難点を克服するのが **RDD（Random Digit Dialing）法**である。RDD法とは，コンピュータによってランダムに生成した番号に対して調査を行う方法で，電話帳に載せていない世帯に対しても調査が可能になる。これにより，現在のマスメディアが実施する電話調査のほとんどはRDD法によることとなった。

ただ，RDD法で従来カバーされていたのは一般加入電話のみであった。このため，近年の携帯電話（スマートフォンも含む）やIP電話のような地域番号が付加されない番号の普及によって，若年層に顕著にみられるような，一般加入電話をもたない世帯をカバーできなくなっていることの問題点が指摘されている。そこで，携帯電話に対するRDDの可能性が検討され［携帯RDD研究会2015］，近年は，固定電話，携帯電話のそれぞれにRDDを用いた調査に切り替えるマスメディアも多い。とはいえ，自分の携帯に知らない番号から着信があっても出る人は限られるだろう。携帯電話に対するRDDの適用には，技術的な問題以上の困難さがあると言わざるを得ないのである。このように社会の変化によって，それまで有効だった方法が有効でなくなることは，社会調査において珍しいことではない。重要なのは，変化する状況の中で，より適切な方法を日々模索する姿勢である。

2-3　自記式調査

自記式調査とは，調査対象者自らが調査票に回答を記入する方式の調査である。他記式調査とは対照的に，このタイプの調査では調査主体（調査企画者）と調査対象者との間を媒介する調査員がいないか，いたとしても関与は限定的なものにとどまる。当然，他記式調査で見られた調査員の影響は弱くなった

4）　したがって，調査対象者は電話のかかった世帯のなかでランダムに選ばれる必要があるし，単身世帯と多人数からなる世帯とでは，1人が選ばれる確率も異なるため，その抽出確率の違いを補正する必要もでてくる。

り，なくなったりするわけだが，これが意味するのは，調査主体の調査や質問の意図を調査対象者に伝えるものは，調査票のみにほぼ限定されてしまうということである。したがって，自記式調査では調査対象者が質問内容を誤解なく理解して適切に回答できるように，質問内容はもとより，質問文や選択肢の言葉遣いや文字の大きさ，調査票のレイアウトにまで気を配る必要がある。

▶留置法

　留置法とは，個別面接法と同様に調査員が調査対象者を戸別訪問するが，その場で面接調査を行うのではなく，調査票への記入依頼のみを行い，一定期間後に再訪して調査票を回収する調査モードである。調査員は調査票の配布回収には関与するが，調査票への回答記入のプロセスには関与しない。調査票の配布と回収に出向くだけで済むので時間の短縮になり，調査員ひとりが担当できる調査対象者も増えることで，調査コストが面接調査よりは少なくて済む。それでいて，調査員が回収に来ることが回答への圧力となるため面接調査並みの回収率が期待できるというところが大きな利点である。また，自分のペースで回答してもらえるので質問の量についても比較的融通が利く。そして，回答に調査員が立ち会わないことで，プライベートな事柄についての質問にも調査員の影響を受けず回答してもらいやすい。

　しかし，調査票への記入の場に立ち会わないということで，代理回答やなりすましの可能性を見抜くことが難しくなるし，質問内容を誤解していたり記入ミスがあったりしても，ページをまるまるとばしているような場合以外チェックがしづらいという難点もある。したがって，複雑な質問もしにくい。

　ただ，家族の収入や学歴などすぐには回答できないような質問や1週間の食事の内容など一定期間の行動を網羅的に聞く質問の場合は，個別面接法や電話法だとその場のあいまいな思い込みや記憶に頼ることで，不正確な回答となる危険がある。しかし，留置法を用いれば，曖昧な部分を家族に確認してもらったり，行動を逐次記入してもらったりすることで，より正確な情報が得られる。このため，家計支出のように，一定期間の行動について知りたい場合は，この方法が有力な選択肢となる。

▶郵 送 法

　郵送法とは，調査依頼の挨拶から調査票の配布，回収までを郵便を用いて行う調査モードである。この方法では，すべてのプロセスにおいて調査員は調査対象者と接触することがない。調査票の郵送作業などに携わるスタッフを別にすれば，これまでに説明してきた意味での調査員は必要ないということになる。調査員への人件費がかからないことはもちろん，郵送料金は全国一律なので，調査が広範囲にわたっている場合でも交通費や宿泊費がかさむことがない。これまでに説明してきた調査の中では圧倒的に安価に調査が可能であり，これが郵送法の最大の利点と言えるだろう。また返送期限まで，自分のペースで回答可能なため，質問の分量については比較的融通が利く[5]。また，無記名で返信してもらえばプライバシーも確保できるので，プライベートな事柄にも比較的回答してもらいやすい。

　対して，調査員が関わらないことで，代理回答やなりすましを見抜くことも，誤記入や記入漏れのチェックもほぼ不可能で，回答の本人性や精度という観点からはマイナスとなる。複雑な質問をすることも難しい。ただ，何よりも郵送調査の難点は回収率が著しく低くなる危険性をもっていることである。その場に調査員が一切現れないということは，回答への圧力はほぼないに等しいということであり，最悪の場合，開封もされずゴミ箱行きになることすらあり得る。定期的に催促状を送付することで，回収率を一定程度向上させることは可能だが，その分調査期間は長くならざるを得ない。

　これらの難点のため，かつては「安かろう，悪かろう」調査として低く見られることが多かったが，回収率向上のための方策についてさまざまな研究が蓄積されるなかで，近年は標準的な方法論も確立しつつあり，今や面接調査を上回る可能性がかなり高くなっているとする指摘すらある［松田映二 2008］。このような背景としては，個別面接法の強みと考えられていた調査員による対面接触が，若年単身者の増加によって時間的に難しくなったことや，オートロックのマンションやモニターつきのドアホンなどによって物理的に接触が難しくなってきたことで，むしろ回収率にとってマイナスになりつつあるということ

5）しかし，留置法のように，調査員が傍に居たり，回収に来たりする訳ではない以上，限度はある。

がある。個人化やプライバシー意識の高まりといった社会の変化のなかで，対面接触を伴わず郵便物として調査対象者のもとにまで調査票が達する郵送法の利点が見直され，積極的に利用しようとする流れが出てきているのである。ただ，調査対象者のもとにまで達しても回答してもらえなければ意味はない。したがって，この方法においてはいかにして回答協力を促し回収率を向上させるかの工夫がより重要になってくる。このようなテクニックについては第8章で詳しく述べられる。

▶ 集 合 法

集合法とは，調査対象者に特定の場所に集まってもらって，その場で調査票の配布，回収を行う調査モードである。自記式調査なので，もし調査対象者全員に1ヶ所に集合してもらえるのであれば，一人の調査員によって実査が可能であり，調査員の違いによる回答への影響もなくなる。また，自記式調査なので限界はあるが，回答方法などに疑問点があれば調査員にその場で質問できるので，ある程度は誤記入や記入漏れを防ぐことが可能であるし，質問の複雑さについても他の自記式調査よりは融通が利く[6]。その場に集まってまで代理回答をするメリットもないので，この危険性も少ない。何よりも，調査対象者が特定の場所に集まってくれている所で調査を行うため，切手代すら要らず非常に安価に調査が可能である。それに，わざわざ集まった人びとが回答を拒否することは稀であるため回収率も高い。

ただ，このような利点は調査対象者が特定の場所に集合してくれているという前提が満たされている場合に限られる。たとえば選挙人名簿から無作為に抽出された調査対象者に対して，「〇月×日の13時に△△公民館の会議室に集合してください」と連絡したところで，やって来てくれる殊勝な人はほとんどいないことが明らかなように，この方法を通常の無作為抽出サンプルに適用することは現実的ではない。実際，**表5‐1**からも，この調査モードを用いて無作為抽出調査を行っているケースはほとんど無いことが分かる。企業や学校のように，日頃から調査以外の目的で「集合」している人びとを対象とするのであ

6）質問の量の制約については，教員が学校で自分の担当授業中にするのか，調査依頼先の企業の社員にお昼休みにやってもらうのかといった，状況に大きく依存するので一概にはいえない。

れば適用可能だが，そのような場合でも，特定の部署の社員とか特定の授業科目の受講生の全数調査か有意抽出にとどまる。また，自記式調査なので調査員の存在が回答を偏らせる危険は少ないが，回答場所が大学の教室のように周囲から回答を見られるような心配があるところでは，その影響を受け回答が偏る危険性がある。

　したがって，集合法を学術調査において用いる場合には，それが全数調査を意図している以外は，結果の解釈に一定の留保が必要となる。その場に集まった対象者が，調査対象として想定している母集団に対してどのような関係をもっているのかを吟味したうえで，その正当性を説明できることが重要となる。

▶ インターネット法

　インターネット法とは，ウェブページやメールを介して調査依頼と回答の収集を行う調査モード全般のことを指す[7]。近年急速にインターネット法による社会調査が増加しており，2015年からは国勢調査でも，インターネット回答が本格的に導入されている。しかし，このような全数調査で，または無作為抽出標本に対してインターネットを用いて回答を依頼する調査はまれであり，実際**表5-1**からも，インターネット法が多く含まれる「その他」で，無作為抽出標本に対して実施されたものは無いことが分かる。したがって，集合法のメリットが，調査対象者に実際に集合してもらえるかどうかに大きく依存するのと同様に，インターネット法についても，調査モードそのものの側面とそれが実際の調査において，どのような標本に使用されているのかという側面とを区別して理解することが重要である。まず基礎では，インターネット法の調査モードとしての特徴について見ていく。

　インターネット法には，訪問調査員も電話オペレーターも，切手もハガキも必要ないため，一般的にコスト面では有利となる。もちろん，回答するためのウェブサイトが必要になり，これを自前で作成したりサーバを用意したりするなら，それなりの費用が必要になるが，Google フォームなどのウェブサービスを用いれば無料で行うことも可能である。

7）　ウェブ法と呼ばれることも多い。また欧米では CAWI（Computer Assisted Web Interviewing）と呼ばれることもある。

回収率については，郵送調査と同様，調査員が一切関わらず，回収への圧力が弱いため，低くなる危険性が高い。質問の分量については，回答を中断しても，後で中断箇所から再開できる仕様になっていれば，自分のペースで回答してもらえるので比較的融通が利くが，郵送法と同様，調査員によって回答意欲を維持させることができないため限度はある。ただし，質問の複雑さについては，他の自記式調査とは一線を画しうる。すなわち，ウェブの技術を駆使することで，例えば，質問文に用いられる専門用語にカーソルを合わせると説明がポップアップで表示されたり，動画や音声によって回答方法のインストラクションを行ったりもできる。ウェブの強みを活かすことで，複雑な質問を行うことも不可能ではないのである。

　回答情報の正確性については郵送法に近いものが多い。本人性の問題に関しては，調査対象者本人が回答しているかをチェックする術を持たず問題が大きい。回答の偏りの問題についても，自記式調査のため調査員の影響による回答の偏りの危険はない。

　ただ回答精度については，ウェブ技術を活かすことで正確さを高め得る。すなわち，回答者や調査員のミスによる回答分岐の間違いを無くすことができるし，個人年収未満の世帯年収を回答するような矛盾した回答をした場合に，注意が表示されたり，そもそも矛盾する回答ができないように選択肢を減らしたり，というような工夫をすることで他の自記式調査には無い回答精度を得ることが可能なのである。このようなインターネット法における調査票の特長については第8章で詳しく触れられる。

　早さも大きな魅力である。ウェブ画面でクリックしたり記入したりした情報がそのまま電子化されるので，データ入力作業が基本的に必要なくなり，時間の短縮と同時に労力の削減，ひいては調査コストの圧縮につながる。

　このように，インターネット法には調査モードとして魅力的な部分が多く，それが近年の急増の背景にあることは間違いない。しかし，**表5-1**に示されているように，インターネット法には，無作為抽出標本に対する調査実施に困難が伴うことに留意すべきであろう。それは，住民基本台帳や選挙人名簿にはメールアドレスなどの記載は無く，母集団のリストとして利用できないためである。[8]では「日本の有権者」などの大規模な母集団にこの方法を適用すること

はできないのだろうか。この困難に対処するため，現状では主に２つの方法が用いられている。インターネット調査会社が保有するモニターを利用するというものと，別の調査モードと組み合わせるというものである。 発展 では，これらの方法について述べる。

③ 適切なデータ収集法の選択

　これらのデータ収集法のなかで，結局どの方法を選択すべきなのだろうか。データのクオリティのみを考慮するのであれば，調査員の関与の度合いの大きい個別面接法か留置法が望ましく，質問内容によってどちらがよいか考えれば良いであろう。しかし，表5-1 に明らかなように，近年最も行われているのは郵送法であり個別面接法でも留置法でもない。この理由がコストにあることは明らかである。かぎられた予算のなかで，郵送調査しか選択肢がない場合も多いのである。ただその場合でも，問題点をいくらかでも克服する工夫が求められる。近年インターネット法を用いた調査を目にする機会が急速に増えているが，これもやはり安価であることが背景にある。ただし，この後 発展 で詳しく述べるように，現在多く用いられているインターネット法を用いた調査は調査会社のもっているウェブパネルを利用したものがほとんどであるが，このような調査は大きな問題をはらんでおり注意を要する。

　ウェブパネルの問題とは別に，ICT の進歩とその急速な普及はインターネット法以外の調査モードにも大きな影響を与えている。紙と鉛筆の代わりに，コンピュータやタブレットなどの電子機器が実査で使用されるようになっている。これらはコンピュータ支援型調査と総称され，動画や音声も含み得る，複雑な内容について調査ができる。電話法は RDD の普及とともに CATI（Computer Assisted Telephone Interviewing）に置き換えられ，個別面接法や留置法も欧米では CAPI（Computer Assisted Personal Interviewing）や CASI（Computer Assisted Self Interviewing）への代替が進んでいる。日本では導入事例はまだ少ないようだが，政治科学で CASI を導入した調査［日野・田中編 2013］

8）　これらの台帳からの無作為標本に対して，郵便でウェブ回答用の ID やパスワードを送付してウェブで回答してもらう方法を Push To Web（Push2Web）と呼んだりする。

や，社会学においてタブレット PC を用いて，CAPI や CASI で実査を行った調査［杉野・俵・轟 2015；SSP プロジェクト事務局編 2016］も見られ，今後の本格的な普及が期待される。

調査モードの特徴を理解すればそれだけでどの方法を適用すべきかが決められるわけではない。自分の行おうとする調査がその内容と環境とにおいてどのような制約をもっているのかについての的確な把握と方法の理解が結びついて，はじめて適切なデータ収集が可能になるのである。

発 展　*Advanced*

❶　インターネット法を用いた調査の実際とその問題点

基礎でも述べたように，インターネット法単体では無作為抽出標本に対する調査が難しい。これは，「日本の有権者」とか「○○県の高齢者」といった広い範囲を目標母集団とする調査が難しいということでもある。にもかかわらず，インターネット法を用いた調査が急増しているのはなぜであろうか。実は，世間で「インターネット調査」と呼ばれているものは，不特定多数のネット利用者をバナー広告などで調査サイトに誘導し調査協力を依頼するオープン型とオンラインパネル[9]を用いたクローズド型とでほとんどが占められる。オープン型は，その時，その場にいた人のうち，回答したいと思った人だけが回答するという街頭インタビューのようなもので，目標母集団ははっきりしないし，その母集団を適切に代表することも期待できない。一方，クローズド型で用いられるオンラインパネルとは，インターネット調査会社による募集に自発的に応じた人びとから成るモニターのことで，インターネット調査会社はこのようなモニターを大量に確保しておいて，顧客がターゲットとする層を，モニターの属性情報をもとに抽出し，調査依頼をするという手順をとる。近年，特に増えているのはクローズド型であり，もはや「インターネット調査」といえば，このタイプの調査を指すほどである。しかし，クローズド型であっても，従来の無作為標本調査とは異なるため注意が必要である。以下，このタイプの調査について説明する。

クローズド型インターネット調査も，基本的に 基礎 2-3「インターネット法」で述べたのと同様の長所を持つ。まず，コスト面で有利であり，調査会社に委託した場合でも，同じサンプルサイズの郵送調査よりもさらに安価に調査可能な場合が多い。そして，早さもとても大きな魅力となる。また，回答情報の正確性を構成する基準についても，調査員の影響による回答の偏りの危険はないし，ウェブの技術を駆使することによ

9）　アクセスパネルとも呼ばれる。英語では，online panel や web panel と表記されることが多い。

って回答精度を高め得る（ウェブ法の留意点と長所については第8章 発展 2でもふれる）。

　ただし，回収率については，従来の調査における回収率とは大きく意味合いが異なり注意が必要である。というのも，オンラインパネルに対してインターネット法を用いて行う調査では，①自発的に調査に協力する意思を示している者からなるモニターを対象としている点，②委託先の調査会社との契約段階で目標回収数を設定し，実査においてその回収数に達したところで，調査を打ち切ることが多い点で従来の無作為抽出標本に対する調査における回収率とは異なり，比較することができないためである。

　また，回答情報の正確性のなかでも本人性という点では問題がないとはいえない。というのも，オンラインパネルには，登録し調査に回答することで，謝礼が現金やポイントといった形で支払われることが一般的で，その謝礼目当てにいくつものインターネット調査会社のオンラインパネルに登録するいわばプロの回答者が存在することが知られており，その一部には，数をこなすために回答精度が極端に低い層が含まれることも懸念されるためである。

　そして，いくつもの長所を備えるにもかかわらず，オンラインパネルに対してインターネット法を用いて行う調査を従来型の無作為抽出標本に基づく社会調査と同じように用いることには慎重にならなければならない最大の理由は代表性，すなわち誰を調査しているのかが明確ではないという点である。従来の調査が母集団の近似的なリストである抽出台帳を用いて，そこから基本的には無作為に調査対象者を抽出するというプロセスを経ることで，調査対象者を母集団の縮図とみなし得たのに対し，オンラインパネルに対してインターネット法を用いて行う調査の場合，用いられるオンラインパネルが母集団を代表していることを正当化する理論的根拠は存在しない。たとえば，「30代の日本人」を母集団とする場合，オンラインパネルを「日本国籍を有する30代の男女」に限定してインターネット法で調査を行ったところで，その調査対象者が適切に「30代の日本人」を代表しているのかはわからない。実際，これまでの研究では，他の調査方式に比べオンラインパネルに対してインターネット法を用いて行う調査では「高学歴」「専門・技術職」が多い［本多 2005］，進歩的な意識の持ち主が多い［前田・大隅 2006］，といったことが報告されている。そして，これらの偏りを補正し，的確に評価するための情報も入手されにくい［日本学術会議社会学委員会 2020］。

　この難点のため，調査対象における何らかの事柄にかんする分布を把握することが主

---

10)　一般的な社会調査における回収率の定義については第8章を参照のこと。

11)　もちろん，調査会社も対策は行っている（たとえば極端に回答時間が短い回答者を無効としたり，謝礼の送付先住所・氏名を記入させることで二重登録を防ぐなど）が，自発的に登録されるオンラインパネルを用いる場合，この危険性はより大きなものになるといわざるを得ないであろう。

12)　このような目標母集団と実際の標本抽出に用いられるリスト（標本抽出枠）とのズレをカバレッジ誤差と呼ぶ。詳しくは第7章でふれる。

目的となっている社会調査，たとえば「日本の有権者の○○内閣の支持率」だったり，「若年層において非正規雇用に従事している割合」といった「支持」や「非正規」の割合を知ることを主目的とするような調査を行いたいのであれば，オンラインパネルに対してインターネット法を用いて行う調査を無作為抽出標本に基づく調査の代用として利用することは適当ではないのが現状である。

2　オンラインパネル調査の可能性

　ここでは，2000年頃以降急速に増加した「調査会社の保有するオンラインパネルに対[13)]して，ウェブ法によって回答を得る調査」をたんにオンラインパネル調査と呼ぼう。上述のとおり学術研究では一般に慎重な態度が取られているが，オンラインパネル調査を含む有意抽出標本について，傾向スコア法によって選択バイアス（→第4章[発展]1）による推計の歪みを補正しようとする研究も行われている［星野 2009］。ここでは，学術研究においてオンラインパネル調査をどのように活用できるかをもっと考えてみよう。

　第1に，オンラインパネル調査には，地域的に広範囲に薄くしか存在しないような，特定の属性のグループから効率的に回答を得られる可能性がある。通常の無作為抽出によっては出現確率の低いグループやなかなかアプローチしにくい人々（hard-to-reach もしくは hard-to-survey population ［Tourangeau et al. eds. 2014］）でも，オンラインパネルが大規模化していることや，調査会社が特定属性のパネルを構成していることから，少なくない数の回答が得られる場合がある。

　第2に，社会調査においてさまざまな情報機器を用いることが可能になってきたが，電子調査票が回答に与える影響，それをふまえた電子調査票作成における課題はまだよくわかっていない。CASI やウェブ法（インターネット法）で用いる電子調査票はインターフェイス（画面）に共通性があるので，回答への影響を実験的なオンラインパネル調査で明らかにし，その知見を CASI に応用することができる。

　第3に，近年，調査の質の検証・改善のための，パラデータ（paradata）を用いた認知心理学的研究が注目されている。モードとしてのウェブ法では，各質問項目の回答所要時間，回答順序，回答を選択し直したか，途中で中断したか等，調査完了までの回答者のアクションが理論上はすべて自動的に収集できる（クライアント側パラデータ[14)]）。また，回答者の使用 OS・ブラウザといった技術的な環境や調査ページへのアクセス時間等も

13)　ウェブパネルや登録モニターと同義で，非確率オンラインパネル（Non-Probability On-line Panel）の頭文字から NPOP と呼んだりもする。また，調査に回答するだけにとどまらずより広い用途に開かれた，依頼者と作業者からなるプラットフォームとして Amazon Mechanical Turk（MTurk）があり，調査や実験にも活用されている［Litman and Robinson 2020］。

14)　実際には多くの調査会社のシステムでは，回答開始・終了時刻，各項目の回答所要時間以外には，それほど多くのパラデータを得ることはできないのが現状であると思われる。

同様に収集することができる（サーバ側パラデータ）。取得したパラデータの分析から，調査票，質問文，回答選択肢の見直し等，広く調査票調査に共通する有効な知見が得られる［Kreuter ed. 2013］。

第4に，探究課題の複雑化・高度化とともに調査実施のコストは大きくなっている。挑戦的な新しいテーマでの調査実施に先立って，調査の実施コストが相対的に低いオンラインパネル調査をプリテストとして利用することは，研究を効果的に推進するためのステップになるだろう。[15]

第5に，現時点では，オンラインパネルの構築や維持・管理の方法があまり開示されていない等の問題があるが，調査会社と研究者が共同で方法論的な検討を進めて，オンラインパネルにおける回答者の特徴を明らかにすること，そして，より信頼性の高い確率的ウェブパネル（→次項）の構築と使用を目指すことが望ましいと思われる。

3　インターネット法を活用するための Mixed Mode

近年の調査環境の悪化のなかで，無作為抽出にもとづく既存の方法の回収率が軒並み下がり，無回答誤差が結局のところ代表性を損なってしまいかねない現状では，インターネット法の積極的活用はますます重要になってくる。このような問題意識から，欧米では無作為抽出よって集めたモニターに対してインターネット法によって調査を行う，確率的ウェブパネル（Probability-based Web Panel）に対する調査が導入されているが，日本では拡がっていない［大隅 2019］。そんな現状において，インターネット法の長所を無作為抽出標本に対する調査に活かそうとする試みが Mixed Mode である。

Mixed Mode とは，複数の調査モードを併用することで実施されるデータ収集法であり，インターネット法にかぎらず，調査モードを組み合わせることでそれらを単独で用いた場合に生じる問題点の克服，具体的には経費の削減や回収率の向上などを目指そうとするものである。そのやり方にはいくつかのタイプがあるが，ここではインターネット法を用いる調査の現状における問題点を克服する，ふたつのタイプについて紹介しよう。[16] まず，ある調査方法で調査を実施し，そのなかで出てくる調査不可能な対象者に対して別の調査方法を適用するというやり方がある。たとえば，インターネットを用いるにしても，まず留置法での訪問回収を行ったうえで，若年層に多く見られる単身で不在

---

15) 調査票や調査員の行動を改善するために本調査の前に行う，小規模な調査をプリテストという［Biemer and Lyberg 2003：262-77］が，ここでは，質問項目が有効であるかどうかを明らかにするために，試行的な統計分析を可能にする規模の予備調査を指す［轟・帰山 2014］。轟・帰山［2014］では，単変量の分布では異なっていても，変数間関連については従来型調査と類似した傾向が得られたことから，大規模調査の予備調査としてのオンラインパネル調査の有用性を主張している。Ito and Todoroki［2020］では，アメリカの若年層データで同様の検討を行っている。

16) Groves et al.［2009：176］では5つのタイプとして論じている。

時間が長いために接触不可能な調査対象者に対して，インターネットで回答してもらうようにするということが考えられる[17]。このように複数の回答方法を用意することで，回収率を上昇させることができれば無回答誤差を減少させることが可能である。ただし，回答方法が自記式と他記式にまたがったりする場合などは，その調査モードの違いが回答傾向に差をもたらす可能性があるので，どのような方法を組み合わせるかには慎重に検討する必要がある。

　次に，対象者に調査依頼をする際に用いる方法とは別の方法で実査を行うというやり方もある。たとえば，調査依頼は調査員の訪問によって行うが，調査票の回収はインターネットを用いるといったパターンが考えられるだろう[18]。この方法だと，調査の回答はインターネット経由だけになるため，比較的安価で実査可能であるし，複数のデータ収集法の併用に由来する測定誤差も生じない。ただし，当然調査対象者がインターネット利用者ではない場合やパソコン自体を所有していない場合もあるため，パソコンの貸し出しや使用法についてのインストラクションが求められる。そして，そのような対策を行っても，高齢者に典型的なように，コンピュータ・リテラシーに不安のある層に調査拒否が出やすくなり，無回答誤差が大きくなる危険性はある。

　いずれのやり方も，オンラインパネル調査の最大の問題点である，母集団とモニターとのズレ（カバレッジ誤差）を，従来型の無作為抽出標本を用いることで低減させて統計的推測を可能にし，かつ単一モードで実査を行うよりも回収率を高めて無回答誤差を低下させうる点が特徴である。もちろん，他のデータ収集法を併用することで，コスト面ではオンラインパネルに頼った場合ほど安価ではなくなるし，現状ではインターネット法を絡めた Mixed Mode 調査で回収率が高まるとは言い難いが［杉野 2020］，インターネット法の長所を最大限活かしつつ，より科学的な調査が可能になる点で，今後もインターネット法を含む形式の Mixed Mode の重要性は増していくはずである。

✎ 練 習 問 題

① 以下の各状況において調査票調査をする場合，どのような方法がもっとも望ましいだろうか。基礎で学んだ5つから選んで，その理由とともに考えてみよう。

　a．ある大学の研究者が，全国の人びとの暮らしぶり，特に借金の有無やその額につ

---

17) 平成27年国勢調査は，このようなタイプの Mixed Mode を採用した調査である。ただ，国勢調査においては，先にインターネットによる回答期間があり，その後回答がなかった世帯に，国勢調査員が訪問して調査票の配布と回収（郵送提出も可能）を行うという順序であった（詳細は第1章 発展 2 を参照）。総務省の発表では，インターネットでの回答が36.9％（平成22年国勢調査での世帯数を分母として試算された値）にのぼっている［総務省 2016］。また，杉野［2020］など，無作為抽出標本に対してインターネット法をファーストモードとする Mixed Mode 調査も試みられている。

18) 脚注8）で述べた Push2Web の一種となる。

いて調査を行いたいと考えた場合。予算は限られておりできるだけ抑えたい。

b．××テレビが，衆議院議員選挙の1ヶ月前における，全国の選挙区の情勢について調査をしたい場合。予算を気にする必要はない。

c．△△県が，県民の食生活の規則正しさやバランスを調査したい場合。予算を気にする必要はない。

② 高齢者のコンピュータ使用の実態について，オンラインパネルを用いたインターネット調査によって行った場合，どんな結果が起こりうるか考えてみよう。

③ 回答方法として Mixed Mode を用いる場合，インターネットによる回答と組み合わせる方法として望ましくないのはどんな方法だろうか。理由とともに考えてみよう。

[基礎][発展] 1，3 小林 大祐，[発展] 2 帰山 亜紀・轟 亮

5

6 調査票の作成

質問の作成からレイアウトまで

> 基　礎　*Basic*

① 調査票の作成について学ぶ理由

　本章では，調査票をどのようにして作成するかを説明する。量的調査では多くの回答者に共通の質問をし，その回答を記録する。そのために不可欠なのが調査票である。

　読者のみなさんは，いろいろな調査票を目にしたことがあるだろう。書籍に挟まれた読者アンケートハガキ，ファミレスなどにあるサービス評価のためのアンケート，インターネットのホームページなどで呼びかけられるアンケート……。私たちはいたるところで調査票を目にしている。これだけ多くの調査票を目にする今日，なぜ調査票の作成方法をわざわざ学ぶ必要があるのかと思われる向きもあるだろう。たしかに，人に質問し，答えてもらうというのが調査票の役割だとすれば，それは誰にでも作れるものに思えるかもしれない。そのためであろうか，世にあふれる調査票には，あまり考えずに作られたと思われるものが目につく。

　しかし，学術調査として調査票調査を行う場合には，調査票をどのようにして作るかということはとても重要である。調査票のあり方が回収率に影響したり，調査結果を歪めたりする可能性があるからである。調査票作成の知識は，社会調査の結果を読み解くうえでも有用である。

　ところで，「調査票」が何を指すのかは実査の方法によって異なる。印刷された調査票だけが調査票ではない（「質問紙」という用語は紙媒体を想起させるの

で，本章では用いていない）。調査票として電子機器端末を用いる CAPI や電子調査票では，コンピュータのプログラムが制御する画面や音声が調査票になる。定義としては，調査で用いられる質問と回答方法のセットおよびそれに付随する情報が記録されたものが調査票だと考えれば良いだろう。

　調査票の分類として，誰がその調査票に記入するか（つまり，調査票と回答者を媒介する人間がいるかどうか）という観点からの区別は基本的である。回答者でない他人（調査員など）が記入する調査票を他記式調査票，回答者本人が記入するものを自記式調査票と呼ぶ。これらは，第5章で学んだ実査の方法に対応し，原則的には，「個別面接法」「電話法」は他記式調査票，「留置法」「郵送法」「インターネット法」は自記式調査票を採用することになる。複雑な調査では，個別面接法と留置法が併用される場合などがあるが，その際は他記式と自記式が併用されることになる。

② 調査票はどのような構成をとるか

　他記式と自記式で違いがあるが（他記式調査票には調査員への指示などが書き込まれることも多い），通常，調査票には以下のような構成要素がある。実際に調査票を作成する際は，既存の調査票のコピーを入手して参考にすることが望ましい（大規模調査の調査票には Web で公開されているものも多い）。

① 調査のタイトル	：「○○についての世論調査」など。調査への協力を促すようなタイトルを工夫することが望ましい。
② 調査についての情報	：調査時期，企画主体，実査主体，連絡先など。冒頭に記すのがふつうである。郵送調査の場合，調査票本体にも送付先を記しておくことが望ましい。
③ 依頼文と謝辞	：通常，冒頭に調査協力依頼文を，末尾に調査協力への謝辞を記す。後者は，「もう一度冒頭に戻って回答もれがないか確認してください」などという文も含まれる（自記式の場合）。なお，実際の調査では，調査員の訪問や調査票の郵送の前に挨拶状を郵送することも多い（→第8章）。
④ 記入上の注意	：自記式にかぎる。回答（返送）期限，記入する筆記用具，回答形式と回答例など。返送や回収についての注意が書

かれることもある。

⑤ 質問本体 　　　　：質問項目をことばの形にしたもの。質問文と回答形式（選択肢など）のセットで構成される。

　いうまでもなく質問が調査票の中心部分である。質問をどのように作成するか，どのように配置するかについては次節以降で述べる。

　調査票の構成とは少し異なるが，調査票の分量をどの程度にするか，というのは頭の痛い問題である。分量とは，物理的な長さ（紙の場合は枚数）と回答時間の両方に関わる。調べたい質問はすべて含めたいのが人情だが，回答に時間を要する調査には調査協力が得にくく，得られる回答の質も低下しがちである。経費の都合から調査票の総頁数が決まってくる場合もある。一般論として，他記式であれ自記式であれ，回答時間が60分を超える調査票は望ましくないだろう（電話法やインターネット法ではさらに短くすべきである）。そのためにも，質問項目を精選し，質問文などの作成にあたっては回答者の心理的，時間的負担が大きくならないように細心の注意を払う必要がある。

　異なる調査票をひとつの調査で併用することもある。対象となる回答者の年齢に応じて異なる質問項目を含む調査票を用いる例，ランダムに異なる調査票を割り当てる例（スプリット・バロット法）などがある。こうした工夫はその他の調査コストを高めるものの，調査票の分量を小さくできることがある。

③ 質問の作成にいたる手順

　調査課題，リサーチ・クエスチョンをどのようにして設定するかは第4章で学んだ。フローチャート的に記せば，「リサーチ・クエスチョンの設定」→「質問項目の選定」→「質問の作成」という順に進行することになる。ただし，これはあくまでも理念図である。実際は，どのような分析や報告を行うのかという観点から質問が作成されることも多い。説明しておこう。

　第1に，統計的処理を行うかどうかによって，質問の形式は異なってくる。統計的処理を直接の目的とせず，回答者の言葉そのものに関心がある場合は，自由回答方式の質問が用いられやすい。これに対して，仮説検証型の調査が代表的だが，統計的処理を想定する調査では選択肢方式の質問が多用される。

第2に，統計的処理を行う調査では，データ分析でどのような方法を想定するかによって，調査デザインのみならず，調査票の質問の数や形式も異なってくる。たとえば因子分析や共分散構造分析などを用いて分析を行いたい場合は，それに対応した質問の数（ひとつの因子に対応する質問は複数存在するのが普通である），質問形式（選択肢の回答カテゴリー数など）が求められる。

　第3に，既存の**尺度**（scale）や質問を転用する場合が少なくない。尺度とは特定の構成概念を測定するための一連の質問を指す。社会調査では心理学的な尺度が使われることが多いが，その多くには質問文と回答形式の標準的バージョンがある[1]。先行研究との比較を行う場合は，それをそのまま用いることがなかば不可欠になる。大規模な世論調査で用いられている質問が他の調査に転用されやすいのも，同様の理由によるものだろう（改善の余地のある質問は少なくないため，そうした転用に際しては内容の吟味が必要だが）。

　分析方法を先に想定して質問を作成したり，既存の尺度をそのまま転用したりするやり方に，疑問を感じる向きもあるだろう。しかし，先行研究の知見と比較することが調査の主目的である場合（たとえば，ある地域で行われた調査結果が他の地域でもあてはまるかどうかを調べる場合）は，先行研究で採用されている分析手法や尺度を踏襲する必要性は高い。逆に，既存の調査でほとんどたずねられたことがないような質問項目は，研究者が自ら質問文も回答形式も作成することが求められる[2]。

④ どのような質問形式を選ぶか

　質問項目から質問を作成するには，質問文ならびに指定する回答形式を決めることがまずは必要である。回答形式は大別すると，自由回答方式と選択肢方

---

1 ）　たとえば抑うつの尺度である CES-D は有名である。こうした尺度には版権があるものもある。心理学の尺度には，転用する場合に作者への事前許諾を求めるものが多い。

2 ）　回答者は質問に答えるときに，まず内容を理解し，記憶を引き出し，判断を形成し，最終的に回答として形にする［Sudman et al. 1996; Tourangeau et al. 2000; Schaeffer and Presser 2003］。質問を作成する際には，こうした回答者の認知的過程と，調査者とのコミュニケーション過程を具体的に想像することが必要である。日本語では山田［2010］が調査票作成に詳しい。最新の研究に Beatty et al. eds.［2020］。

式に分けられる。

自由回答方式は，回答者が自分の言葉で回答する回答形式である。量的調査では，あらかじめ選択肢を設けることが不可能であるか現実的でない場合に採用されやすい。たとえば職業は自由回答方式でたずねられることが多い。回答は事後的にコーディング（→第9章）されて入力されることになる。自由回答方式には，たとえば「通勤時間（分）」をたずねるように，具体的な数値を回答させる方式も含むことが多い。この場合は数値そのものが入力される。

数値を回答させる形式を含む自由回答方式は，選択肢方式よりも詳細な情報が得られると考えられがちであるが，たとえば回答者が想起しづらいような細かな情報を求めることは回答者の心理的負担となることを忘れてはならない。そもそも分析で使用しない詳細な情報を得ても無意味である。数値をたずねる場合ならば，数値をカテゴリーに分けた選択肢方式も検討すべきである。

選択肢方式は，私たちが最もよく目にする回答形式だろう。たとえば，何らかの意見に対する賛否をたずねるとき，「賛成／どちらかといえば賛成／どちらともいえない／どちらかといえば反対／反対」などの5つの選択肢を設けることがある。こうした順位付け型の回答カテゴリーは，中間の「どちらともいえない」を削除した4選択肢でたずねることも多い（日本では，「どちらともいえない」に回答が集まるために，どちらを採用するかによって回答がかなり変化しうる）。次のJGSS調査（2018年留置調査票A票より引用）の例のように，回答カテゴリーに名称を与えずに，順位づけの数値だけを選ばせることもある。

選択肢を設定する際は，回答カテゴリーが相互に排他的（重なりがない）であると同時に，網羅的（すべての回答の可能性が列挙されている）であること（MECE; Mutually Exclusive and Collectively Exhaustive）が求められる。網羅的な選択肢を作ることが難しい場合には，「その他（具体的に　　　　　）」などの自由回答方式を含んだ回答カテゴリーを用いることが多い。

排他的，網羅的であることに加えて，選択肢の総数や区切り方（数値をたず

ねる場合）にも工夫が必要だ。選択肢が多すぎると回答者の負担は大きくなるうえに，選択肢のなかにはほとんど選択されないものが出てくることにもなる。区切り方については，一部の選択肢（特に，最小や最大のカテゴリー）に回答が集中すると分析が困難になる場合がある。既存の情報やプリテストを用いて，どう区切れば適切かを判断しておくことが求められる。

　選択肢の作成で注意すべき点をもうひとつあげておこう。本来複数の質問に分けた方が良いものを無理矢理にひとつの質問で済ませようとすると，選択肢が長く，わかりにくくなるため，可能なかぎり避けた方が良い。たとえば，学歴について，中退したかどうかも知りたい場合，選択肢を「高校（中退）／高校（卒業）／大学（中退）／……」などとしてしまうことがありうるが，選択肢の数が多くなり，回答者は混乱しやすい。「最後に通った学校」と「その学校を卒業したか，中退したか」のふたつの質問に分けてたずねるのが望ましい。

　選択肢方式では，選ぶことができる選択肢がひとつか複数か，という違いもある。前者を**単項選択**（SA），後者を**多項選択**（MA）と呼ぶ。商品などの知識をたずねる調査で多項選択はよく見かけるが，分析が容易でなく，回答者にかかる負担も小さくない。長大なリストから「上位3つまで」選択することは多くの時間を要し，認知的負荷を高めるだろう（時間をかけたくない回答者は目に付いた選択肢を適当に選ぶかもしれない）。質問の数は限定する必要があるが，できるかぎり単項選択方式でたずねた方が良いという考えが一般的である。

⑤　質問を作成するときの留意点

　具体的な質問文や選択肢に用いられる文章，表現，語句を総称して**ワーディング**と呼ぶ。ワーディングでは，回答者によって，研究者が意図した通りに質問が理解されることが何よりも重要である。ワーディングの検討作業は，調査票作成で多くの時間をかけるべき部分である。ワーディングは，研究者が回答者に何をどのようにたずねるかということに関わる。質問の表現の違いが回答に大きな影響を与えうる（→**発展** 1）。基本的な留意点をあげておこう。

5-1　曖昧な表現を使わない

　曖昧な概念や表現は用いてはならない。「あまり」「ほとんど」などの言葉は曖昧な言葉の代表例である。指示代名詞を多く含むなど，文法的にわかりにくい表現なども避けるべきである。たとえば「『自立できれば結婚しなくてもよい』という考え方に，あなたは賛成ですか，反対ですか」という質問は，「自立」という言葉が何を指しているのか不明瞭だ。経済的自立と理解する回答者が多いだろうが，精神的自立など，異なる意味で理解する者もいる。また，男性は結婚しなくても良いが，女性は結婚した方が良いなどと考える回答者にとっては，この質問はどう答えて良いかわからないだろう。曖昧な表現を排除するためには，事前にプリテストを慎重に行うとともに，研究者自身がそもそも何を測定しようとしているのかをはっきりさせておく必要がある。

5-2　ダブルバーレル質問をしない

　ダブルバーレル質問は，曖昧な質問の一種と考えることもできるが，複数の項目が質問文のなかにならんでいるために，回答者が回答にあたって困惑したり，回答者がどちらに反応したかがわからなくなる可能性があったりする質問を指す。たとえば「○○首相には中国や韓国との外交の改善に積極的に取り組んでほしいと思いますか」という質問では，中国との外交改善は重要だが，韓国とのそれは重要でないと考える回答者は，答えられなくなる可能性がある。仮に回答が得られたとしても，その回答がどちらに（あるいは両方に）対しての反応なのかを識別することができない。対応策としては，それぞれを分けて質問にすることや，どちらかを削除するということが考えられる。

　とはいえ，あらゆるダブルバーレル質問が不適切というわけではない。研究者の概念設定しだいでは，回答者の疑問を招かない程度のダブルバーレル的表現は許容される場合もあるだろう。

5-3　難しい用語を使わない

　社会調査の初心者に起こりがちだが，一般的な言葉ではない学術概念や専門用語を質問文にそのまま用いることは適切でない。たとえば「ポストコロニア

リズムについてどう思いますか」というような質問は適切ではない。質問文で用語に解説を加える場合もあるが，長い解説のついた質問はそれだけで回答意欲を低める可能性もある。そもそも研究者が何を測ろうとしているのかという点に立ち戻って，用いる単語を工夫する必要がある。

　専門用語のほか，外来語や略語なども，多くの人がその意味を正しく理解できるとはかぎらないため，解説を加えるか使用を極力避けることが望ましい。

5-4　誘導的な表現を使わない

　ここには，**ステレオタイプ**（紋切り型）的な用語を用いないこと，特定の価値判断に回答を誘導しないことが含まれる。ステレオタイプ的な用語とは，回答者の感情や価値判断に強く訴えかけるような言葉である。たとえば「天下り」「サービス残業」「名ばかり管理職」などはどれも，「望ましくない」という印象を与えがちな言葉であり，そうした用語は質問文や選択肢に用いない方がよい。有名な例に，1950年代前半の米国で，米政府が北朝鮮に出兵したことの是非をたずねる世論調査が同時期に複数行われたが，「共産主義者が韓国を侵略するのを阻止するために」という語句がついた調査では，出兵を肯定する意見が大幅に多かったというものがある。ここでは「共産主義」という用語がステレオタイプとして働いていたと考えられる［Groves et al. 2009：237］。関連して，いわゆる威光暗示効果（権威をもつ人の意見などに言及することで，回答者が特定の意見に誘導されやすくなること）が生じない配慮も必要である。

　複数の質問を特定の順序で行うことで，回答者の回答が誘導されることもある（→ 基礎 6-2）。たとえば，現在の内閣の失政を具体的にあげて評価させた直後に，内閣への支持を問うたとしたら，最初に内閣支持をたずねるよりも支持率は低く出る可能性が高い。調査ではなかば意図的にそうした誘導が行われる場合もあるので，調査結果を読む際には注意が必要である。

5-5　黙従傾向に注意する

　黙従傾向とは，たとえば「『子どもを良くするには，厳しい訓練やしつけが必要である』という意見についてどう思いますか？」といった質問で回答者の態度をたずねた場合，「はい」「そう思う」など Yes の選択肢に回答が集まる

傾向を指す。複数の質問に対して内容にかかわらず Yes を繰り返し選択する傾向を指すこともある。黙従傾向がつねに問題視されるわけではないが，肯定的意見を反対意見と対にして提示すると回答の分布が変化することが知られており，必要に応じて工夫をすべきである。この例では，「子どもを良くするには，厳しい訓練やしつけが必要である」(A)「子どもを良くするには，訓練やしつけ以外のはたらきかけが必要である」(B) などとして，「A に近い」「どちらかといえば A に近い」などの選択肢を設けることが可能だろう。

　調査法による調査票の違いについては細かく記す余裕がないので，より詳しい参考書を読まれたい [Iarossi 2006＝2006 など]。たとえば，調査員が読みあげることを想定している他記式調査票と自記式調査票とでは，わかりやすさを考えてワーディングを変えたり（たとえば，他記式の場合は同音異義語を避けた方が良いなど），選択肢の配置に工夫をしたりすることが必要になる。

⑥ 質問の配置にかんする留意点

　調査票は，研究者と回答者との対話のためのメディアである。日常の会話でも話の順序が重要であるように，調査票に配置される質問項目の順序もでたらめであってはならない。長すぎる調査票が無回答を増やすように，質問の配置について回答者に対する配慮を欠いた調査票は回答の質を低める可能性がある。以下では，質問の配置順序にかんする注意点を概観する（→ 発展 2）。

6-1　回答者の心理的負担を小さくする

　調査は，回答者の自発的な協力があってはじめて成り立つ。そのためには，回答者が協力的になりやすいような調査票を作ることが求められる。

　第1に，回答者が比較的答えやすい質問項目や，回答者の興味を引きやすい項目を調査票の冒頭近くに置くことは，一般論として望ましい。逆に答えにくい質問は，冒頭ではない部分に置いた方が良い。後者に関連して，一時期までの印刷された調査票では，調査の主たる関心に沿って設けられた質問と，主に集計目的で設けられた質問（たとえば年齢や婚姻状態などをたずねる）とを区別し，後者を**フェイスシート**と呼んで調査票の冒頭に配置することが多かった。

しかし近年では，プライバシー意識の高まりもあり，こうした質問に抵抗を感じる回答者が増えたため，フェイスシート項目は調査票のなかに分散して配置したり，末尾にまとめたりすることが多くなった。関連して，性行動にかんする質問など，センシティブな質問の配置にも注意が必要である。

第2に，回答者の質問項目に対する回答意欲を高めるような配置が望ましい。内容的関連の強い項目をなるべく近くに配置することや，思考の流れを中断するような項目の配置を避けることが望まれる。こうした配慮は，回答者が個々の質問内容を的確に理解することの助けにもなる。可能な場合は関連する質問項目をセクションに分けて配置し，冒頭に「つぎに○○についておうかがいします」などの注意書きを加えることなどが求められるだろう。

第3に，質問の意味的重なりが大きい項目は近くに配置しないことが望ましい。同じような質問を繰り返すことは，回答意欲を低めたり，回答内容に影響したりする可能性が高いためである。しかし，見かけ上類似しているが異なる概念を測定するための質問がひとつの調査票に複数含まれることはよくあることである。特にひとつの尺度に類似した質問文が含まれることは多い。その場合は，可能ならば質問を離して配置するなどの工夫が望まれる。

第4に，質問のなかには，調査対象者全員にたずねるものと一部の人にたずねるものとがある。特定の条件を満たす人びとを識別するための質問をスクリーニング質問と呼ぶ。一部の人にたずねる質問には，ある質問で特定の回答をした人にさらにたずねる質問（枝分かれ質問，サブクエスチョン）が含まれる。回答者によっては調査票の一部をスキップすることになるため，特に自記式調査票では質問の配置に工夫すべきである。また，次にどの設問にとべば良いかがわかりやすい教示やレイアウトを工夫することも必要だ（→ 発展 2 ）。

6-2　キャリーオーバー効果に注意する

質問がなされた「文脈」によって調査票における質問の回答傾向が異なることを**文脈効果**と呼ぶ。先に配置された質問あるいは選択肢は，後に配置されたそれに対する「文脈」となることで，後者の回答に影響を与える可能性がある。質問項目の配置順序が回答に影響を及ぼすことを，**質問順効果**と呼ぶ。

質問順効果の中でよく知られるのが**キャリーオーバー効果**である。キャリー

オーバー効果とは，前に置かれた質問への回答が後ろに置かれた質問への回答に影響を与えてしまうことを指す。前に置かれた質問への回答と，後ろに置かれた質問への回答との関係に注目して，後者が前者に近づいてしまう効果（**同化効果**）と，違いが強まってしまう効果（**対比効果**）を区別することもある。なお，自記式調査では回答者が質問を交互に見比べることもあるため，後に配置された項目が前の項目に影響を及ぼすことも考えられる。影響の方向性がどちらであるにしても，質問項目の順序による効果が問題になる。

キャリーオーバー効果の実例として，米国で1970年代から1980年代にかけて行われた調査の例が興味深い［Weisberg 2005：117］。それによれば，「妊娠した女性は，結婚していてこれ以上子どもが欲しくない場合，合法的に中絶できるべきだと思いますか」という，中絶に対する一般的な態度をたずねた質問に対する賛成割合は，この質問を「妊娠した女性は，赤ちゃんに深刻な障害がある可能性が高い場合，合法的に中絶できるべきだと思いますか」のあとに聞いた場合には顕著に低かったという[3]。質問の配置順序のために，一般的な質問が「障害がない場合」と理解されたと解釈されている。このように，先行する質問によって後続する質問に対する特定の意味づけが生じやすくなることを**顕著性効果**と呼ぶこともある（心理学の「プライミング効果」に相当する）。

関連性の高い項目を近く配置するという要請と，キャリーオーバー効果を避けるという要請は，同時に達成することが難しい。キャリーオーバー効果を避けるために調査票全体のまとまりが失われては本末転倒である。また，研究者の意図しないキャリーオーバー効果が生じている可能性は常に排除できないし，あらゆるキャリーオーバー効果が望ましくない結果をもたらすわけでもない（類似した項目をまとめることで回答の質が向上するということ自体も，ある種のキャリーオーバー効果である）。ケースバイケースで検討することが必要だろう。

6-3　回答選択肢の順序に注意する

文脈効果のまた別の例が，**選択肢順効果**である。これは，回答が選択肢方式の場合，選択肢の配置順序が回答傾向に影響を及ぼすことを指す。自記式調査

3）　これはセンシティブな質問の典型例でもある。

では，最初の方にあげられた選択肢が目につきやすいためにそれが選ばれやすくなることが知られている（**冒頭効果**）。これに対して他記式調査では，最後の方にあげられた選択肢の方が想起しやすいためにそちらが選ばれやすくなることが知られている（**新近性効果**）。調査票ではいずれかの選択肢順序を採用せざるを得ないわけだが（ただし，電子調査票ではランダム化が技術的に可能である。→第8章 **発展** **2**），回答が集中することが予想されるような選択肢は冒頭や末尾に置かないなどの工夫は可能である。また，継続的な調査では安易に選択肢の順序を変えることは望ましくないということも指摘できる。

発 展　*Advanced*

1　ワーディングが回答に影響を及ぼす実例

　ワーディングの違いが結果の違いにつながる例として，内閣府が毎年行っている全国世論調査である「社会意識に関する世論調査」をとりあげる。この調査では継続的に回答者の「国を愛する気持ち」を問う質問を設けている。

　平成2年調査（調査票問8）では，質問文は「あなたは，今後，国民の間に愛国心をもっと育てる必要があると思いますか，それとも，そうは思いませんか」（強調は筆者）であり，選択肢は「そう思う（62.4）／そうは思わない（18.9）／わからない（18.8）」の3つから選ぶ方式であった（カッコ内は単純集計の%）。ほぼ同様のワーディングを採用した昭和56年調査以降，「そう思う」と答えた回答者の割合は60〜63%を推移していた。

　この質問文は，平成3年調査では「あなたは，今後，国民の間に『国を愛する』という気持ちをもっと育てる必要があると思いますか，それとも，そうは思いませんか」と変更された。結果は「そう思う（77.0）／そうは思わない（11.8）／わからない（11.3）」となり，「そう思う」を選択した割合は10ポイント以上増加した（その後の調査でもほぼ同じ割合が「そう思う」を選択している）。

　ワーディングの変更によって，異なる概念（「愛国心」と「国を愛する気持ち」）が測られていると考えられる。しかし現実には，調査結果の解釈において，「国を愛する気持ち」が「愛国心」と読み替えられてしまうことは少なくないだろう。調査票を作成する場合も，調査結果を読み解く場合も，ワーディングには敏感になる必要がある。

2　調査票のレイアウト

　調査モードが多様化し，調査票のレイアウトは実査の方法ごとに異なる検討が求められる状況にある。ここでは，郵送法を念頭に置きながら，自記式調査を例として述べる。

　適切に，見やすくレイアウトされた調査票とは，回答者から見て答えやすく，信頼で

問4 あなたの住宅の被害と再建についてお聞きします。

（1）**震災の時**、お住まいになっていた住宅は被害を受けましたか。

【問5へ】

（2）【問4（1）で1とお答えになった方にお聞きします】
お住まいになっていた住宅はどの程度の被害を受けましたか。罹災証明書の認定をお答えください。

（3）【問4（2）で1〜4とお答えになった方にお聞きします】
震災で被害を受けた住居は、再建されましたか。

1．同じ土地で再建した	5．別の土地で再建中である
2．同じ土地で再建中である	6．別の土地で再建準備中である
3．同じ土地で再建準備中である	7．再建をあきらめた
4．別の土地で再建した	8．その他（具体的に：　　　　　　　　）

※金沢大学文学部社会学研究室「震災体験と地域生活に関する意識調査」2008年

図6-1　郵送調査の調査票例

きる調査に見える調査票である。多様な回答者がいることを考えても，調査票のバリアフリー化は望ましい。そうした調査票は，回答者が間違えずに回答したり，調査への回答者の回答意欲を高めたりする可能性がある。

　調査票の形態は，両面印刷の小冊子形式（ステープラーで背を綴じたもの）がよい（頁番号を付けること）。この場合，頁数は4の倍数となる。用紙サイズはA4が多いが，頁数との兼ね合いで決定されるべきである。用紙は見やすさを考えて白色か淡い色とする。記入しやすく（コーティング紙は不可），裏に透けないことが重要である。

　ページのレイアウトは，調和の取れたものであることが大切である。行間，字間，余白は適切に設ける。詰め込んだレイアウトの調査票は，それだけで真面目に回答する意欲を損なう。ひとつの質問は，頁をまたいで配置しないことが重要である。自由回答欄は十分なスペースをとることが必要だ。また，コーディング，入力のために用いられる記号（四角形など）や数字は，極力設けないことが望ましい。

　質問には，原則として通し番号（問1，問2……）を振る。特定の条件に該当する場合のみ回答する質問がある場合は，次にどの質問に答えるのかを明記して誘導し（「→3頁

の問5に進みます」など），可能な場合は矢印記号でその質問へ視覚的にも誘導することが望ましい。**図6-1**に具体例を示した。

　選択肢の表示形式は，横に並べる場合も，縦に並べる場合もあるが，調査票内で統一することが必要である。横に並べる場合は，選択肢間の距離を十分空け，○をどこにつけるかがわかりやすいように注意すべきである。

　フォントは，見やすさが鍵になる。サイズは，10.5ポイント未満は望ましくない（対象者の年齢層などによってはさらに大きいことが望まれる）。黒色，明朝がふつうであるが，強調すべき部分は，色を変えて目立たせたり（印刷費用がかかるが），ゴチックなど異なる字体を用いて区別したりすることが望ましい。

　これ以外に，回答者の関心を高めるため，表紙や途中頁末尾などにイラストを置くことも多い。このイラストは回答内容に影響を与えるようなものは好ましくない。[4]

〔参考URL〕
　　内閣府政府広報室「社会意識に関する世論調査（平成2年）」(https：//survey.gov-online.go.
　　　jp/h02/H02-12-02-22.html)
　　内閣府政府広報室「社会意識に関する世論調査（平成3年）」(https：//survey.gov-online.go.
　　　jp/h03/H03-12-03-15.html)
　　大阪商業大学JGSS研究センター「JGSS調査票」(https：//jgss. daishodai. ac. jp/surveys/sur_
　　　questionnaire. html)

練習問題
① 　ダブルバーレル質問とは何か，それはなぜ好ましくないのかを考えてみよう。
② 　「あなたは先週，運動を何回しましたか。」（回数を記入）という質問について，問題点をあげ，どう改善したら良いか，グループで話し合ってみよう。
③ 　インターネットなどで既存の調査票を探し，この章で学んだポイントを思い出しながら，どのような問題点があるか，グループで議論してみよう。

田渕 六郎

---

4) 　ただし，林［2006］が行った郵送法についての実験的研究によれば，フォントによる回収率の差は大きくないようである。また，イラストの有無も回収率に影響しなかったと報告されている。

7

サンプリング

対象者はどのように選べば良いのか？

　本章では，社会調査を学ぶ際に必ず耳にするサンプリングについて学習する。詳しい説明をする前に簡単に要約しよう。社会調査の多くは，研究対象となる多くの人びとのなかから一部の人びとを選び出して，その一部の人びとにのみ実際に質問や面接を行う。研究対象となるすべての人びとのなかから実際に調査に協力してもらう一部の人びとを選び出すことをサンプリングといい，その際にはランダムサンプリング（無作為抽出）という方法を用いるべきだとされている。この場合のランダムサンプリングは「でたらめに」「テキトーに」選ぶということではなく，「誰もが等しい確率で調査協力を依頼されうる」という条件を満たす方法のことをいう。原理的には単純であるが，調査にかかる手間や費用と調査結果の精度とは相反することが多く，実際に用いられる無作為抽出の手続においては費用と精度の双方を考慮した工夫が行われている。

　以下では，個人を観察の単位としつつ，しかもその個人に直接何らかの質問を投げかけてその回答を記録・収集してくる調査方法を念頭におく。[1] 個別面接や電話による他記式調査も留置法・郵送法による自記式調査もこの点では共通している。こう限定したうえで，「一体誰に質問すればよいのか」という問題について考える。一言でいえば，対象者選択・**ケース選択**の問題である。

---

1) ここで説明するケース選択やサンプリングの考え方は，個人を観察単位とするものではない調査についても共通する部分を多く含んでいる。企業などの組織や，大量の文書記録を対象とする調査でも，同様の問題に対処し，類似の手法を用いることができる。

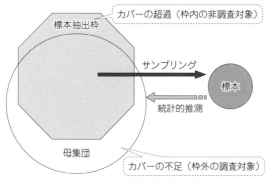

図7-1 サンプリングの基本構造

① なぜ対象者の選び方が重要なのか

1-1 標本調査の必要性と役割

　実際に対象者を探す前にまず重要なのは，自分が研究しようとしているのはどの社会や集団，社会事象なのかを具体的によく考えて，自分が関心をもっている相手が全体としてどんな範囲になるのか，それを具体的に確定することである。これが「**母集団**の確定」である。

　母集団を確定したら，**全数調査**（悉皆調査）を行うか**標本調査**を行うかを決める。全数調査が可能かどうかは，母集団の大きさにもよる。日本の有権者の数は大雑把に１億人程度である。これを全数調査することは手間や費用，時間の観点から不可能であり，あとで述べる非標本誤差を考えると無意味でさえある。そうなると，一部分を調べてそこから全体を推測することが必要になる。

　母集団の一部分だけを調査すればその分の情報・データは手に入る。この「一部分」を**標本**（sample）と呼ぶ。しかしそこに見られる傾向が全体（母集団）でもいえるのかどうかは，何らかの理由がなければわからない。目に見えているもの（手元にあるデータ）から目に見えないもの（母集団の性質）を推論したり一般化したりするのが，標本調査の役割であり，推論の根拠・一般化の手続という観点において，標本の選び方つまり**標本抽出法**が重要になる。

1-2 ランダムではない種々の抽出法

渋谷駅前でたまたま見つけた高校生100人に質問をして（これは便宜抽出標本という），その結果を「最近の日本の高校生はこうだ！」などと記事にするのはいうまでもなくナンセンスである。渋谷にいた高校生は日本の高校生全体と比べるとはっきりとした特徴をもっている，いい換えれば，非常に偏っているかもしれない。そこから高校生全体の姿を推論する説得的な手順は何もない。

では，「いかにもイマドキの高校生っぽい」高校生を注意深く100人くらい探して来て調査をするのはよいだろうか（これは目的的抽出標本という）。この場合，「いかにもイマドキの」と判断する基準が何よりも重要になる。そこが間違っていては何の意味もないが，そもそもそれがわかっていれば，調査の前から「最近の高校生」について重要な情報をすでに知っていることになる。自分があらかじめ設定した基準で選んでおいて，まさにその同じ特徴を「調査の結果，最近の高校生はこうでした！」と発表すれば，良くてトートロジー（同語反復），悪質な場合にはヤラセ・捏造になってしまう。典型調査という表現を用いる場合も同じで，どのケースが何の典型なのかという重要な事柄についてすでにわかっていることを前提としている。

以上の便宜抽出法や目的的抽出法よりも好ましい方法として，**割当抽出法**というものがある。調査対象の母集団について，男女比や年齢構成，住所の大都市／中都市／町村の比率など何らかの情報が存在している場合は少なくない。母集団についてこうした分布の情報が得られているならば，標本でもその分布に一致するように，いい換えれば母集団の縮図になるように，性別や年齢などのカテゴリーごとに対象者の数を割り当てるのが良さそうだ。たとえば，全国の高校生の中で大都市に住んでいる男子生徒が８％だとすると，標本100人のうち８人は大都市の男子生徒から選び出してくるといった工夫をするのである。こうした割当抽出は，便宜抽出や目的的抽出よりは理にかなっており，調査者の勝手な思いこみに左右される度合も少ないと期待できる。よって現在でもこの方法が使われることは少なくないが，しかし理論的には次善の策と考え

2）母集団の性質としては，母集団における何らかの変数の平均や比率，標準偏差・分散などがある。これらを一般に**母数**という。母数の具体的な値は普通は知ることができない。

られている。なぜなら，この方法では，考慮に入れた性質に関しては母集団の縮図になっているかも知れないが，考慮に入れなかった・考慮し忘れた性質に関しても縮図になっていることはまったく保証されないからである。性別と居住地域で区分して大都市の男子高校生を8人見つけてくることにしたとしても，調査員が，気が弱そうで調査を断らなさそうな高校生ばかりに接触してきてしまえば，「イマドキの都会の高校生はとても気が弱い」という結論になってしまう。これは不適切であろう。割当法の説得力は，対象者の数を割り当てる際に使う基準の良し悪しと，割り当てたあとに各カテゴリーごとに実際にどのように対象者を見つけるかということにかなり依存する。

　以上の標本抽出法はそれぞれ相違点があり多様であるけれども，現在では一括した扱いを受けることが多い。これら種々の方法に対して，標本抽出の試行錯誤のなかで20世紀中頃から本格的に利用されるようになってきたのが，**確率標本抽出法**，いわゆる無作為抽出法（ランダムサンプリング）である。

② 無作為抽出法──統計理論に支えられた標本抽出

2-1　すべての人を同じ確率で……

　それでは，現在最も科学的・理論的だとされる無作為抽出法とはどんな方法なのだろうか。科学的であるとか統計学的な裏づけがあるとかいうとよほど複雑で難しい方法だと想像するかも知れないが，少なくとも理論的には極めて単純である。母集団に含まれるすべての個人について，標本に含まれる確率が等しくなるような方法が，無作為抽出法なのである。たとえば，日本全国の1億人の有権者から5千人の標本を抽出する場合，1億人すべての人について，標本に含まれる確率が5千÷1億＝2万分の1で等しくなるならば，その方法は無

3）　この100人という数字を**標本の大きさ**または**サンプルサイズ**と呼ぶ。対象者100人を選び出す作業を1回行った結果得られるのは，大きさ100の標本がひとつである。日本ではこれを「標本数」「サンプル数」と呼ぶことが多いが，統計学の**標本の数**は，標本の大きさとは全く別の重要な概念である。対象者100人を選び出す作業をまったく同じ手順で5回行うと，大きさ100の標本が5つ手に入る。この5つというのが標本の数である。無論，実際に標本抽出を行うのは普通1回だけであり，実現する標本はひとつだけである。

作為抽出といえる。「母集団に含まれているすべての人が同じ確率で抽出されうる」というのが，無作為抽出の唯一の基準なのである。

　拍子抜けするほど単純な原理であるが，そもそもなぜ無作為抽出がすぐれているといわれるのだろうか。問題は，部分（標本）から全体（母集団）を推論したり一般化したりする手続があるかどうかであった。無作為抽出標本がすぐれているのは，母集団について推論する手続が統計学に依拠していて明瞭であるからである。それに対して，先に述べた便宜抽出や目的的抽出，割当抽出などは，いずれも統計学の裏づけをもたないために，確率抽出標本と区別して一括して**非確率抽出標本**もしくは**有意抽出標本**と呼ばれるようになったのである。[4]

　重要なのは，抽出される標本はさまざまでありうるということを理解し，そのありうる多数の標本の全体を視野に入れることである。小さな数字で例示すると，10人から2人を抽出する場合，10人すべてが5分の1の確率で抽出されるような手続に従えばそれは無作為抽出である。①から⑩のビンゴゲームの球を抽選器に入れて，よくかき混ぜてから2回抽選を行えば，それは大体無作為抽出とみなして良いだろう。[5] こうした選び方は**単純無作為抽出**と呼ばれる。

　では，2回の抽出の結果得られる標本は，何通りあるだろうか。①②の場合もあれば，①⑨の場合もあるし，⑤⑧の場合もあるだろう。全部数え上げると45通りになる。これを**組合せの数**と呼ぶ。[6]

---

4)　標本抽出法の歴史的変遷については2回のアメリカ合衆国大統領選挙予測の逸話が紹介されることが多い。まず1936年の大統領選挙予測で，もっぱら模擬投票の数を誇った『リテラリー・ダイジェスト』が割当法を用いた新参者のギャラップに敗れた。しかし1948年には割当法を用いたギャラップらが皆予測を外し，それ以後確率標本抽出（無作為抽出）が標準となっていったとされる。各エピソードの詳細については，杉野［2006］や佐藤郁哉［2015：第8章］を参照。

5)　1回抽出を行ったら，選ばれたものをまた元に戻して改めて抽出を行う方法を**復元抽出**と呼ぶ。それに対して，ビンゴゲームのように，一度選ばれたものは別にしておいて，残ったものだけで次の抽出をしていく方法を**非復元抽出**と呼ぶ。社会調査のサンプリングはほとんどが非復元抽出である。

6)　10人から2人を選び出す場合の組合せの数は $_{10}C_2=45$ である（→数学付録）。実際に選ばれるのは1組であるが，可能性としては45組がありうる。すべての人が等確率で抽出されうるならば，この45組の出現確率は等しくなる。

2-2 無作為抽出標本だけにできること

このように，潜在的に可能な標本の数は意外に大きくなる。もしも1億人から1千人を無作為抽出するとしたら，可能な標本は約 2.47×10^{5432} 通りにもなる[7]。つまりほとんど無数の組合せの標本が可能なのである。

この1億人の平均睡眠時間を推測することを考えてみよう。本当は全体で大体7.5時間だったとしても，1千人の標本の選ばれ方によっては，標本調査の結果は偶然6時間にも9時間にもなる。極端な場合には4時間や14時間にもなりうる。しかし，無作為抽出をしていれば，多くの場合，**標本平均**は実際の母集団における平均（**母平均**）に近い7，8時間くらいになるだろう。ありうる無数の標本平均の集合は，理論的には**図7-2**の(1)のようなグラフとして描ける[8]。これは「正規分布」と呼ばれるもののひとつである。

元にした仮想的な母集団分布は**図7-2**の(2)であり，睡眠時間は広い範囲に分布しているが，標本平均の分布の方は母平均の7.95を中心としてかなり狭い範囲に集中している[9]。1回の調査で実現するひとつの標本平均はこの分布のどこかに存在しており，母平均7.95から大きく隔たった値になる可能性は極めて小さい。無作為抽出を行えば，1億人から1千人というわずかな人びとだけを選び出して調査をしてもこのように精度の高い統計的な推測が可能になる。これこそが，無作為抽出が特別にすぐれているとされる理由なのである。

完全な無作為抽出を行っても，まったくの偶然で，個々の標本平均は母平均からズレてしまうのが普通である。このズレ＝誤差のことを，**標本誤差**（標本抽出誤差）と呼ぶ。一部分しか調べない標本調査であるかぎり，この標本誤差は避けられない。しかも，母平均がわからないかぎり個々の標本誤差がいくつ

---

7) 潜在的な標本の数 2.47×10^{5432} とは，2470の後ろにさらに0が5429個も続くような，途方もなく大きな桁の数字である（→**数学付録**）。

8) ここでは，睡眠時間の母平均を7.95時間，母集団における標準偏差（**母標準偏差**）を約1.76時間とした仮想的なデータに基づいてグラフを描いている。実際には母数は未知数である（本章注2参照，標準偏差については第10章 **基礎** **3-2**）。

9) グラフでは7.7時間より小さい領域や8.2時間より大きい領域には標本平均がまったく存在し得ないように見えるが，実際にはその領域でも確率は0ではない。しかしかぎりなく0に近い確率であり，無数の標本平均のうちのほとんどは7.7時間から8.2時間の間に含まれる。このグラフの標準偏差は推定の精度を意味し，特に標準誤差と呼ばれる（→第11章）。

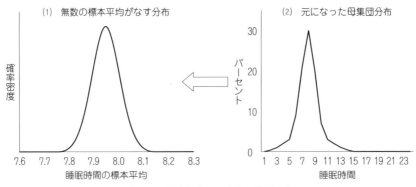

図7-2 標本平均の分布と母集団分布

であるかもわからない。しかし，個々の標本平均を超えて，ありうる標本平均全体を視野におさめたとき，ほとんどの誤差はこのように極めて狭い範囲内におさまっていることがわかるのである。

③ 標本抽出枠とカバレッジ誤差

先に述べたように無作為抽出法は理論的には極めて単純であるが，これを実行しようとすると意外に難しい。まず母集団を明確に定義しなければならないことはすでに述べた。次に必要になるのは，その母集団に含まれる調査単位（個人）の一覧表である。乱数サイコロやビンゴマシンを使うにしても，コンピュータで乱数を発生させるにしても，対象者の一覧があってそれに連番を付与しなければならない。要するに，母集団についての名簿が必要なのである。しかし，学校や会社なら生徒名簿や職員名簿があるだろうが，一般成人全体について果たして名簿など存在するのだろうか。

多くの学術的社会調査において使用されているのは，**選挙人名簿**や**住民基本台帳**である。[10]こうした，そこから標本抽出を行うための名簿・リストのようなものを，**標本抽出枠**と呼ぶ。日本の有権者の政治意識を調べたい場合，母集団を有権者全体とすることになる。これはある意味理念的・概念的な規定であり，具体的にその母集団を表しているのが標本抽出枠としての選挙人名簿である。しかしこの母集団と抽出枠はつねに完全に一致している保証はなく，多か

れ少なかれズレが生じてしまっている（**図7−1**）。名簿は常時情報が更新されているわけではないので，最近亡くなった人やあるいは禁錮刑が確定したばかりの人などは選挙人名簿に残ったままになっているかもしれないし，18歳になったばかりの人は未登録かもしれない。選挙人名簿は選挙を行うときに正確であれば良いので，選挙の予定がない時期にこれらの誤りがあっても本来の目的には反しない。そして，社会調査で選挙人名簿を閲覧できるのはそうした選挙の予定がない時期なのである。住民基本台帳の場合も，実際には転居しているけれど住民票を移していない場合など，実態と名簿が食い違うケースはいろいろ存在する。かつては電話帳を抽出枠として使用することもあったが，現在では固定電話をもっていない人も多いし，固定電話をもっていても電話帳に掲載していない人が多いので，「固定電話の保有者」を母集団にしたときですら，電話帳という抽出枠は母集団とのズレが非常に大きい。[11]

標本抽出枠が正しく母集団を反映している割合を「カバレッジ」（カバーする範囲）と呼び，カバーの不足や過剰によるズレを**カバレッジ誤差**と呼ぶ。カバー不足はどんな人についても等しく生じるわけではなく，たとえば大学生は住民票上の住所と実際に住んでいる場所の違いが多くなりやすいなど，なんらかの傾向をもつことが多い。それゆえ，カバレッジ誤差は**偏った推測**につながりやすいので注意が必要である（→第4章 **発展** 1）。日本では住民基本台帳や選挙人名簿などが比較的よく整備され，学術調査でもそれらを手軽に閲覧できる状態が続いてきたが，近年では個人情報保護意識の高まりや犯罪対策などの関係で名簿の閲覧が難しくなっている（→第14章 **基礎** 1）。調査員が調査地に

---

10) 住民基本台帳法の第11条の2では「統計調査，世論調査，学術研究その他の調査研究のうち，総務大臣が定める基準に照らして公益性が高いと認められるもの」は，住民基本台帳の一部（氏名，生年月日，性別，住所）の閲覧を認めている。また，公職選挙法第28条の3では「統計調査，世論調査，学術研究その他の調査研究で公益性が高いと認められるもののうち政治又は選挙に関するもの」が選挙人名簿抄本を閲覧できるとしている。ただし選挙期日の公示または告示の日から選挙期日の5日後までは閲覧できない。

11) なお，東京都の伊豆諸島や小笠原諸島，長崎県の五島列島などいわゆる離島地域は，交通の便が悪くて実際に調査にいくのは困難だとされる。これらの地域は「島嶼部」と呼ばれるが，個別面接法や留置法の場合にはあらかじめ地点リストから除かれることが多い。その場合，厳密には日本のうち島嶼部を除いた地域を母集団（**枠母集団**という言葉もある）と定義しなければならない。そうしない場合には母集団（**目標母集団**と呼ぶこともある）と標本抽出枠（すなわち枠母集団）とのズレとみなされる。

実際に出向いて，どこにどんな住戸があるかをまずはすべて調べあげるという**現地リスティング**などの代替的な工夫がこれからより必要になってくるだろう。しかし現地で直接住戸や世帯を確認するのは非常に難しい場合がある（管理の厳しい大型マンション，部外者立ち入り禁止区域など）。そうなると，カバレッジ誤差は現在よりもますます深刻な問題となるだろう（→ 発展 **1**）。

④ 実行可能性や利便性への配慮

4-1 多段抽出──標本抽出を複数のステージに分ける

　現状では日本はまだ何とか住民基本台帳や選挙人名簿を使用しうる。では，抽出枠が手に入ったので後は乱数を発生させて調査対象者を選び出していけばOK なのだろうか。ここからは調査の規模によっても大きく違ってくる。たとえばひとつの高校や企業の内部で，それを母集団として標本調査を行うのであれば，入手した名簿の個々人に通し番号をつけて無作為抽出を行うことも可能だろう。しかし母集団の規模が大きくなるとそう単純にはいかない。まず，名簿がひとつにまとまっていない。住民基本台帳は各地方自治体に散在しているし，選挙人名簿も各選挙管理委員会が保管している。これらを全部集めてひとつの統一名簿にまとめることは不可能に近い。国勢調査などの既存データから，どこに何人の人が住んでいるかの概数くらいはわかるとしても，具体的にその人たちに番号を振ることはまずできない。このように，母集団の名簿がひろく分散している事態に，どのように対処すれば良いだろうか。

　このような場合，いきなり個人を抽出しようとするのではなく，まずは個人のかたまり（**クラスター**）を抽出することを考える。名簿が役場ごと，投票区ごとに散在しているならば，まずは役場や投票区といった地点を抽出し，次に実際に選ばれた地点に出向いてそこで名簿を閲覧して個人を抽出するのである。この地点のことを**第一次抽出単位**といい，個人のことを**第二次抽出単位**と呼ぶ。こうした二段構えの抽出方法を**二段抽出法**という。第一次抽出単位が地域，第二次抽出単位はより小さな地点，**第三次抽出単位**が個人といった三段抽出もある。これらを総称して**多段抽出**と呼ぶが，こうすれば，すべての名簿を

入手して合併してから個人を抽出するということをしなくてもすむし，そもそもすべての名簿を入手できない場合には唯一実行可能な方法でもある。

4-2　訪問費用の抑制と誤差の増大

　全国規模の学術調査でよくあるのは，全国から300くらいの地点を抽出し，それぞれの地点から10〜20人くらいの個人を抽出する方法である。この方法に従えば，標本抽出の手間や労力を大幅に軽減することができるだけでなく，個別面接法や留置法の場合にかかる調査員コストも劇的に小さくすることができる。日本全国には，頻繁な市町村合併で大幅に減少したとはいえ，それでも2016年10月10日現在で1,741の区市町村が存在する。仮に3,000人くらいの大きさの標本を均等に割り当てると，ひとつの区市町村につき対象者が1，2人になる。1人か2人の対象者に調査をして，また別の区市町村に移動して……，ということを繰り返すと，調査員の時間と体力，交通費，日当など種々の費用が莫大になってしまい，とても現実的な予算制約の範囲内では実施できなくなってしまう。不在による再訪問や留置票の回収など，調査員が対象者宅を訪問するのは1回にかぎらないのでなおさら大変なコストである。地点を抽出してからそのなかで一定数の個人を抽出するという多段抽出法は，訪問を要する調査の場合の費用・予算制約の観点からは極めて効率的な方法なのである。ただし，ある地点からは十数人もの個人が標本に含まれ，別のある地点からは1人も選ばれないのであるから，地点によって特性が異なる場合には偏りが心配される。実際，単純無作為抽出ができる場合と比較すると，多段抽出の場合には標準誤差が大きくなってしまう［鈴木・高橋 1998：73］。利便性や実施可能性と引き換えに，誤差が大きくなる代償を払うのである。

4-3　地点の選び方と最終的な個人の抽出確率

　多段抽出の場合，第一次抽出単位（地点）はどのように選ぶべきなのか。地点に含まれる個人の数はたいてい不均等である。人口の大きな地点や小さな地点が混在しており，このことを考慮しないと，すべての個人が同じ確率で抽出されうるという条件が満たされなくなってしまう。

　今，地点 A，B，C，D，E の住人数をそれぞれ100人，100人，200人，200

人，400人とする。ここから２地点を選び，合計で20人の個人を抽出しよう。まず等確率で２地点を抽出し，選ばれた地点内でそれぞれ10人を等確率で抽出するならば，地点 A に住む人が抽出される確率は $\frac{2}{5} \times \frac{10}{100} = \frac{4}{100}$ となり，地点 E に住む人が抽出される確率は $\frac{2}{5} \times \frac{10}{400} = \frac{1}{100}$ になる。地点の大きさが４倍なので，個人の抽出確率は４分の１になってしまうのである。

この問題への対処法はふたつある。ひとつは，地点の大きさ（住人の数）に比例した確率で地点を抽出する方法（**確率比例抽出**），もうひとつは，地点は等確率で抽出するが，その地点から何人抽出するかを地点の大きさに応じて変える方法（**等確率抽出**）である。確率比例抽出では，地点 A の抽出確率を $\frac{100}{100+100+200+200+400} \times 2 = \frac{200}{1000}$ とし，地点 E の抽出確率を $\frac{400}{1000} \times 2$ とすると，地点 A の個人の抽出確率は $\frac{200}{1000} \times \frac{10}{100} = \frac{20}{1000}$，地点 E では $\frac{800}{1000} \times \frac{10}{400} = \frac{20}{1000}$ となり，どちらに住んでいる人でも最終的には等確率で標本に含まれうることになる。

ボクが選ばれる確率は，
ボクの住んでいる地区が選ばれる確率
×
その地区のなかでボクが選ばれる確率
なんだね。それがどこにいる人でも等しくなればいいのか！

地点を等確率で抽出する方法では，各地点での抽出人数が等しいと，人口の多い地点の個人は人口の少ない地点の個人よりも最終的に選ばれる確率が小さくなってしまうので，地点の人口に比例して各地点から選び出す人数を変えなければ，最終的にすべての個人が選ばれる確率が等しくならない。

訪問を要する調査では，調査員ごとに担当する地点が決められることが多い。確率比例抽出では１地点の対象者数が一定にできるので，調査員の移動や面接の負担・費用が均等化でき，調査の管理運営上都合が良い。よって（地点の）等確率抽出よりも確率比例抽出の方が好まれる。

4-4 系統抽出——名簿から選ぶ作業を大幅に簡略化

実際の抽出作業を簡便化するうえでよく使われている手法がもうひとつある。1,000人の名簿から20人を抽出する例で考えてみよう。無作為抽出であるためには，1,000人すべての抽出確率が $\frac{20}{1000}=\frac{1}{50}$ であることが必要十分条件である。比率でいえば50人に1人が選び出される。このとき，20回単純無作為抽出を繰り返しても良いが，最初に1から50までの範囲で乱数を発生させ，開始番号とする（これを**ランダムスタート**などと呼ぶ）。そのあと名簿上で50人おき（これを**抽出間隔**，インターバルと呼ぶ）に20人になるまで選んでいくこともできる。たとえば，開始番号が36となったら，36番目，86番目，136番目，186番目……，986番目の人びとを標本とするのである。見方を変えれば，20人ずつ50組のグループに分け，そこから1組を選ぶことに等しい。とすればどの個人も等しく $\frac{1}{50}$ の確率で抽出されうるので，これもやはり無作為抽出には違いない。この方法を**系統抽出**または**等間隔抽出**といい，自治体庁舎や選挙管理委員会で場所を借りて実際に抽出作業を行う場合など，かぎられた時間で効率的に抽出・転記作業を行うためには有効である（→ **発展** 2）。

多くの学術的な全国調査では，第一次抽出単位として地点を確率比例抽出し，選ばれた各地点では同数の個人を系統抽出する方法がとられている。

⑤ 層化抽出——事前情報を活用して誤差をおさえる

上で述べた多段抽出は，特に工夫もせず使用すれば標準誤差を大きく（＝推定の精度を悪く）してしまう。この欠点を埋め合わせるために，第一次抽出単位の地点をグループ化する方法がある。地点は，存在する地域や，産業の特性，人口規模などに応じた特徴をもっていると考えられる。わかりやすくいえば，大都市内に存在して第三次産業人口比率の高いような地点群と，地方の農山漁村に存在する地点群では，そこに住む人びとの意識や生活様式に特徴的な違いがあるだろうということであり，類似していそうな地点同士をまとめあげることによっていくつかのグループに分けようという考え方である。これを**層**

化といい，このグループを層と呼ぶ。そして，母集団における層の構成比率と標本における層の構成比率を等しくすることによって，より全体の縮図としての性格，すなわち代表性を高めようというのである。

　国勢調査データや既存研究の結果などの既知の情報を活用して適切な基準を設定するならば，層化をしない場合よりも層化をした場合の方が標準誤差を小さくする（推定の精度を上げる）ことができる［鈴木・高橋 1998：58］。たとえば，東京圏・大阪圏・名古屋圏の三大都市圏に住んでいる人口の割合が全人口の50％であるとすると，標本においても半数の対象者が三大都市圏から選ばれるように工夫するのである。層化を行わない無作為抽出であれば，三大都市圏から抽出された対象者の割合が標本全体の40％しかいないという場合や，逆に60％も含まれてしまっているという場合も生じうる。そうした場合は，大都市圏の人びとの意識や生活様式が過少にもしくは過大に反映されてしまう。層化を行えばこうした偏りを回避することができる。それぞれの層の大きさ（＝含まれる人口）はまちまちであるから，各層にいくつの地点数を割り当てるかは，層の大きさに比例させて決める（**比例割当**）。

　層化が標準誤差を小さくできるために，先に述べた「地点→個人の多段抽出と，地点内での個人の系統抽出」の方法と組み合わせて，地点を層化することによって全体として標準誤差が大きくならないように工夫されている。これを「**層化二段無作為抽出**」とか「層化三段無作為抽出」と呼ぶ。[12]

　以上見てきたように，母集団に含まれるすべての個人が等確率で抽出されうるという条件を満たしつつ手続をどれだけ簡略化するか（多段抽出や系統抽出）といった現実的問題と，標準誤差をいかに小さくするか（層化抽出）についての配慮の組合せによって，確率比例抽出や系統抽出を組み入れた層化多段無作為抽出のような，一見複雑に見える手法ができあがっているのである。

❻　無作為標本からの乖離──非標本誤差

　無作為抽出標本では，まったくの偶然による誤差としての標本誤差（標本抽

---

12)　実際には系統抽出も併用しているが，層化二段系統抽出とは普通は呼ばない。具体的な層化の例については**表7-1**を参照。

表7-1 JGSS-2018における層化の例

大阪商業大学 JGSS 研究センター「第12回 生活と意識についての国際比較調査」（JGSS-2018）
　調査対象は2017年12月31日時点で満20歳以上89歳以下の全国の男女個人4,000人で，面接法と留置法を併用。有効回収は1,916人。転居や住所不明，死亡などを除いた3,527人に対して回収率（ユニット回答率）54.3%。
　住民基本台帳からの層化二段等間隔抽出法で，全国の市町村を，6つの都道府県ブロック（北海道・東北，関東，中部，近畿，中国・四国，九州）に，市郡規模で4段階（東京特別区と政令市からなる「大都市」，人口20万人以上の市，人口20万人未満の市，郡部）に分け，6×4の計24層としている。第1次抽出単位は国勢調査区の基本単位区とし，人口比例により267地点を抽出。各地点において12～16名を抽出している。予備対象は使用していない。
https://jgss.daishodai.ac.jp/surveys/sur_jgss2018.html

各層の母集団人口（上段）・対象者数（下段左）・地点数（下段右カッコ内）

	大都市	人口20万以上の市	人口20万未満の市	郡　部	計
北海道・東北	2,452,975 96(6)	2,402,907 94(6)	4,806,564 188(12)	2,168,657 85(6)	11,831,103 463(30)
関　東	13,885,883 544(37)	7,992,684 313(21)	11,045,685 433(29)	1,567,489 61(4)	34,491,741 1,351(91)
中　部	3,665,048 143(9)	4,076,259 160(10)	9,136,844 358(24)	1,730,889 68(5)	18,599,040 729(48)
近　畿	5,150,646 202(13)	4,901,612 192(13)	5,547,104 217(14)	946,681 37(3)	16,546,043 648(43)
中国・四国	1,490,978 58(4)	2,550,976 100(7)	4,099,863 161(11)	986,231 39(3)	9,128,048 358(25)
九　州	2,541,674 99(7)	2,412,352 94(6)	4,961,487 194(13)	1,638,621 64(4)	11,554,134 451(30)
計	29,177,204 1,142(76)	24,336,790 953(63)	39,597,547 1,551(103)	9,038,568 354(25)	102,150,109 4,000(267)

出誤差[13]）は生じ得るが，それは標本抽出分布の標準誤差という形で統計学的に扱え，推測に活用できる。しかしこれは，全体から部分を抽出して調べることから生じざるを得ないまったくの偶然の標本誤差だけにいえることで，調査にはほかにもさまざまな**非標本誤差**（非標本抽出誤差）が存在している（非標本誤差については吉村［2017］がまとまっている）。カバレッジ誤差や選択バイアスはそ

---

13)　標本誤差は英語では sampling error であり，標本抽出誤差と表記した方がより正確にも思える。第11章では sampling distribution をあえて標本抽出分布と訳しているが，ここでは慣習にならって標本誤差としておく。

の代表であり，調査対象者のある一定の層が調査に協力しない傾向をもつ場合の無回答による誤差やバイアスも，回収率が低下している現在では極めて深刻である（→ 発展 3）。

　ほかにも，サンプリング台帳から作業用紙に転記する際の転記ミス（年齢や性別の見間違いなど），面接調査で調査員が間違った手順や解釈で質問してしまう誤り，郵送調査で回答者が質問を読み違えて回答する誤り，そして調査票回収後にその情報をコンピュータに入力する際の入力ミスなど，標本誤差とは別のさまざまな誤りが混入し，標本統計量が母数からずれていく誤差の原因となってしまう。これらを一括して非標本誤差と呼ぶが，この誤差に統計学的に対処することは難しい。これらの誤差が大きいほど，実際に得られた標本は無作為標本からかけ離れていき，統計的推測の信憑性を低下させてしまう。せっかく科学的な標本抽出方法を用いても，非標本誤差を小さくする努力をしなければ，結果としては無作為標本とみなせなくなってしまう。

　これらの誤差に対処するには，質問文や選択肢はわかりやすく，誤解のない表現，意味の明確な表現を用いる，調査票の構造を複雑にしない，調査員は事前に調査票の内容や構造をよく理解し適切な手順を守って面接を行う，事前の挨拶や調査の趣旨の説明を丁寧に行い，迷惑にならない限度で調査協力依頼を繰り返して回収率を上げる，データ入力は並行して二重に行い入力ミスのチェックと修正を行うなど周到な作業が必要である（→第8章，第9章）。国勢調査のような大規模全数調査は，標本調査ではないので標本誤差は存在しないが，調査員の数も約70万人と大規模であり，それらの調査員の訓練や作業の管理が極めて困難な課題となる。よほど単純な調査票ならかろうじて可能だが，詳細な学術調査をそうした全数調査で行おうとすると，調査員の質のバラツキや管理運営上のミスのために，非標本誤差が非常に大きくなってしまって，全体として標本調査よりも誤差がひどくなってしまう可能性がある。調査は，こうした種々の誤差の全体を視野に入れて，誤差の総体を最小化するという TSE の観点（→第8章 発展 4）から計画・実施されることが望ましい。

発 展　*Advanced*

Ⅰ　名簿を使わないサンプリング

　名簿を使わないサンプリング方法については，新・盛山編［2008］第5章などを参照。近年急速に普及した **RDD 法**（→第5章 [基礎] 2）は，電話帳はおろかいかなる名簿も使わない。従来型の調査は，面接・郵送・電話にかかわらず対象者の名前くらいは知ったうえで調査に行くのに対し，RDD 法は名前も性別も年齢もわからない人のところにいきなり電話する点でも独特である。この RDD 法を **CATI** と併用すれば，標本抽出から質疑応答，そしてデータ入力までが極めて短時間で完了させられる。

　エリアサンプリングと呼ばれる抽出方法も，調査の開始時には名簿が存在しない手法である。まず地点を選び出し，選ばれた地点に実際に出かけていって住戸・世帯のリストを自前で作成する（現地リスティング）。日本では国民の名簿が比較的よく整備されてきたためにこうした工夫はこれまで余り必要とされてこなかったが，欧米ではよく使われてきた方法であり，日本でも今後注目されるようになるかもしれない。

　住戸・世帯を抽出した場合には，そのなかの誰に回答を依頼するかが問題になる。たまたま応対してくれた成員に回答してもらうと，自宅にいることの多い主婦や高齢者に偏る危険があるので，その世帯に何人の有資格者がいるかをたずね，乱数を用いてその中から無作為に回答者を決める。こうした工夫は RDD の場合にも必要になる。

2　系統抽出の実際

　実際の系統抽出は，層化抽出および多段抽出と一体化した形で行われる。まず第一段階で地点を抽出するが，地点は似たもの同士を層化したうえで，抽出確率をその地点の人口に比例させる（→[基礎] 5）。地点の並べ方を工夫したうえで，各地点に人口数に応じた範囲の連番を割り当て，その連番表について系統抽出を行うと考えるのである。すべての地点が一列に並んだ表を作成し，それぞれの地点がその人口数に応じた範囲の連番をもつとすれば，この連番について単純に（選び出す予定の地点の数だけ）系統抽出を行うだけで，層化しつつ多段抽出する効果が得られる［新・盛山編 2008：117-8］。

　連番の数字は母集団の大きさに対応するから，成人全体を対象とすれば1番から1億番くらいまでを割り振ることになる。地点数を500と多めに設定しても抽出間隔は1億÷500＝20万にもなる。1地点の規模は20万人よりもはるかに小さいので，同じ地点に含まれる複数の番号が抽出される心配はない。**表7-2**と**表7-3**では，平成27年度国勢調査データを用いて，全国の18歳以上の人口106,146,894人から300地点×15人＝4,500人を層化多段無作為抽出する場合の，第一段階である地点の層化系統抽出の仕方を概説した。**表7-2**では，層を「東京23特別区と政令指定都市（横浜・大阪・名古屋・札幌・福岡など2012年4月現在で20市）」，「人口25万以上の市」，「人口10万以上の市」，「人口10万未満の

市」,「町村」の5つに分けた場合の300地点の各層への比例配分と,1地点の対象者数を15人で一定にした時の各層の調査対象人数および層の人口規模に対する抽出比率を示した。「特別区・政令指定都市」の18歳以上人口が全国の18歳以上人口に占める割合は29.1％であるので,全300地点の29.0％に当たる87地点をこの第1層に割り当てる。他の4つの層にも同様に,人口に比例した地点数を割り当てる。調査員が直接訪問する方法を想定して,1地点での対象者人数を15名に固定すると,それぞれの層に割り当てられた地点数の15倍がその層における対象者総数になる。第1層では,87地点×15人＝1,305人となる。第1層では,30,842,768人の18歳以上人口がいて,そのうち1,305人が対象者として抽出されるので,抽出比率は1,305÷30,842,768×1000＝.0423‰となる。すべての層について抽出比率を計算すると,ほぼ同じ数値となることが確認できる。

表7-3では,層1で87地点を確率比例系統抽出で選び出した例を示している。まずはそれぞれの特別区・政令市に,人口に対応した番号を数値範囲として与える。リストの最初の千代田区は1番から始まり,人口と同じ48,712番で終わる。つまり,1から48,712の範囲の数字は千代田区に対応させるのである。次の中央区は48,713番から始まり,170,648（＝48,712＋121,936）番で終わる。48,713～170,648の範囲の数字は中央区に対応する。このようにして,最後の熊本市まで数字を範囲として対応させる。最後の熊本市の終番号は,第1層の18歳以上人口の総数になっている。第1層の18歳以上人口総数を,割り当てられた地点数である87で割った数字の354,515が抽出間隔となり,スタート番号は354,515以下の自然数を無作為に選ぶ。**表7-3**の例では89,595がスタート番号として選ばれ,そこから354,515ごとに87個の番号が系統的に（等間隔で）選ばれている。この数字を含む範囲の特別区・政令市から国勢調査区または町丁字のような地点（第一次抽出単位）を選び出すのである。横浜のように抽出間隔よりはるかに人口の多い区市には複数の数字が該当するので,その数だけ地点を抽出する。そして,選び出された各地点の中で個人（第二次抽出単位）を系統抽出する。

系統抽出は主に名簿からの転記の手続の簡略化・コストの軽減のためであったが,実際にはこのように地点抽出にも適用でき,地点の並べ方によって層化の効果を発揮すること,すなわち標準誤差を小さくすることが可能なのである。

3 事前の重みづけと調査後の調整

対象者の一部をわざと等確率でなく抽出する場合もある。たとえば,全国の成人対象の調査で,特に20代男性について詳しく分析したいとしよう。全年齢層の男女を等確率で抽出すると,そのなかに含まれる20代男性の数が少なくなって詳細な分析に耐えないことがありうる。この場合,最初からあえて20代男性のみ抽出確率を高くし（たとえば他のカテゴリーの2倍）,抽出人数を他のカテゴリーよりも多くして,20代男性だけについての詳細分析ができるように設計する。これを**オーバーサンプリング**という。このままでは全年齢層や男女混合の集計をする場合には20代男性の回答が過剰に反映されるので,

表7-2　層化と地点数の比例割当

層番号	層	18歳以上総人口	地点数	対象者数	抽出比率
1	特別区・政令指定都市	30,842,768(29.1%)	87	1,305	.0423‰
2	人口25万人以上の市	21,775,883(20.5%)	62	930	.0427‰
3	人口10万人以上の市	21,301,225(20.1%)	60	900	.0426‰
4	人口10万人未満の市	22,986,474(21.7%)	65	975	.0424‰
5	町　村	9,240,544(8.7%)	26	390	.0422‰
	全　国	106,146,894(100%)	300	4,500	.0424‰

※対象者は1地点あたり15人で固定。平成27年度国勢調査の人口総数から算出。平成28年6月より選挙権年齢が18歳以上に引き下げられたことを考慮して，この表でも18歳以上を対象にした。

表7-3　第1層での地点の確率比例系統抽出の一例

	18歳以上人口	連番始点	連番終点		抽出番号	
千代田区	48,712	1	48,712			
中央区	121,936	48,713	170,648	89,595		
港区	208,928	170,649	379,576			
新宿区	292,626	379,577	672,202	444,110		
文京区	184,154	672,203	856,356	798,625		
台東区	175,054	856,357	1,031,410			
⋮	⋮	⋮	⋮			
板橋区	477,056	5,292,775	5,769,830	5,407,320	5,761,835	
練馬区	612,161	5,769,831	6,381,991	6,116,350		
足立区	564,285	6,381,992	6,946,276	6,470,865	6,825,380	
葛飾区	379,626	6,946,277	7,325,902	7,179,895		
江戸川区	564,329	7,325,903	7,890,231	7,534,410	7,888,925	
札幌市	1,669,411	7,890,232	9,559,642	8,243,440 / 9,306,985	8,597,955	8,952,470
仙台市	880,173	9,559,643	10,439,815	9,661,500	10,016,015	10,370,530
さいたま市	1,046,775	10,439,816	11,486,590	10,725,045	11,079,560	11,434,075
千葉市	808,075	11,486,591	12,294,665	11,788,590	12,143,105	
横浜市	3,130,323	12,294,666	15,424,988	12,497,620 / 13,561,165 / 14,624,710	12,852,135 / 13,915,680 / 14,979,225	13,206,650 / 14,270,195 / 15,333,740
⋮	⋮	⋮	⋮			
名古屋市	1,915,148	19,184,776	21,099,923	19,233,405 / 20,296,950	19,587,920 / 20,651,465	19,942,435 / 21,005,980
京都市	1,230,770	21,099,924	22,330,693	21,360,495	21,715,010	22,069,525
大阪市	2,287,087	22,330,694	24,617,780	22,424,040 / 23,487,585 / 24,551,130	22,778,555 / 23,842,100	23,133,070 / 24,196,615
⋮	⋮	⋮	⋮			
福岡市	1,267,927	28,968,152	30,236,078	29,159,825 / 30,223,370	29,514,340	29,868,855
熊本市	606,690	30,236,079	30,842,768	30,577,885		

※抽出間隔は30,842,768÷87≒354,515，開始番号は1〜354,515から乱数を発生させて89,595を得た。抽出番号は全部で87個（＝地点の数）。人口規模の大きい区市にはそれに応じて多くの地点が割り当てられる。たとえば横浜市からは9つの地点（国勢調査区など）を抽出することになる。

20代男性の回答を0.5人分と重みづけ（**ウェイトバック**）して集計する。基礎では単純化のために，すべての個人を等確率で抽出する方法と確率標本抽出を同義のように述べたが，等確率ではなくともすべての個人の抽出確率が明らかであれば，このウェイトバックによって調整することができる。よって正確には，等確率であるか否かにかかわらずすべての個人に付与される抽出確率が明らかである抽出方法を確率標本抽出法と呼ぶ。

　近年日本でもよく聞く**ウェイト付け**はこれとは少し異なる。確率標本抽出で**設計標本**（計画標本）を得たとしても，実際に調査に回答してくれる人は全員ではない。たとえば，20代男性の回答率が他のカテゴリーの半分であれば，結果としてえられる**回収標本**（**有効標本**，英語では単に回答者 respondents）には，20代男性は本来の半分の割合しか含まれない。このまま集計すると20代男性の意見や生活様式が過少に表れる。このため，性別や年齢などによって対象者をいくつかのカテゴリーに分け，それぞれにおける回収率を計算して，その大小を相殺する倍率をかけるという操作を行うことがある。上の例では，20代男性の回答のみ，1人の回答を2人分とみなして集計するのである。これを調査後調整としての（事後的な）ウェイト付けという（単に補正ともいう）。ただし，事後的なウェイト付けが誤差を低下させる保証は必ずしもない。調査に協力した人の回答だけが重み付けられるので，回答しなかった人との相違が大きい場合には，むしろ誤差が拡大する危険すら存在する［Fowler 2014 : 136］。そのため，事後的ウェイト調整ではなく調査員への指導の充実や回収率向上に向けての努力などで対処すべきとの立場もある。さまざまなウェイトについては De Leeuw et al. eds.［2008 : 317-41］を参照のこと。

練習問題

① 　研究者の行った学術調査や政府の行った世論調査などの既存の調査のなかからいくつかとりあげ，どのような標本抽出法を用いているか調べてみよう。

② 　関心をもっている母集団の名簿が存在しないような具体的な状況を想像し，どのような標本抽出法が望ましいか，あるいは可能かを考えてみよう。

③ 　政府統計の総合窓口 e-Stat において，「統計データを探す」の「分野」→「人口・世帯」の中の「国勢調査」→「平成27年国勢調査」の「ファイル」と辿り，「人口等基本集計（男女・年齢・配偶関係，世帯の構成，住居の状態など）」の「全国結果」→「男女・年齢・配偶関係」の3-2の csv ファイルをダウンロードし，**表7-3**で省略されている東京特別区（世田谷区や渋谷区など），政令指定市（静岡市や新潟市など）の18歳以上総人口を自分で計算してみよう。（2020年11月現在20市ある政令指定市と23の東京特別区について，**表7-3**の省略部分を自分で補えれば，確率比例系統抽出の演習ができる。令和2年の国勢調査の結果は2021年11月末に公表された。）

杉野　勇

調査の実施

郵送法・個別面接法・インターネット調査

> **基 礎** *Basic*

　本章では**実査**（現地でのデータ収集の実施）について，適切な遂行のポイントを説明する。この時点で既に調査デザインを確定し，実査の方法（モード）を決めている。そしてサンプリングを終え，選択した調査モードに対応する調査票を完成しているはずである。いよいよ実査の準備と実施である。**基礎** では郵送法を，個別面接法とインターネット調査を **発展** で説明する。

① 郵送法実査を運営する

　郵送法は，調査票の配布・回収を，郵便を用いて行う方法で，自記式調査票が用いられる。第 5 章で説明された通り，この方法には，コストが低い，プライベートな事柄でも比較的質問がしやすいが，複雑な形式の質問がしにくい，回答者の本人確認がしにくいなどの特徴がある。こういう性質があることを前提に，「調査の質」を高めるためのポイントを説明していきたい。

　従来，郵送法は個別面接法よりも回収率が低いとされてきた［安田・原 1982：12］。だが適切に実施すれば，個別面接法とほぼ同等の回収率を得る可能性がある。アメリカでは以前から，郵送法の総合的工夫（TDM＝Total Design Method）が提案されてきた［Dillman 1978；Mangione 1995＝1999］。具体的な工夫を積み重ね，総合すれば回収状況の大きな改善になるという実践の理論である。日本でも，はやくは間々田・西村［1986］が郵送法の可能性を指摘し，林［2006］や松田［2013］のように方法論的研究がまとめられるに至っている。以下の説明は，これらの研究による知見や，筆者自身の経験に基づいている。

② 郵送法の手順

2-1 事前予告

　調査対象者に対して調査票を郵送する前に，その予告をして心構えを築けるよう，しばしば**事前予告状**を送付する。研究からは，事前予告状の送付によって回収率（返送率）が向上することが明らかとなっている［林 2006：150-2; Dillman et al. 2014：373; 松田 2013：113-4］。本章末に，事前予告状の例を示した。事前予告状では，少し後に調査票一式を送ること，重要な研究に協力してほしいこと，疑問点があれば遠慮なく問い合わせてもらいたいことなどを手短に記す。事前予告の段階で，そう多い件数ではないが，問い合わせの電話がかかってくる。調査内容についての質問や，何か怪しいものではないかという確認，回答の拒否などである。このため**電話対応**の準備をしておく必要がある。同時に調査のホームページを作成し，その URL を事前予告状や次項で述べる調査依頼状に記載しておくと，調査への信頼をより高めることができる。

　回答拒否が告げられても，できるだけ協力してもらえるようにお願い（説得）をするのだが，無理をしないで，調査票の送付対象から除くことが適切である場合も多い。電話対応の記録をきちんと残して，**対象者名簿**の管理を行わなくてはならない。回答拒否をこちらで了解したはずなのに，誤って調査票を送付してしまえば，対象者は気分を害してしまうだろう。

　郵送法では対象者とのコミュニケーションの機会がかぎられている。少ないチャンスを活かして，調査に好ましい印象を与えたり，印象を改善したりしなければならないので，あらゆる努力をするように心がけなければならない。例として，封筒の宛名書きについて述べよう。宛名書きは，対象者名簿を電子的に入力し，**宛名ラベル**を作成して貼付することも多いが，氏名や，郵便番号，住所を**誤記**してしまうことがある。氏名に誤りのある郵便物に，自分がどういう印象をもつか，想像してみよう。氏名に旧字体を用いる人もあり，宛名書きには特に気を配って，何度もチェックした方が良い。ラベルを斜めに歪めて貼っても平気，多少汚れていても気にしない，というこちらの配慮のなさが，結

果として，対象者の協力の気持ちに影響を与えてしまうかもしれない。

2-2　電話での応対

　学生はビジネスコミュニケーションの経験が少ないため，すぐにうまく電話で応対することが難しいかもしれない。ビジネススキルの本には，一般的な電話応対の仕方が書かれているので，参考にして練習すると良いだろう。電話を受けたら，まずこちらから名乗るとか，連絡のお礼を述べる，自分の権限を超えることについては上位の責任者に確認するために電話をかけ直すことがある，相手の話す内容を復唱する，とかいった一般的な作法のことである。

　調査対象者からの電話内容は，ある程度予測可能だから，応対マニュアル（想定問答集）を作っておくことができる。「なぜ自分が対象者に選ばれたのか」「調査の目的は何か」「何が質問されるのか」「どうしても答えなくてはいけないのか」というような疑問，（家族の方から）「対象者が長期不在である」「病気等で回答できない」という連絡，「本当に大学が実施しているのか」というような確認が予想できる[1]。また，のちに行う督促状（催促状）の送付後に，苦情の電話がかかることがある（「何度もしつこい」など）。事実をていねいに説明して，自発的な同意が得られるように努力すべきであるし，結果的に回答拒否となる場合でも，双方にストレスなく，やりとりが終えられるのが理想的だ。

2-3　調査票と依頼状の送付

　次はいよいよ調査票の郵送である。調査票と同封するものには，**①調査依頼状**（依頼状），**②返送用封筒**，場合によって，③その他の資料がある。

　①依頼状では，事前予告状を踏まえたうえで，調査名称，調査目的，調査の責任主体と連絡先，対象者の範囲と選び方，秘密の保持，そして最も大切な返送方法と期限について説明する。頭語・結語や時候の挨拶といった手紙一般のマナーもとりいれ，そして簡潔であるべきだ。

---

1)　対象者選定の理由は，無作為抽出による調査であれば，そのまま「無作為」「くじ引きの方法」と説明すれば良いだろう。また，回答は強制ではまったくないことを正しく理解してもらうべきである（インフォームドコンセント）。大学の研究室が行う調査では，問い合わせが，調査担当の電話番号ではなく，大学の代表電話になされることがあるので，調査実施について関連部署・機関にあらかじめ連絡しておくことが望ましい。

調査票の表紙でも対象者への説明を行う。調査票の表紙では，回答の仕方のほか，本人のみが回答すべきこと，回答拒否の自由があることも述べるし，調査の責任主体と連絡先，秘密の保持，返送期限などの内容を重ねて強調しておく。調査票が返送されたのちには，依頼状が対象者の手元に残ることを念頭において両方を整合的・補完的に作成したい。

②返送用封筒には，必要な料金分の郵便切手を貼付する。国内外の研究ともに，料金受取人払いを使用するよりも，切手貼付の方が回収率が高くなるとしている。封筒には当然，返送の宛先を記しておく。封入口に両面テープをつけておくと，のりづけする手間が省けるので，親切である。

③その他の資料の例としては，先の想定問答集を元にして作成した，「よくあるご質問と回答」をまとめた文書が考えられる。Ａ４判で４ページ程度と長くなるが，冒頭に「必要に応じてお読みください」とすればよい。また調査組織がこれまでにあげた成果を簡単に紹介するリーフレットもありえる。いずれも調査プロジェクトの重要性・有用性の根拠を示して，信頼感を高め，協力への動機づけに寄与するだろう。

このように何種類もの送付物があるので，入れ忘れがないように，封入・発送作業（袋詰め）はきちんと準備したうえで行いたい。単純作業にも，正確に行うための上手な段取りがある。また，調査票をはじめ，送付物の「本職仕上げらしい印象」は，回収率や質の向上に貢献する［Mangione 1995＝1999：119-30］。送付物は種類も量も多いので，それぞれの作業段階で必要な物品が確実に揃っているように，スケジュール管理にも気をつけよう。

2-4　回　　収

思ったよりも早く，返送の第一弾が届くものだ。到着順に，回答の記入状態を点検し，対象者名簿に回収済みのチェックを入力して，回収状況を随時把握していく。日本では郵便の到達率が高いが，「転居先不明」や（住所に）「尋ねあたらず」などの理由で，郵便局から差出人に戻ることがある。住所等に誤記がない以上，さらに探索する簡単な方法はないので，配達不能理由がわかるように，対象者名簿に記録しておくのが良い。

ここで，なぜそれぞれの対象者からの回収状況がわかるのかを考えて欲し

い。それは，調査票に，回答者と名簿とを照合するための情報が記されているからである。送付の段階で調査票に**ID 番号**を記す方法がよく用いられる。こうする理由には，ふたつある。第1に，未返送者にだけ，あるいは既返送者にだけ行うべき連絡作業があるからである。第2に，自記式であるために，家族など，本人以外の人が回答することも可能なので，名簿上の情報（性別や年齢）を利用すれば，最低限の「回答の本人確認」を行なえるからである。[2]

しかし，対象者が調査票と回答者が紐づけられることを強く警戒することも考えられる。極めて個人的なこと（センシティブな質問）をたずねる調査，たとえば，犯罪被害や性的経験をたずねる調査はその典型であろう。本人確認をあきらめるものの，既返送者を特定できるという「郵便葉書法」[Mangione 1995 = 1999:95-6; 林 2006:179] がある。これは，回答者が返送する際に，完全匿名の調査票と別便で，返送通知葉書（記名）を同時に投函してもらうというやり方である。筆者らの経験でも，この方法に一定の有効性が確認できた[溝部・轟 2008]。プライバシー保護に関する意識の高まりで，ID 番号を付す方法を容易には採用しづらくなっており，必要性を考慮して判断しなければならない。アメリカでは ID 番号を付す理由と取り扱いについて依頼文で説明し，同意を得るという正面突破作戦が標準的なやり方のようである[Dillman et al. 2014:389]。

回収した調査票を，**回収原票**（または単に**原票**）という。[3] あたりまえのことだが，回収原票は決して紛失することのないよう確実に管理する。秘密を守るために，目につきやすい場所に無造作に放置してはいけない。対象者名簿と別々の場所で，セキュリティに注意して保管する。これはコンフィデンシャリティ（個人情報保護）という調査倫理の原則を守るために必要なことである（→第13章）。

2-5 督促（催促）

調査票と依頼状に記した期限までに届かなくても，対象者が忘れているだけ

2）　本人になりすまして性別や年齢を回答しているケースを発見するのはこのやり方でも不可能だが，単に勘違いして，別の人が答えた場合などを無効とすることができる。

3）　原票とは「入力する元となるデータが書かれた伝票」のことである。回収した調査票のなかにはあとで無効と判断して，データ入力しないものも出てくるが，ここではそれも含めて，回収原票と呼んでおくことにする。

なのかもしれない。再度お願いをすることで，回収率を高めることができる。この目的で送付する依頼状を**督促状**（reminder）と呼んでいる。「督促」とはいかにも重々しく偉そうであり，今日では別の表現が適切だと思うが，慣例にしたがって本書でも督促状と記すことにする。筆者は通常，新たに設定した返送期限を記して，督促を一度行うことを基本にしている。

　郵送法調査の返送パターンの研究では，督促によって回収率が大きく高まることがわかっている。マンジョーニ［Mangione 1995＝1999：92］は，1回目の督促で，それまでの回収量の約半分を得ることができるとしている。筆者の経験でも，1回の督促後に10〜20％ポイントほど回収率が向上する。協力意思があっても回答や返送を忘れたり，気になりながらも放置しているケースに効果があると思われる。督促状を受け取った人から，調査票を紛失したり汚損したのでもう一度送付してもらいたい旨のありがたい連絡があることもある。

　しかし，協力意思がない人は，督促状で強い不快感を抱く可能性があり，少数ながらも抗議の反応があることを覚悟しなければならない。マンジョーニ［Mangione 1995＝1999：92］は，目標返送率が75％なら3回の督促を計画すべきだとしているが，この回数は現在の日本では非常にリスキーだと思われる。

　このように督促には対象者の感情的な問題が伴うので，督促状はその時点での未返送者にのみ送るべきである。回収を完全匿名で実施している場合には，督促状は全員に送らざるを得ないが，そのことを文面で明確に説明すべきだ。

　督促の仕方には，さらに検討すべきことがある。返送期限前に送付するか（アメリカではこちらが標準のようである），期限がすぎてからにするか（筆者は，対象者に急かしている印象を与えないように，こちらを採用している）。2回目の督促を行うかどうか。督促状の具体的な文面をどのようにするのか。葉書を使用することが一般的であるが，それで良いか。実際の調査では，これらについて決めなければならない。

　そののち回収の終了を迎える。期限をかなりすぎてから，返送されてくる場合がある。これを有効な回収とみなすかどうかは，調査の具体的内容によるだろう。郵送法は，調査期間が長くかかる方法なので，許容の幅はある程度広いが，どこかを回収終了時点とすることは決断しなければならない。

2-6　フィードバックとお礼

　調査票を返送してくれた人たちに対して，受領の連絡とお礼を伝えるために郵便を送ることは礼儀にかなっている。しかし，どのタイミングで行うかについては，いろいろな判断があり得る。回収次第，その都度にお礼の郵便を送るやり方は，回収状況の管理が徹底していないとミスを起こしやすい。

　筆者は，調査対象者が関心をもちやすい質問項目の集計と，説明や解釈の文章を付した調査レポート（せいぜい10頁程度のもの）を作成し，受領の連絡と，協力へのお礼を兼ねて，郵送することにしている。受領の連絡としては時期が遅くなってしまうのが難点だが，回答協力が意義をもつという事実が伝わり，回答者が自らの協力行動について，良かったと考えてくれることを期待している。また調査依頼の時点で，協力者には調査レポートの送呈の約束をすれば，調査実施者へのある種の信頼を獲得できるかもしれない。[4]

　関連して，**謝礼**について述べておこう。実は，調査協力への謝礼が高額なほど，回収率が向上していくというわけではない。高い謝礼の約束が，調査への疑念を高めることもあり得る。適切な謝礼は回収率を高める効果があるが，調査依頼時に渡すか（前渡し），回答協力後に渡すか（後渡し）によって度合いが異なるようである。[5]謝礼を物品にするか金銭にするか（アメリカでは金銭を用いることが一般的なようで，日本とは異なる），どのような物品が適切なのか，などの点も含めてなかなか難しい。特に郵送法では，渡し方，タイミングが制限されるので，筆者としてはいまのところ，既述の調査レポート（お礼報告書）の送付が学術調査でのひとつの方法として適切ではないかと考えている。[6]

　以上，郵送法実査について説明してきた。読者のみなさんには，これを叩き台として，調査対象者と調査者の良好なコミュニケーションを可能にする具体

4）　しかし，林［2006：164-7］は，これまでの実験的研究では，調査報告書を送呈するという約束が返送率を高める効果は見られないと述べている。
5）　前渡しは回収率を高めるが，協力していない人にも謝礼が渡ってしまう問題がある。
6）　調査者が所属する機関の会計的な物品管理規則に従い，謝礼品の渡しかたを検討する必要がある。ただし規則が調査謝礼の受け渡しを想定していない場合もある。対象者から受け取りのサインをもらうなど，謝礼の慣例にそぐわない規則例もみられ，一般に，手続きコストが大きすぎるという問題がみられる。

的な工夫を考案していってもらいたい。良いコミュニケーションの様式は，時代と共に変化していく。従来の方法をそのまま踏襲すればそれで良いとは考えず，批判的に見直して，方法を絶えず更新していくことが大切である。

郵送法にもいろいろ注意点があるんだなあ。
次は，直接訪問して行う個別面接法と
インターネットを使った調査の説明だよ。

発 展　*Advanced*

Ⅰ　個別面接法実査を運営する

　個別面接法とは，**調査員**（面接調査員）が対象者を訪問し，調査票にある質問を読み上げ，回答を調査票に記入するという手法である。第5章で説明されたように，この手法のメリットとして，対象者の本人確認ができる，対象者の理解度によって質問への補足説明が可能である，調査票に複雑な構造（複数のスクリーニング質問など）がある場合にも対応できる，回収率が相対的に高いなどの点がある。他方，デメリットとしては，多くの人件費・交通費がかかる，調査員管理が必要となるなどの点がある。

　近年アメリカ等では，テクノロジーの発達により，調査員が対象者を個別に訪問する手法でも，その先のやり方が多様になっている。第5章で紹介したが，回答入力にラップトップコンピュータ等を使用するCAPIや，コンピュータの画面表示に加えて録音音声を使用するACASIが行われている。[7] このように調査員が対象者と空間を共にする方法でも，関与の度合い，相互作用のレベルが多様になっている。しかし本節では，これまで同様，現在も日本で主要な手法である，口頭で調査員が対象者とやりとりし，回答を紙ベースの調査票に書きとるというやり方を中心に説明する。

Ⅰ-1　事前の準備

　個別面接法の実査を開始する前に行うべき最も重要な準備は，調査組織（実施責任者）からの調査員への指示・説明である。誰が調査員となるのか。多くの学術調査では，民間の調査会社と契約して，会社が雇用しているプロの調査員を用いたり，学生調査員をリクルートしたりする。両者を併用する場合もある。とにかく実査に必要な人数を確保しなければならない。ここでは，経験の少ない，学生調査員を用いる場合を想定して説明していこう。その方が実査の運営上のポイントがわかりやすいだろう。[8]

　調査員への説明をきちんと行うためには，その前に必要な調査用具を揃え，**調査員マ**

7）　ACASI（Audio Computer-Assisted Self-Interviewing）は，対象者自身が回答入力するので，自記式の調査である。録音音声の使用の有無に関わらず，自記式の電子調査票を用いる方法をCASIという。

ニュアルを作成し，説明会（調査員インストラクション）の開催を準備する必要がある。用意する道具とは，調査票，回答リスト，担当する対象者の名簿のほか，調査依頼状（訪問の際に手渡しするもの），住宅地図のコピー，不在時に残す訪問通知，謝礼，記入用具などである。説明会では，調査員マニュアルを使い，調査の責任主体，目的，デザイン，実査期間，面接の実施手順，調査票の構造・質問の意図，回答記入の仕方，調査不能・拒否の取り扱い，進捗の中間報告のしかた，回収原票の受け渡し手順などについて，調査員に十分理解してもらう。かなり長い時間をかけた説明が必要となる。

1-2　調査員のトレーニング

　調査員の仕事は，人によって向き不向きがあるように思う。採用の際に，最低限の要請として，書かれている質問文を正確に読みあげることができるか，その人は信頼できるように見えるかどうかを確認する必要がある。

　適切に調査員の業務を遂行するには，さらにスキルが必要である。初心者には，調査員の一般的役割を伝えなければならない。また，すべての調査員が，今回調査の実査の方針，調査員への要求事項を把握し，それに従って実務を遂行しなければならない。そのために，調査員のトレーニングを行う必要がある。まず大切なのは，調査員にも，実査を管理する目的が調査の質の向上にあるという点を理解してもらうことである。回収率が高いことは望ましいが，それを追求するあまり面接時間を短く済ませてしまって，回答が不正確になれば，調査目的を達成できない。この点で調査組織がどのような方針をもっているのかについて，きちんと調査員に説明しておくべきである。

　調査員の仕事は，①対象者と接触し協力の意思を得ること，②面接を実施することのふたつである。日本人の生活時間や住居形態の変化で，対象者との接触自体が難しくなっている。対象者が深夜まで帰ってこない，セキュリティが高く，建物のなかに入ることすら難しいなどの場合がある。また，本人に会う前に家族から断られることもある。このような「接触不能」で**無回答**となりやすいケースに，何度まで再訪問すべきかを指示し，接触率を高めるノウハウ（たとえば，属性別に在宅可能性の高い時間帯など）があれば，調査員に伝えておく。対象者と接触できても，回答拒否の意思を告げられたり，調査について質問されたりする場合がある。回答協力を得るためにどのように対応すべきか。標準的対応を用意できるなら，整理して調査員に伝えておく。

　協力が得られることになったとして，面接の実施場面での方針も，調査員に指示して

8）　学生調査員を用いることは，以前と比べて，とても難しくなった。いろいろな理由があるが，「教育サービスの消費者である学生が，研究を手伝う」という構図を，学生自身が受容しにくいことも背景にあるように思われる。それゆえ，調査組織と学生の間で，謝金（アルバイト料）の事項を含め，仕事としての明確な約束をしておくことが，今日いっそう大事だ。ただ，支払いの望ましい基準を決めるのは難しい（出来高制？時給制？）。また，仕事ということになると，尻込みしてしまう人も，しばしばあらわれてしまう。

おかなければならない。たとえば，対象者から質問の意味についてたずねられたときにどうするか。ふたつの対応がある。第1は，調査員がアドリブを一切加えずに，調査票の通りに繰り返すことが重要であるとする対応，第2は，質問の意味を対象者が理解できるように，調査員の判断で説明を加えるという対応である。この場合はとくに調査員が質問と回答選択肢の意味を正確に理解していなければいけない。同じ調査票でも質問項目によって，どちらの対応をすべきか指定することもある。対象者からの回答を逐語的に書きとるか，調査員の判断である程度の編集を行って良いかも同様の問題である。

　調査組織が方針を示していても，調査員は想定されていなかった事態に直面する。そのため実査期間中，調査監督者や調査本部を置いて，調査員が相談できる体制を築くべきだ。それでもなお，自身の裁量で対応すべき場面はあるので，調査員には臨機応変の能力が求められる。調査員は難しい仕事を担うのであるから，高いモチベーションを保持できるように調査組織は工夫と努力をしなければならない。

1-3　訪問と面接

　インストラクションのあと，調査員は担当の対象者への訪問計画を作成する。調査本部から対象者へ依頼状が送付され，調査員がある期間に訪ねてくることが伝わる。そのスケジュールにあわせて，すべての対象者に速やかに第1回の接触を試みるべきだ。現在では，googleマップやストリートビューで現地までの交通や費用，調査地の様子がわかり準備に活かせる。対象者が不在のときは，訪問通知のメモや家族に伝言を残し，調査員が訪ねてきたことを知らせる。残した連絡先に何らかの返事がもらえることもある。訪問の過程で，名簿の住所には住んでいない，転居している，長期不在である，病気・入院などの理由で回答ができないなどの事実がわかることがある。このときは，説明会での指示に従い，調査不能理由に応じた事務処理を行う。

　今日，無回答となる最大の理由は，**回答拒否**である。対象者に接触できても，拒否される場合がある。調査の目的や組織について説明し，説得によって協力に転じてもらえればたいへん望ましい（拒否返し）。再訪問したり，別の調査員に代えたりすることもある。しかし一般に拒否の態度を変更させることは難しい。また，説得による同意獲得の努力が無条件に望ましい訳ではない。無理に協力を求めて「てきとうに」回答されることは，データの質の点で望ましくない。回答拒否にどのように対応すべきかは，調査組織の方針に従うことになる。

---

9)　筆者の行った調査で，このようなことがあった。2週間の実査期間であったが，ある調査員から1週間経っても何の連絡がなかった。確認してみると，「2週間のうちのどこかで行けばよいと思っていた」という返事だった。調査員への説明が不十分であったし，確認のタイミングも遅かった。これは極端な例だが，調査員が病気等で訪問できなくなることもあるだろう。このような場合には速やかに本部や監督者に連絡すべきだ。

10)　依頼状を受けとってすぐに，調査本部に拒否を伝えてくる対象者がいる。調査員と調査本部の連絡は密にしておかなければならない。

協力意思を示した対象者には，インストラクション時の指示に従って面接を進める。他記式調査票では，対象者には調査票を見せず，質問を読みあげるとともに**提示カード**を示し，回答を調査票に書きとっていく。面接終了後にまとめて記入してはいけない。また，回答が家族などの影響を受けないよう，面接の場をコントロールすべきだ。対象者とのやりとりで回答を特定の方向に歪めないように，調査員自身も回答に反応を示したり，急かすような態度をとってはいけない[11]。

　質問が最後まで終わったら，質問漏れ・記入漏れがないかを確認し，面接を終了する。回収原票は，最初の一票を得た段階で，管理者からの点検を受けることが望ましい。思わぬ勘違いをしていて，指示通りの形式で回答を得ていないこともあるからである。この作業を，**初票点検**と呼んでいる。

　実査終了後，回収原票および調査票残部，回収状況を記した対象者名簿等を責任者に引き渡す。回収原票は紛失しないように，最後にまとめて渡すのではなく，各面接の終了時点で，その都度引き渡すこともある。回収原票の紛失は重大な問題となるので，調査員の段階でも保管に注意しなければならない。

1-4　調査員の管理

　調査員の仕事は監視下で行われているわけではなく，裁量に委ねられている部分があり，調査組織の指示通りに行わない者がでてくることもある。最も悪質なのは，メイキングと呼ばれる行為で，これは調査員による意図的なデータの捏造である。残念ながら，稀にこのようなことが起こりうるので，調査組織は不正行為をチェックできるしくみを用意しなければならない。たとえば，調査組織の側から回答者に，調査員の訪問の事実があったかの確認をすることがある（監査という）。また，調査員の活動記録（各対象者への訪問日時など）の提出を求めることもある。交通費の支給等のためにもともと必要な記録だが，そこから調査員の業務の様子を把握することができる。CAPIなどのコンピュータを用いた調査では，回答開始時刻などのタイムスタンプやGPSの位置情報の記録から，調査員の行動のデータを得ることが容易になる。

　調査員の相談体制を整えておくことも大切である。調査員は，対象者とのコミュニケーションの最前線にあり，つらいことを経験したり，危険まで感じることもあり得る。調査員の安全確保について調査組織は十分に考慮しておくべきである。調査組織と現場の調査員との良好な関係は，良い成果につながる。調査員からの声を取り上げて，調査票の構成や訪問・面接の進め方の改善に役立てることも大切である。

---

11)　調査員に起因する誤差は，調査員バイアス，調査員効果等と呼ばれる［Weisberg 2005：53; Groves et al. 2004=2011：303］。調査員と対象者の組み合わせで生じる効果もある。TSEの視点からの調査員効果の最新の研究としてOlson et al. eds.［2020］。

2 インターネット調査の技法

筆者らの研究グループはこれまでにインターネット調査を数多く試行してきた。この経験から、インターネット調査（とくに第5章 発展 2で述べたオンラインパネル調査）の実施上のポイントを紹介しておきたい。ウェブ法全般に共通する部分もあるので、Google フォームや Microsoft Forms といったアプリケーションを使って自分で電子調査票を作成する場合にも役立つはずだ。

① 調査会社の重要性：オンラインパネル調査では調査会社の役割が大きくなる。パネル保有数、パネルの維持や品質管理の方針、調査依頼のしかた、納品データの標準構成、各種パラデータ提供の可否などについて、事前に情報を得て適切な調査会社を選ぶ必要がある。安価だというだけでなく、学術調査の経験や、調査手法全般の国際規格 ISO20252 の認証取得、個人情報の取扱いが適切であると認定されるプライバシーマークの付与なども確認しておきたい。

② 電子調査票の作成：基本的な注意点は紙の自記式調査票（paper-SAQ）と共通する（→第6章）。調査会社の電子調査票システムを用いる場合、依頼の時に調査者は郵送法で使うような自記式調査票をつくって提出するとよい。調査者側はおおよその分量を把握でき、所要時間の予測がたてられるし（オンラインパネル調査の適切な回答時間は郵送法などと比べると短く10〜15分程度といわれている）、調査会社側は画面を作成する下図にできる。調査者が決めるべきこととして、(1)回答選択肢のフォーマット（ラジオボタン型、チェックボックス型、ドロップダウン型、マトリクス型、連続スケール型、文字入力型、数値入力型など）、(2)1画面にどこまで表示させるか（改画面位置の指示）、(3)スクリーニング質問による調査票の分岐（サブクエスチョン）やスキップ（→第6章 基礎 6-1）、(4)回答に漏れや矛盾がある場合、そのまま次の質問に進めるようにするか、それとも修正しなければ進めないようにするか、(5)これとの関連で、「わからない（DK）」を選択肢に入れるか、(6)質問や回答選択肢の無作為提示に関する指示、などがある。

(1)について、文脈効果やストレートライニング等のサティスファイシング回答（→第9章 基礎 4-1）を防ぎたければマトリクス型の使用は避け、可能な限り1画面に1問のみを表示する（ただし画面数が増えると作成料金が高くなりがちである）。(2)では、回答して次の画面に進んだあとは、前の画面に戻れない仕様が標準となっていることがある。この場合、回答者は前の画面の回答で思い違いをしたと気づいても、戻って修正できない。(3)について、特定の条件を満たす人のみに質問を表示したり、先の質問の回答に応じた質問や選択肢を表示したりできることは大きな利点である。(4)(5)について、矛盾回答のチェックができることも電子調査票のメリットだが、何を矛盾とするのかは想像より難しい（→第9章 基礎 4-1）。またチェックが複雑になると、調査者にシステマティックなプログラミングの発想が必要になり、準備の時間がそれだけ多く必要となる（→第9章 基礎 1）。回答されていない場合に次の質問に進めないようにすることもできるが、

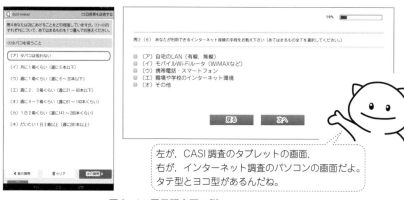

図 8 - 1　電子調査票の例
（モード比較調査　2014年，2015年）

調査対象者の「その質問には回答したくない」という意思の尊重という倫理的な問題に関わるし，「必須回答」ばかりであれば回答者の負担が増え，回答の中断（break-off）を増やすことにもなりかねない。そのためシステム上で項目無回答を許容するか否かを決めなければならない。回答漏れに対して注意を促す表示をし，それでも無回答であった場合には先に進めるという対応が可能なことがある。(6)質問文や回答選択肢の異なるバージョンをランダムに表示できることも大きな利点である。これを用いたサーベイ実験によって，ワーディング効果，質問順や回答選択肢順効果（→第6章 **基礎** 6-2，6-3，**発展** 1）の検証が可能である（サーベイ実験について詳しくは Lavrakas et al. eds. [2019]）。最終的に，調査者が調査票画面の動作確認をする。指定した条件が正しく反映されているかを確認するために，調査者側にそれなりの体制と時間が必要である。最近では回答にスマートフォンが多く用いられるので，スマートフォンでの表示を前提とした画面作成とチェックが求められる。

　近年では，Google フォーム，Microsoft Forms，Survey Monkey などの無料で使える電子調査票作成支援システムで調査票を作成し，すでに把握しているメールアドレス宛に回答依頼をする方法が，大学生を対象とした調査や企業の従業員調査など組織内人員を対象とした調査で用いられるようになってきている。自分でウェブ上に電子調査票を作成したうえで，そこに調査会社のパネルを誘導して回答を得るという方法も可能である。ただし，これらの作成支援システムは調査会社の標準システム同様，複雑な設計をすることは難しいし，パラデータを取得することもできない。有料ではあるが，クアルトリクス（Qualtrics，無料で使えるプランもある）のようなより柔軟な調査票設計およびサーバ側パラデータの取得が可能なアプリケーションも登場している。

③　対象者の選定と実査：対象者をオンラインパネル全体から無作為抽出する方法もあり得るが，この場合の回収率は高くはないようである。多くの調査では，国勢調査結果

や住民基本台帳人口を使って年齢，性別，居住地といった属性（またはその組み合わせ）で回収数を割り当て，条件に合致する人から回答を求めている。年齢，性別，居住地以外の属性を使って回収数を割り当てたい場合は，オンラインパネルの一部または全体にたいしてまずスクリーニング質問として提示し，回答してもらう必要がある。対象者の選定ののち，調査者があらかじめ設定した日時に，対象条件に合致した一定数のパネル構成員に回答依頼がメール等で配信されて，実査が開始となる。たいていは，割当数が回収された段階で実査の終了となる。

④　データの質について：調査会社がデータの質の点でどのような点検作業を行っているのか，調査者は把握しておくべきである。そして調査者も依頼メールの配信数，調査開始ページのアクセス数，回答中断数，回答完了数，回答所要時間等の情報を得て点検したり，ケースごとに項目無回答の数やストレートライニングをチェックしたりして，調査会社が納品したデータの質を早期に査定することが大切である。

　以上のようにオンラインパネル調査を実施するうえで調査者が検討し，決定すべきことは多い。こうした実施手順，注意事項も含め，さまざまな方法論的研究を重ねて，オンラインパネル調査の性質を明らかにする必要がある［Bethlehem and Biffignandi 2012］。

3　実査の「良い結果」とは

3-1　回収率について

　実査の成果の良し悪しを判断する上でよく言及される数値に，回収率がある。回収率にはいくつかの算出法がある。[12] 分子にあたるのは，**有効票**の数である。回収原票のなかには，調査目的にとって本質的な回答が何も得られていないものも含まれており，これらは**無効票**とされる。つまり，**回収数**と有効票数（有効回収数）は等しくない。有効票とする基準は，調査組織が明確に定めなければならない。実際に有効票数が確定するのは，第9章で説明する「エディティング」の段階となる。回収数を分子として計算した回収率に対し，有効票数を分子とした回収率を「有効回収率」と呼んで区別する場合があるが，調査の質をより良く表現しているのは，有効回収率である。

　さて，次は分母である。分母が小さくなれば回収率が高くなる。最も大きな分母は，調査デザインにおけるサンプルサイズである。しかし実査の過程で，サンプルのなかに，本来含まれるべきでなかった人が含まれていたことがわかる場合がある。たとえば，すでに転居していて母集団に含めるべきではなかった人，標本抽出のミスで選んでしまった，年齢条件が異なる人などである。これらは厳密にいえば，サンプリングをし直すべきだが，現実的にやり直しは困難である。このようなケースを分母から除いて計算すべきかどうかが問題となる。その他にも，郵送法の場合に郵便が到達しなかった人，病気などで調査できない人をどう扱うかという問題もある。これらが具体的にどれ

---

12)　アメリカ世論調査協会は回収率の計算法を標準化している［AAPOR 2016］。

だけあったのかを示しておけば，回収率は必要な形で再計算できる。自分の示す回収率をどのように計算したかを明示することが望ましい。計算方法に無頓着なままに，回収率の高低について議論するのは望ましくない。

3-2　実査の方法研究の必要性

　本章では郵送法と個別面接法について，かなり詳しく説明してきたが，実際に調査員業務を担ったり，実査を運営したりするためには，これでもまだ足りない。調査の現場では，さまざまな実践知が必要となる。日本ではこれまで，実査の方法を明らかにし，その適切性を議論するという調査方法論が研究分野としてしっかりと認知されず，欧米に比べて研究の蓄積が圧倒的に少ない状況にある。しかし，今日の調査環境の悪化や回収率の低下により，調査法研究の必要性が認識されている。林 [2006] の郵送法の多面的研究や，保田ほか [2008] の調査員の行動分析のような，調査法にかんする実証的な研究が，これからも多くの研究者によって展開されることを期待したい。特に，ICT（情報通信技術）の導入により実査がどのように変化し，調査の質をどのように高められるのかは，今後の重要課題となるだろう。

4　調査プロセスを総合的に管理する

　ここで，「量的調査」における**調査の質**（survey quality）について考えておこう [Biemer and Lyberg 2003]。「調査の質」の重要なモノサシとして，誤差がある。**誤差**（error）とは，得られた値と真の値との差のことで，誤差の大きい調査は，質が低いということになる。誤差には**標本誤差**と**非標本誤差**がある。そのうち標本誤差は標本調査に必然的に現れるもので，数学的に取り扱いが可能であるのに対して，非標本誤差にはいろいろあるが，数学的には取り扱えないことがわかっている。そこで近年，調査の実際と，統計学や認知心理学からの知見に基づいて，さまざまな誤差を小さくし，調査の質を全体として高める工夫が議論されるようになっている。その代表例として，Total Survey Error（TSE，総調査誤差）アプローチという考え方を，Weisberg [2005] の説明に基づいて紹介しておこう。

　TSE アプローチは，社会調査における統計理論の要請と，現実的な問題への対応の間でバランスをとりながら，調査の質を高めようという考え方である。調査のプロセスの実際に即して，誤差の種類を従来よりも細かく分類し，それぞれを小さくするための方策を議論している。**表 8-1** は，TSE アプローチが扱っている誤差の種類である。[13]

　①については簡単にいえば，標本の大きさを大きくすれば，標本誤差を小さくするこ

---

13)　正確には Weisberg [2005] は，従来の TSE アプローチよりも，調査の質に影響を与える「誤差」的なものの範囲をひろげ，survey-related effects と呼んで議論に含めている。**表 8-1** のうち，⑧⑨はそちらに含まれるものである。TSE については Groves and Lyberg [2010] もよくまとまっている。

表8-1　誤差のタイプ

対象者選択の問題	①標本誤差
	②台帳の網羅性による誤差
	③観察単位レベルの無回答による誤差
回答情報の正確性の問題	④質問項目レベルの無回答による誤差
	⑤回答者に起因する測定誤差
	⑥調査員に起因する測定誤差
調査運営の問題	⑦実査後の誤差
	⑧実査の方法（モード）の効果
	⑨比較可能性の効果

※Weisberg［2005：19］Figure2.1 から作成

とができる（詳しくは第11章で説明される）。②〜⑨はおおよそ非標本誤差と呼ばれてきたものだが、さまざまなタイプがあり、それらを分類した上で説明している。②はサンプリングでの問題、③④⑤⑥⑧は質問文・調査票の作成や、実査の方法の選択、そして実査そのものの段階での問題である。⑦はデータの入力・点検や分析段階での問題、⑨は複数の調査の等価性の問題で、調査組織固有の偏りや、時代や文化が異なることで生ずる調査結果への影響などが例としてあげられる［Weisberg 2005：297-306］。これは信頼性、つまり結果の再現可能性に関連する問題でもある。このように調査のさまざまな段階で誤差が生じうる。

　ただし、調査は現実社会のなかで行われる営為なので、科学的手続きとしての理想を、無制限に追求できるわけではない。Weisberg［2005：28］は、調査実施の制約条件として、(1)コスト（経費）、(2)時間（期限）、(3)倫理をあげて、調査者は、これらのバランスをとって調査全体で誤差の最小化を図らなければならないとしている。たいへん現実的な見方である。このことからも、調査の全体像を把握しておくことがたいへん重要になるのである。

練習問題

① 郵送法実査では、特にどのような作業のときにコンフィデンシャリティ（守秘性、個人情報保護）に気をつけなければいけないかを考えてみよう。

② 自分で調査を行うとして、想定する調査モードにふさわしい事前予告状、調査依頼状を実際に書いてみよう。

③ 既存の調査票を使って、面接調査員をロールプレイしてみよう。その経験から気づいた調査員に必要なスキルをあげてみよう。

④ 無料で使える電子調査票作成支援システムを用いて電子調査票を作成してみて、どのような機能があるか、作成はしやすいか、PCとスマートフォンでは見え方や操作性がどう異なるかなどを確認してみよう。

轟　亮・歸山亜紀

「地域と暮らしについての意識調査」へのご協力のお願い

拝啓　皆様には益々ご清栄のこととお喜び申し上げます。

　さて，わたくしども金沢大学社会学研究室では，これからの社会のあり方を考えるため，子育てや年金・郵政民営化などのテーマについて，XX 市と YY 市の市民の皆様からご意見をお聞かせいただく，統計的アンケート調査を実施いたしております。XX 市と YY 市の全有権者から，400名ずつをくじ引きに似た方法（無作為抽出法）で選び出したところ，あなた様が回答者の一人として選ばれました。お忙しいところ誠に恐縮ですが，この調査に是非ともご協力をいただきたく，勝手ながらあらかじめ書面にてご連絡し，お願い申し上げる次第です。

　この調査は，近日中に郵便でお送りするアンケート冊子にご回答いただき，同封の返信用封筒（切手貼付済み）に入れて，投函していただく方法で行いたいと存じます。アンケートの質問は，ほとんどが番号を選んで回答していただくもので，おおよそ20分で終わるものです。

　皆様からのご回答は学術的に貴重なデータとして，大学での研究目的のみに用います。常に集計処理して使用しますので，個人の回答の秘密は厳守されます。皆様にご迷惑をおかけすることは，決してございません。

　以上の趣旨をご理解いただき，なにとぞ調査にご協力くださいますよう，よろしくお願い申し上げます。

敬具

20XX 年 XX 月 XX 日

金沢大学　社会学研究室

調査責任者：教授　轟　　亮

〒920-1192　金沢市角間町

Tel・Fax：076-XXX-XXXX

または Tel：076-XXX-XXXX

http://web.kanazawa-u.ac.jp/~socio/XXXXXXXX.htm

8

データの電子ファイル化
大切な正確性と一貫性

　社会調査（Survey Research）を行うとき，調査目的に沿ってリサーチ・クエスチョンを洗練して調査票に仕上げ，同時に，標本を設計し抽出する。そして完成した調査票を用いて実査を行う。これでようやくデータの集計や分析にとりかかれる！と思いきや，まだやらなければならないことがある。

　コンピュータを用いて分析を行うためには，調査で収集した情報を電子データファイルにしなければならない。調査票上の回答をコンピュータに入力するのは人間の手で行わざるをえないので，入力ミスの危険がある。仮に質問100項目を500人に行ったとしよう。これは特に大きな規模の調査ではないが，それでも入力すべき数値は5万ヶ所に及ぶ。これだけの情報を，調査票を見ながら入力するのは大変な作業だ。1000回に1回（0.1%）しか入力ミスをしない人でも，50ヶ所もミスが発生する計算になる。できるかぎりミスを減らし，予想されるミスの発見とその訂正の方法を考えなければならない。こうした労力をかけてようやく，集計・分析に用いるデータファイルが出来上がる。

　通常，データファイルとして，行がケース（調査単位あるいはユニットともいう）を，列が変数を意味する，行列型データを作成する。**ケース**とは，個人を対象とした調査では一人の個人を指し，**集計データ**では市区町村や都道府県，国家や企業などがひとつのケースになる。ひとつの行はひとつのケースについてのさまざまな情報の集合となり，ひとつの列はさまざまなケースについての同じ種類／意味の情報の集合である**変数**となる。各ケースには必ずユニークなID番号（他のケースと決して重複しないID番号）をつけ，情報はすべてのケースについてまったく同じ順序で入力していかなければならない。

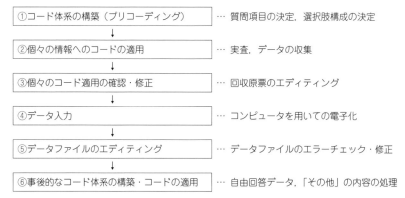

図9-1 コーディングとデータファイル作成の流れ

① データの構造化の流れ

　データファイルの作成というと，調査票が回収されてチェックされた後，コンピュータに入力するところから始まるイメージがあるかもしれない。しかし実際には，もっと早い段階，少なくとも質問項目や選択肢作成の段階から明確に意識しておかないといけない。質問への回答や調査でえられた情報を数値（変数値）に置き換えることを**コード化**あるいは**コーディング**と呼ぶ。コーディングやデータファイルの作成という観点から見ると，調査の過程は**図9-1**に示したとおり，①コード体系の構築（プリコーディング）と調査票の作成，②データの収集（個々のコードの適用），③回収原票のエディティング（個々のコード適用の確認や修正），④データ入力，⑤データファイルのエディティング（データクリーニング），⑥アフターコーディング（事後的なコード体系の構築，コードの適用）などの段階で成り立っている。

　ただし，調査方法（データ収集モード）による違いがある。従来型の紙の調査票の場合には，たいてい**図9-1**の段階のすべてが必要で，特に④データ入力，⑤データクリーニング，⑥アフターコーディングの段階に手間がかかる。他方，コンピュータ支援型調査（CAI）の場合には回答がそのまま電子データとして記録されるので，エディティングやデータ入力，データクリーニングの部分が非常に軽い負担ですむが，その代わりにプリコーディングや電子調査票の

プログラムを設計する段階が極めて重要になる。きちんと計画し，分岐や整合性チェックなどの仕掛けが正しく動作するように作成することに，注意力や作業量，時間などがより多く必要となる。後になってから調査票プログラムにミスがあったことに気付いて，実査のすべての努力が無駄になってしまうこともありうる。紙の調査票の場合でも，ミスに後で気付けば同じことだが，おおよその傾向としては，紙の場合は実査後の作業が大変で，コンピュータの場合には実査の前にしておく作業が大変だと言える。

② 実査の前のコード化

2-1　コード体系（コード構造）の構築

このように，コード化（コーディング）は調査票の作成の段階から始まっている。つまり，どのような情報を得ようとしているかを質問文によって具体的に特定し，どのような形式でその情報を得るかを選択肢の構成によって定めている。たとえば人びとの属性の一側面の情報を「性別」変数として得たいと考え，「男性か女性か」の二択か，「男性か女性かそれ以外か」の三択か，あるいはもっと細かい分類にするかを決めるところからコーディングはすでに始まっているのである。男性を１，女性を２という数字で表現することは，これが名義尺度である限り，コード化においてまったく本質的ではない。男性と女性のどちらが１でどちらが２でもいいし，１と２のかわりに０と１でもよい。その対応関係がケース全体にわたって明確で一貫したもの，誤解や取り違えのないものであればよい。回答者の意見や態度を１から５の数字による５件法で尋ねるとき，「そう思う」という選択肢を１と５のどちらに対応させても構わないが，ひとつの調査内では，類似した形式の質問をなるべく統一した方がよい。このような，選択肢の構成の仕方や数字との対応付けを**プリコーディング**（事前のコード化）と呼んでいるが，コード体系の構築（コード構造［Groves et al. ［2004］2009：332］）の構築）という表現が，より明確に作業内容を表している。

コード体系の構築は，単項選択（SA）方式とするか多項選択（MA）方式とするか（それとも自由回答とするか），選択肢をどのような言葉で表現するか，回

数を尋ねるようなときはどういう範囲をひとまとめにするか，また各選択肢に
どんな数字をあてるかなどが課題の中心となる（→第6章）。それ以外に，「わ
からない」という選択肢を用意するかしないか，それにどんな数字を対応させ
るか，「非該当」（その質問に答えるように求められていない人）や「無回答」（答え
てほしいのに答えてくれなかった人）を区別するかしないか，それにどんな数字
を対応させるかもあらかじめ考えておくべきである。さらには，後からグルー
プ化や数字の割り当て方を変更すること（「リコード」）がありそうかどうか，
先行する質問への回答によって次にくる質問そのものや質問で提示される選択
肢が変わるかどうか（スクリーニング，分岐，選択肢範囲の限定）ということも，
できるかぎり意識しておくのが良いだろう。なぜなら，他の質問との関連の中
で，ありうるコードや妥当なコードが決まることもあるからである。

2-2　有効でない回答——「わからない」，無回答，非該当

　上でも触れたが，質問に対する実質的な回答が存在しない場合がいく通りか
ある。たとえば，「あなたの配偶者の年収はいくらくらいですか」という質問
では，①配偶者がいない人は回答してはならず，回答がないことが正しい。②
配偶者はいるが，年収がいくらかまったくわからないという人は，回答できな
い。また，③配偶者はいるがうっかりこの質問を読み飛ばしてしまった人や，
「（配偶者の）年収なんてプライベートなことは答えたくない」という人は，不
注意であるいは意図的に回答していない。それぞれの場合を区別して記録した
いところだが，実はかなり難しい。

　①の例は**非該当**といい，これは回答すべきでない人が（適切に）回答しなか
ったケースであり，8や88，98といった数字を与えることが多い。②の「わか
らない」場合と，③のうっかり回答しなかったあるいは意図的に回答を拒否し
た場合とを，識別できるとき／できないときの両方がある。調査票に「わから
ない」という選択肢を明示的に設け，かつそれにチェックがされているときに
は，無回答ではなくて「わからない」のだと判断できるが，そうでなければ，
いずれにしても何の回答も記入されておらず，識別はできない。そして，不注
意による無回答と意図的な無回答は，ほとんどの場合区別できない。無回答は
NA（No Answer の略），「わからない」という回答は DK（Don't Know の略）と

表現される。そして，「わからない」と（項目）無回答をあわせて DK・NA と呼ぶ。NA には，9や99といった数字を与えることが多く，これと DK を識別できるようにしていなければ，DK も 9，99に含まれることになる。DK・NA は分析に有効な情報ではなく，**欠損値**とも呼ばれる。

「よく考えたうえでやっぱりわからない」と，うっかり飛ばしたか拒否したかによる無回答を区別したいかも知れないが，「わからない」という選択肢を明示すると，DK・NA が増えてしまうことが懸念される。この基準からは，「わからない」という選択肢を設けることが望ましいとは言えない。しかし逆に，「わからない」を選ぶことは，それは「本当はわからないのに，無理に選択肢の中から〇をつける」という回答が減ることを意味するのかもしれない。回答の質の観点からは，「わからない」という回答が少ないのが望ましいと，単純に言うことはできない。

2-3　多項選択方式のコード構造

「問13　あなたは次のものを利用していますか。利用しているものをすべて選んでください。〔選択肢〕1．mixi　2．twitter　3．Facebook　4．LINE　5．Instagram」のような多項選択方式（複数回答）の質問では，回答者によって，2だけに〇がついたり，2と3と4に〇がついたり，ひとつも〇がつかなかったりとさまざまなパターンが生じる。このような回答を数値化する場合には，普通，選択肢一つひとつを二値変数として扱い，〇がついていれば1の値，ついていなければ0の値を割り当てる。調査票上はひとつの質問項目に見えるが，データファイル上は選択肢の数だけ変数が存在することになる。**図9-2**は表計算ソフトに入力した場合の例（架空）である。

こうした，該当する場合に1，しない場合に0の値をとる二値変数のことを一般に**ダミー変数**と呼ぶ。多項選択方式の質問は，選択肢の数だけダミー変数を用意することになり，論理的には，各選択肢の一つひとつについて，利用の有無を「はい／いいえ」で回答させる方式と同じである。項目ごとに質問文を繰り返し，ひとつずつ「はい／いいえ」で回答させる方式よりも，多項選択方

1）　調査票の一部の質問に回答していないものは**項目無回答**（アイテム無回答）と呼び，調査そのものに協力が得られなかったものを**調査単位無回答**（ユニット無回答）と呼ぶ。

q1301	q1302	q1303	q1304	q1305
0	1	1	1	1
0	0	0	1	1
1	0	1	1	1
1	0	0	1	0
1	1	1	0	0

図9-2　多項選択方式の入力

式は調査票のスペースがずっと節約できるからよいと思うかもしれない。だが他方では，多項選択方式にはすべての選択項目についてきちんと考えて回答してもらえないという懸念がある。それぞれの項目を単項選択方式で回答してもらった場合と比べて，該当するという回答が少なくなることが指摘されている［江利川・山田 2015］。各項目についてはっきりと意識的に検討した上で回答してもらいたいのならば，多項選択方式にまとめるよりも，ひとつずつ単項選択方式で回答してもらう方が望ましいだろう。

　また，はじめの質問例では，きちんと考慮した上であてはまるものがひとつもなかった人（実質的な回答）と，うっかり飛ばしたあるいは非該当だったなど，何らかの理由でこの質問に回答しなかった人（項目無回答）の両方が，すべてのダミー変数で0の値をとることになり，無回答や非該当を区別することが難しい。項目を選択した人の比率を計算したいとき，無回答や非該当を含むか含まないかで値が異なってしまう。非該当については，先行する質問できちんと識別できるならよいが，無回答については区別が難しい。そのため，選択肢の最後に，「この中には当てはまるものは一つもない」といった項目を設定し，それに〇がついていればすべて「いいえ」，それも含めてひとつも〇がついていなければ無回答 NA として処理をすることがある。この最後の項目を含めて複数に〇がついている困ったケースもまれにあるが，それは個々に判断するしかない。0か1の値をとる二値変数で表すと述べたが，非該当や無回答も含めれば，実際には3つあるいは4つの値をとりうる変数になる。

　ここまでの事前のコード化作業を終えれば，**コード表**，**コードブック**とよばれる文書の基本部分ができあがる。エディティングやアフターコーディング（事後的なコードの適用）の作業のための**コーディングガイド**は，3節で説明する実査が終わってから作成する。最終的な文書としてまとめるのは4節のエディティングや5節のアフターコーディングをすべて終えた後になる。

③ 実査におけるコードの適用

　コード体系の構築の産物として，調査票や回答選択肢の**提示カード**[2]ができあがる。データ収集のモードと，コードの適用との関連をみてみよう。個別面接法の場合は，こうした調査票を持って調査員が対象者宅を訪問する。その場で，個々の情報（回答）に対して適切なコード（数値）を調査員が選択・記入する（他記式）。これが，個々の情報に対するコードの適用である。郵送法や留置法の場合は回答者自身が紙の調査票に記入する（自記式）。個別面接法でも，事情や設問によって，調査員ではなく回答者自身が調査票や別紙に直接記入する場合がある（自記式[3]）。コンピュータ支援型調査（CAI）の場合，他記式のCAPIであれば調査員がPCやタブレットに回答を入力し，自記式のCASIであれば回答者自身が回答を入力する[4]。

　他記式の場合には，調査員が調査票を適切に理解していなかったり，条件分岐の指示に従いそこねたり，あるいは○のつけかたが紛らわしかったりなど，調査員に起因するエラーが生じうる[5]。事前の調査員インストラクションや**初票点検**（→第8章 発展 1-3）がとても重要である。自記式の場合には，回答者の誤解・読み間違いなどによって正しい選択（適切なコード適用）がされないというエラーが生じうる。これらのエラーを，4節の実査後のエディティングで可能な限り検出し，修正していく。CAIの場合には，実査の現場でデータ入力まで終了することになり，プログラムの工夫によって，データはある程度の論理的整合性のチェックが済んだ状態になる。

2）　他記式個別面接法では，通常，大きな文字で回答選択肢だけを印刷した，一問一枚のカードの束を用意し，回答者にはこれ（だけ）を見せる。提示票，提示リストや回答カード，回答リスト，回答票などとも呼ばれる。

3）　調査員にも聞かれたくない個人情報（収入や資産，あるいはその他のセンシティブな質問の場合など）を，部分的に調査票別紙を用いて自記式で尋ねることはしばしばある。

4）　自宅においてウェブ上で回答するいわゆる「インターネット調査」や「ウェブ調査」をCAWIと呼んだりCASIに含めたりすることもある。

5）　また，判断に迷うような場合に調査員によって一定の傾向性・癖があり，それが調査員間で異なる場合もありうる。そうした調査員によるバラつきを調査員分散という。

④ 実査終了後の作業

4-1 調査票のエディティング

　紙の調査票の場合，**回収原票**に対してチェックを行い，個々のコード適用が正しいかどうか点検し，必要に応じて修正を行う。単項選択なのに複数の選択肢に〇がついている，非該当であるはずの設問に回答されている，逆に回答しなければならない質問に回答されていない，複数の質問-回答の間で論理的にありえない（例：年齢よりも就労年数の方が長い）もしくは考えにくい（例：子どもとの年齢差が10歳になる）事態が生じているなど，検討や修正が必要となるものがしばしば現れる。これらは，当該の調査票全体を見渡しながら検討し，必要かつ可能である場合には赤色のペンなどで修正する。正しい情報がわからない場合には無回答（NA，項目無回答）にする。また，〇のつけ方が雑で紛らわしいとか，記号や文字が判読しにくい記載は，後でデータを入力する際に間違えやすいので，一目でわかるように色を変えて書き直したりする。

　回答の修正は，一票一票を個別に判断すべきではなく，回収したすべての調査票を通した一貫性や体系性，整合性を確保しなければならない。複数の作業者間で，あるいは一人の作業者でもはじめとあとの判断で，食い違いやバラつきが生じてはならない。再確認や再検討ができるように，あるいは外部の人が見ても修正の過程が理解できるように，なにを，なぜ，どのような方針で修正したのか，きちんと記録しておくことが重要である。

　疑問のある回答を修正するのは簡単な作業ではない。たとえば，就労年数や婚姻期間が実年齢を超えるのは明らかに間違いだと言えるが，ではどのように修正すべきかはわからない場合も多く，修正の方法が複数考えられることもある。また，果たして修正すべきなのかどうかすらわからない場合もある。子どもが本人より10歳若いという場合，実子であれば現在の日本では相当に考えにくいものの，ありえないとは断言できない。実子以外を対象に含んでいるのなら，自分より年上の子ども（義理の子ども）がいてもおかしくないだろう。

　また，記入はされているが，実際には信用のできない，質の低い回答がなさ

問. 最近一週間で次のようなことは何日くらいありましたか？

	ない	1，2日	3，4日	5日以上
a．何をするのも億劫だった	1	2	3	4
b．寂しいと感じた	1	2	3	4
c．よく眠れなかった	1	2	3	4
d．生活が楽しかった	1	2	3	4
g．嫌われていると感じた	1	2	3	4

図9-3　行列形式のレイアウトの質問における複数一括選択

れている場合がある。信用できる回答と信用できない回答を見分けることは非常に困難だが，マトリクス型（グリッド型）と呼ばれる質問‒回答形式では，信用できない回答パターンを見分けられることがある。**図9-3**は抑うつ傾向を測定する有名なCES-D尺度の一部を用いた架空の回答例である。

　5項目のうちa，b，c，gの4つはネガティブな経験を尋ねているのに対して，dだけはそれとは正反対の経験を尋ねている。こうした項目を**逆転項目**という。回答選択肢は共通なので，5項目すべてがほんとうに1であったり4であったりすることはなかなか考えにくい。しかしこうした行列形式への手書き回答では，それぞれの項目にいちいち○をつけるのではなく，一括してひとつの大きな○がつけられていることがある。このようにすべて同じ値を一列に選択・記入することを**ストレートライニング**（直線を引くこと）と称するが，逆転項目も含めて1か4がこのように一括選択されている場合，回答者が個々の質問文をよく読まずに適当に回答したと考えられる。よってこの5つの回答をすべて無回答に修正するというエディティングがしばしば行われる。[6]

　一応回収されてはきたが，中身を点検した結果，調査票の大半が無回答になる回収原票は，**無効票**とし，調査不能や拒否と同じ扱いとなる。有効票と無効票の区別の基準は一概には決められないが，その判断はエディティングの役割

6）　同じくストレートライニングでも，5項目すべてで2（1，2日）や3（3，4日）が選ばれている場合には，いい加減な回答であると判断することが難しくなる。気分の波が激しい週であれば実際にそうしたことが生じうる。一般に，「この程度回答しておけばいいだろう／充分だろう」という信頼性の低い回答態度を**サティスファイシング**（回答努力の最小限化，最低充足化）と呼ぶ［Krosnick 1991；山田 2014；三浦・小林 2016］。

	A	B	C	D	E	F	G
1	id	mode	sex	age	q01 01	q01 02	q01 03
2	105	1	1	39	1	1	7
3	107	1	1	40	3	5	7
4	108	1	1	48	1	1	8
5	114	1	2	52	1	5	7
6	115	1	2	48	2	5	1
7	117	1	1	55	3	5	8
8	207	1	2	56	2	4	7

図 9 - 4　入力されたデータの例（MS-Excel で表示）

の一つである[7]。まれに，本来の対象者からの回答を得ず（得られず），調査員がなりすまして回答を記入する不正が発覚することがある。これを一般に**メイキング**と呼ぶ。また，郵送法や留置法では，本来の対象者ではなくその家族など別人が**代理回答**をすることもある。メイキングや代理回答であると判明したものも無効票となる。

4-2　データの入力

　紙の調査票の場合，エディティングを終えた後，回収原票を見ながらコンピュータにデータを注意深く入力していく作業が必要になる。

　回答のデータファイルは通常，行にケース（ユニット），列に変数を配置した行列形式で作成され，第 1 行には**変数名**，第 1 列にはそれぞれのケースのユニークな ID 番号を入力する。変数名は，問 1 であれば Q0100，問 2 - 1 であれば Q0201 といったように，明白で規則性のあるつけ方をするのが良いだろう。また一般的に，変数名には半角（1 バイト）英数記号だけを用いる[8]。

　データファイルは，Microsoft Excel の xls や xlsx 形式といった特定のアプリケーションに固有の形式だけではなく，汎用性の高いテキストファイルでも作成しておくことが望ましい。IBM SPSS のデータファイル形式（拡張子 sav）でデータが提供されることがよくあるが，このファイルは IBM SPSS（もしく

7）　有効票と無効票の判別は CAI でも存在する。たとえばウェブ上で回答を始めたが途中で放棄した回答者の場合，1 ケースとして有効ケースと同じデータファイルに含まれてくるが，無回答の割合が多過ぎる場合には無効ケースとして集計から除外することもある。

8）　統計ソフトの IBM SPSS などでは，変数名とは別に変数ラベルをつけることができるので，漢字やひらがなどの全角（2 バイト）文字は変数ラベルで使用するとよい。

は PSPP などの互換ソフト）がインストールされているコンピュータでなければ開けない。基本的に文字情報だけを保存したテキストファイルは，どんなコンピュータでも読み書きすることができるので，汎用性がたいへん高い。

　テキスト形式でデータファイルを作成する方法は 2 つある。ひとつはタブ区切り形式（拡張子は txt や dat など）といって，数値どうしをタブで区切ったファイルである。もうひとつは数値同士をカンマ（,）で区切ったファイル（拡張子 csv）である。この csv ファイルは通常は Excel に関連付けがされているので，普通にファイルを開くと Excel で開かれる。このため csv ファイルをエクセル形式のファイルと思っている人もいるかも知れないが，中身はただのテキストファイルであり，テキストエディタを含めさまざまなアプリケーションによって問題なく読み書きができる[9]。

　データファイルには，回答者（有効票）の回答内容だけ（NA は含む）を記録したデータと，調査不能者（無効票，つまりユニット無回答）も含めた全対象者，つまり（設計）標本全体についての情報を記録したデータの二種類がある。初学者には前者のデータファイルだけで十分かもしれない。しかし，後者には，標本抽出枠から得られた情報（性別，生年，居住地など），訪問調査員の観察からの情報（住居の様子や周囲の環境など），訪問の回数や個々の訪問の結果（不在／拒否／完了など），それに欧米の調査ではしばしば，行政記録など他のデータとの接合から得られた情報なども記録され，このデータを用いて，どんな人が調査に回答し，どんな人が回答しなかったか，調査を拒否する傾向が高いのはどういう人かといったことが分析できる。これを**欠票分析**（欠測分析）ともいうが，回答者の偏り（無回答バイアス）の解明の重要性が高まるにつれて，後者のデータへの関心も強まっている[10]。

9）　かつてはテキスト形式の中で，「固定長ファイル」と「可変長ファイル」に区別して説明がされていたが［森岡編 2007：171］，何の区切りもなくコードが連続して入力されている固定長ファイルは，現在では一般にはほとんど使われなくなっている。
10）　実査によって，質問に対する回答として得られたデータに対して，実査の過程や状況に関して収集・記録したデータを**パラデータ**と呼ぶ。たとえば訪問回数や住居の状況（調査員観察），面接時刻や回答の所要時間，回答者の協力態度や理解度（調査員評価），CAI の場合には各質問での所要時間やキーボード・マウスによる入力の履歴などがある。協力の有無にかかわらず対象者全体（標本）について得られるパラデータと，協力者・回答者についてのみ得られるパラデータがある。

4-3　データファイルのエディティング（データクリーニング）

　データ入力の後，データの集計を通して，入力ミスや，回収原票に対するエディティングでは修正されなかったミスや論理的不整合を発見・修正する。データファイルに対するエディティング作業で，**データクリーニング**とも呼ぶ。

　データエディティングもしくはデータクリーニングにはいくつかの方法がある。まず，基礎 4-2 で説明したデータ入力を独立に 2 回行い，できあがった 2 つのデータファイルが完全に同一であるか，それとも値の食い違っている箇所があるかどうかをチェックする。これを**二重データ入力による検証**という（ダブルチェックともいう）。それぞれのデータ入力が間違いなく行われていれば 2 つのファイルは完全に一致するはずだが，たいてい食い違う箇所が見つかる。訓練前の学生たちが入力作業を行うと，大量の不一致が見つかることもある。食い違っている箇所一つひとつについて，ユニークな ID 番号を使って回収原票に立ち返り，いずれの入力が正しいのかを点検し修正を行う。これによってかなりの入力エラーが修正できるが，2 人の入力作業者が同じ間違いをした場合は検出できない。三重，四重入力としていけばミスが残る確率をぐっと低下させられるだろうが，かなりの手間や時間がかかるので，人手や時間に余裕がない限りはメリット（ベネフィット）がコストに見合わない。

　データファイルがひとつに確定したら，まずは全変数について度数分布表（単純集計）を作成する。この時点では，それぞれの変数の存在しうるコード（数値）は，非該当コードや無回答コードも含めてはっきりしているはずなので，そこから外れているものがないかを確認する。また，変数同士の関係が論理的に整合しない論理エラーの検出にはクロス表を用いる。統計ソフトはクロス表の出力の際に欠損値を含むケースを自動的に除外したりするが，特に論理的整合性のチェック（論理チェック）では，欠損値も含めたすべてのケースを用いてクロス表が出力されているかに気をつけて欲しい。

　基礎 4-1 の回収原票のエディティングと同様，データファイルのエディティングでも，エラーの修正の仕方が複数考えられる場合がある。修正箇所を最少にする，重要度の高い変数の値をなるべく変更しない，各変数の度数分布

が変化しないなどの方法が考えられる（エディティング方針についての Fellegi-Holt アプローチなど，詳しくは Waal et al.［2011］や保田［2012］を参照）。

⑤ アフターコーディング

アフターコーディングという言葉があるが，すでに述べてきた考え方からすれば，従来の用法は二種類の作業に対して同じ言葉を用いているといえる。一つは，事前に構築されているコード体系を，事後的に，実査で収集された自由回答情報に適用することである。社会学でよく知られているのは職業コーディングである。もうひとつのアフターコーディングは，自由回答をもとに，事後的にコードの体系自体を構築することである。たとえば，単項選択方式では MECE（→第6章 **基礎** 4）を保証するために，選択肢の最後に「その他」を用意することがしばしばあり，それに続いて具体的に内容を自由回答で答えてもらうことがある。そこでの記述に基づいて，コードを新設する／コード体系を構築するタイプのアフターコーディングが行われる。

5-1　後からコードの適用を行う

紙の調査票で，生まれた都道府県を回答してもらうとき，47個の選択肢をすべて示すと，大きく紙幅をとってしまうので，自由回答形式をとることが多い。これをコーディングするときに，「北海道は01で東京都は13，沖縄県は47」のようにすでに規格化されている「都道府県コード」という体系を用いて回答にコードを適用すれば，いろいろな点で便利である。多くの事柄に，コードの体系がすでに構築されている。

社会階層と社会移動調査（SSM調査）などでは，回答者の仕事の内容を自由回答で具体的にたずねてきて，ほとんどはプリコードされている職業名一覧の中からどれかひとつを対応させるという手順をとっている。職業の分類は大・中・小の三水準から構成され，小分類には数百の職業カテゴリーが含まれているので，「323 販売店員」のように3桁の数値でコード化している（国際標準職業分類 ISCO では4桁のコードが設けられている）。これが社会学の社会調査においてアフターコーディングとして最もよく知られている作業であろう。この作業

は，副次的に新たなカテゴリーを作成することもあるが，主としては事前に構築されているコードの適用である。職業中分類や小分類では選択項目の数が多すぎて，コード一覧を回答者に示してそこから選んでもらうことが不可能であることや，必ずしも回答者が最も適切なコードを判断することができないことから，情報を自由回答で得てきて，後から研究者が適切なコードを割り当てるようにしているのである。[11]

5-2　後からコードを構築する

　自由回答をもとにして後からコード体系を構築するタイプのアフターコーディングは，先に述べたように，単項選択方式の質問で「その他」の選択肢を設けてその具体的内容を自由回答で得る場合や，どのような選択肢項目を設定すればよいのか事前に見当がつかないときなどに使用する。ただし後者については，先行研究や関連文献のレビューやプリテストを通して，実査の前にさらに検討することができるかもしれない。とりあえずたずねてきて後から分類すればよいという態度は，実査後の作業を大変にするだけでなく，回答者が自発的に想起しにくいような回答が過少にしかえられない危険性もある。選択肢を構成する項目群は，意識的に検討すべき・考慮してほしい事柄を回答者に間違いなく想起させるという機能も持っているのである。

　「その他」の自由回答でコードを新設するのは，第1に，プリコーディングで作成した選択肢のいずれにも合致しない回答があったときである。第2に，事前に出現頻度が小さくて独立した選択肢を設けるまでもないと想定したカテゴリーは，自由回答で情報を得，後から必要に応じてコードを新設する。ただしこの方法には注意すべき点がある。事後的に新設した選択肢がもし最初から

---

11)　この作業があまりにも大変なので，専用のコンピュータソフトを開発してコード適用作業を支援する研究もある［高橋ほか 2014］。後から研究者が作業する際の労苦は大幅に軽減され，作業担当者によるバラつき（コーダー分散）も小さくできる。ただし，システム自体がエラーや偏向を持っているとデータ全体がそれに影響されてしまう。CAIにおいては，事後的コーディング支援とは別に，面接や回答の現場でリアルタイムに適切なコードを選択させる方法が開発されてきている。コンピュータ画面での提示を工夫し，質問に回答していくと選択肢が段階的に絞り込まれるプログラムを用いて，回答者は大きな負担を感じずに数百の職業カテゴリーのなかから自分のコードを選ぶことができる［前田 2016］。

調査票で示されていたら，それを選んだ回答者がいるかもしれない。それが示されていなかったために別の選択肢を選んだのかもしれない。もしそうならば，本来同じコードとなるべき回答が，選択肢の設定によって別々のコードに分かれたことになり，回答者間での一貫性や一意性が成り立っていないことになる。この考察からも，重要な選択肢はできる限り調査票に明示すべきだ。また，出現頻度の低い自由回答を事後的にコード化しても，数が少なすぎて集計や分析で活かせないのならば，労力をかける意味はあまりない。

発　展　*Advanced*

❶　コーディングの容易なものと難しいもの

　調査票で得られた情報を数値に置き換えることをコーディングと称したが，コーディングの容易な情報とそうでない情報がある。客観的な情報か主観的な情報かによって数値化の容易さや，その数値化の正しさが変わってくるだろう。客観的な情報の中にはそもそも数値として実在している情報も考えられるので，そういうものについてはコーディングを意識することが少ないかも知れない。

　数値として実在していると考えられる客観的情報として，「満年齢」が挙げられる。これは「計数データ（カウントデータ）」である。他に「本人の年収」なども客観性の高い数量データと言えるが，これらにコーディングが存在しないわけではない。年齢は，かつては「数え年」という計算方法が一般的であり，「満で58歳，数えだと60歳」などという言い方もよくされていた。また，回答者の抵抗感などにも配慮して，「20〜24歳」「25〜29歳」のように区間の選択肢を用意することもありうる。年収は区間でたずねることがよくある。また年収と言っても，いつの年収をたずねるのか（多くの場合は「昨年1年間の」），税込みか手取りかなど，調査者が定めておくべきことは意外と多い。「性別」も，「男性／女性」でいいのか，「男性／女性／MtF（男性から女性への性転換者）／FtM（女性から男性）／その他」くらいにすべきなのか，ジェンダーやセクシュアリティに関心のある人は悩むだろう。

　属性や行動，経験の有無などは客観性が高い情報と言える。客観的であるということは，正しいか間違っているかが判別できるということを含意するが，意識のような主観的情報の場合には正誤の区別は実際にはかなり難しい。「現在結婚しているか否か」は，事実婚を結婚に含むかどうかの判断は必要とはいえ，かなり客観性が高く，（日本人の）ほとんどの人は「している／していない」のいずれかに分類できるだろう。しかし，結婚している人に対して「結婚生活に満足していますか」とたずねる場合，「正しい」情報とは何なのだろうか。どのような状態を「満足している」と考えれば良いのか，どん

な選択肢でたずねるのが適切なのか。

　質問文や選択肢を作るためには，コーディングの仕方が決して自動的に決まるわけではないことによく留意して，適切な決定をしていくことが調査者には求められる。

2　二重データ入力による入力ミスの検出

　基礎 4-3 では，紙の調査票からデータ入力をする際のミスを検証する方法として，二重データ入力による検証を示した。その具体的なやり方には，高性能テキストエディタやファイル比較専用ソフトを用いた方法や，IBM SPSS や R を用いた方法などもある。ここでは，実習の授業で簡単にできる Microsoft Excel を用いた方法を紹介しよう。

　まず，ひとつの Excel ブック内の第 1 のシート（Sheet1）に 1 回目の入力を，第 2 のシート（Sheet2）に 2 回目の入力を保存する。次に，第 3 のシート（Sheet3）で，Sheet1 と Sheet2 の同じ位置（セル番地：B20 や AC123 などと表記される，ワークシートのセルの位置を示すために用いる番号）に入力されている数値が，同一であるのかを判別するための計算を行う。たとえば Sheet3 の該当する番地のセルに，Sheet1 と Sheet2 のセルを参照した「串刺し計算」で，①引き算をする，②EXACT 関数を用いる，などの方法がある。串刺し計算とは，まったく同じ形状（レイアウト）で作成されている複数のシートを使い，複数のシートの同じ位置のセルを引数として行う計算のことである。単純に，Sheet1 と Sheet2 の同じセル番地に数値が入っていて，Sheet3 に両者の引き算する式を書いて計算させれば 0 になり，食い違いがあれば 0 以外の数値となる。ただし，一方が空白セルで他方が 0 の場合でも，引き算の結果は 0 になるので，注意が必要である。EXACT 関数は，この違いも識別するので，より正確である。この場合も，Sheet3 の該当セルに，Sheet1 と Sheet2 の同じセル番地を参照する，串刺しの計算式を書く。一致しているセルには TRUE，不一致のセルには FALSE が表示される。

　計算後，食い違いが生じているセルを確認する必要があるが，データが大きいと，狭い PC の画面では，食い違いがどこで生じているのかを目視するのが案外難しい。検索機能を使って，Sheet3 で「0」や「FALSE」を検索し，ヒットしたセルに色を付けるなどするとわかりやすい。あるいは，オートフィルタ機能を利用して，Sheet3 の各列に 0 あるいは FALSE が入っていないかを，順番に確認するという方法もある。ていねいに点検し，不一致箇所を見落とさないようする。

---

12)　定評のあるシェアウェアのテキストエディタの「秀丸」では，「他の秀丸エディタと内容比較」というコマンドで一致しない箇所をすべて示してくれる（https://hide.maruo.co.jp/software/hidemaru.html）。複数のファイルの内容比較に特化した，「WinMerge 日本語版」のようなフリーソフトもある（https://winmerge.org/?lang=ja，いずれのサイトも 2022年12月10日閲覧）。

3　データの重みづけと補定

　欠票（調査単位無回答）については，調査不能や拒否になりやすい属性の分析を行う無回答バイアスの検討が，回収率（ユニット回答率）の低下とともにますます重視されるようになった。さらに，性比や年齢構成など，母集団や設計標本について分かっている属性情報と回答者集団の属性情報の比較から，重みづけ変数（ウェイト変数）を作成して回答に重みづけをすることも広く行われている。極端に言えば，回収率が20代で25％，50代で50％だったなら，20代一人の回答は50代一人の回答の2倍に重みづけるのである。これにより，重みづけ変数の計算に使用した属性に関しては歪みを補正できる。ただし，その他の変数についてバイアスが小さくなる保証はない。

　項目無回答については，かつては，分析に使用する変数群の中にひとつでも欠損値を含むケースは，ケースごと分析から除外することが通例であった。これをケースワイズ削除法，リストワイズ削除法，もしくは**完備ケース分析**と呼ぶ。現在でもこうした処理は一般的に見られる。しかし海外では欠損値の補定 imputation（補綴，代入）が行われることも多い［Groves et al. 2009；Little and Rubin 2002］。情報が欠けている箇所に何らかの方法で値を補う（代入する）という意味であるが，その方法には，平均値補定，回帰補定，ホットデック補定，そして異なる値を補定した複数のデータファイルを生成する多重補定（**多重代入法**）などがある［高井ほか 2016；阿部 2016］。

　エディティングによってデータの正確性を高めたり，補定によって収集データの情報を最大限に活用したりできる反面，それらをいい加減に行えばデータの捏造にもなりかねない。きちんとした手順や根拠に基づくことが重要である。

　なお，現在の**統計的因果推論**の議論では，因果推論の根本問題（→第4章 発展 1-1）を踏まえて，因果推論の問題は本質的に，**反実仮想**において必然的に生じるデータの欠測の問題であると言われる［星野 2009；岩崎 2015；Pearl et al. 2016=2019］。

✐ 練 習 問 題

① 　ウェブ上で公開されている JGSS-2018 のコードブックの集計表（49ページから）と，面接調査票（256ページから）および留置調査票（281ページから）とを見比べ，調査票にあらかじめ明記されているコードとそうでないコードがどういう項目にみられるかを確認してみよう。たとえば，留置調査票 Q31 支持政党はどうだろうか。

② 　SSJDA で見られる SSM や NFRJ，JGSS などさまざまな調査の調査票を見比べて，同じような内容の質問に，どのように異なったコーディングがなされているのかを調べてみよう。

杉野　勇・轟　亮

10

データの基礎的集計

たくさんの情報を要約する

> **基　礎**　*Basic*

① 変数の種類──データ分析の前に

1-1　尺度の水準による変数の分類

　統計の目的のひとつは変数としてのデータを要約することである。たとえば，大学生1,000人に収入をたずねて，全員が回答してくれたとしよう。すると，大小さまざまな1,000人分の値が存在するということになるわけだが，これらを眺めていても「こんなに稼いでいる人がいるのか」とか「この人は厳しいなあ」といった個々のデータに対する感想はいえても，それらの大学生の収入の全体像については何も見えてこないだろう。データ全体について語ろうとするなら，1,000人分のデータを要約する必要があるのである。

　ただ，肉か魚かで適した料理方法も異なってくるように，変数の種類によって適した要約方法もまた異なる。これを変数がもっている情報量という基準で分類したものが尺度水準による分類である。ここでは代表的な Stevens［1951］による4分類について，水準の低い（情報量の少ない）ものから順に紹介する。

▶ 名義尺度

　名義尺度とは，変数の取り得る値の間に大小関係が成り立たない尺度のことである。たとえば「性別」という変数は「女性」と「男性」というふたつの状態をとり得るが，双方に序列は存在せず，「女性」に「1」，「男性」に「2」

と数値を振って尺度化しても，その数値は識別の意味しかもたない。

▶ 順序尺度

　順序尺度とは，変数の取り得る値の間に大小関係は成り立つが，その1単位あたりの差が等価ではなく，足し算引き算に向かない尺度のことである。「運動会の100m走の順位」という変数は1位の方が5位よりもすぐれているという順序をもつ順序尺度であるが，この情報だけでは1位から大きく引き離された5位なのか，僅差の5位なのかはわからない。このような尺度の平均値は意味をなさない場合が多い。

▶ 間隔尺度

　間隔尺度とは，変数の取り得る値の間の1単位あたりの差が等価で，足し算引き算は可能であるが，原点0に便宜的な意味しかないため，積や商に意味がない尺度のことである。たとえば，Aさん，Bさん，Cさんのあるテストの結果の偏差値がそれぞれ60と50と40だったとしよう。この偏差値からは3人のテストのできの順序の情報はもちろん，AさんとBさんのテストのできの差（60−50＝10）はBさんとCさんのできの差（50−40＝10）と等しいという情報も得られ，この意味で足し算引き算に意味がある。しかし，AさんがCさんの1.5倍（＝60/40）テストの点が良かったかというと，そのような関係にはない。これは，このあと学ぶように偏差値が平均値を50として尺度化されており，偏差値0に意味がないためである。実際，偏差値0がテストの0点でないことからも，偏差値が間隔尺度だということが理解できるであろう。

▶ 比例尺度

　比例尺度とは，変数の取り得る値の間の1単位あたりの差が等価であるだけではなく，原点0にも実質的な意味があり，値同士の和や差とともに積や商にも意味がある尺度である。「100m走のタイム」という変数でウサイン・ボルトの世界記録（2023年10月時点）9秒58という値と山縣亮太の日本記録9秒95（2023年10月時点）という値とは，大小関係はもちろん，値の差を0秒37として評価することも可能である。そして，もし本章執筆者の小林が100mを19秒16で走った場合，ボルトの2倍時間を要していることを意味する。これは，タイム（秒）においては0（秒）に，時間の長さがないという実質的な意味が存在

するためである。このように，比例尺度は最も情報量をもった尺度である。

▶ 尺度の変換

以上４つの尺度を見てきたが，重要なのはどのような尺度で測定されるかによって変数のもつ情報量が異なるということである。そして100mを走った全員のタイムがわかっていれば，それを順位になおすことは容易であるが，その逆は不可能なように，ある水準の尺度で測定された変数をより低い水準の変数に変換することは可能だが，高い水準の変数に変換することは不可能である。これが意味するのは，変数の尺度水準が低いほど，要約のために適用できる方法も限られてしまうということである。

そこで変数の尺度水準ごとの要約方法についてみていく必要があるが，実際のところ，社会科学においてここまでの厳密な分類が必要となることは稀で，ふたつの分類で問題がない［Bohrnstedt and Knoke 1988＝1990］。それが質的変数と量的変数という２分類であり，一般的には名義尺度や順序尺度で測定された変数が質的変数に，間隔尺度や比例尺度で測定された変数が量的変数に分類される[1]。ただ，質的変数と量的変数との境界線をどこに引くかということについては必ずしも明確ではなく，間隔尺度の条件を満たしているとはいい切れない，順序尺度と見なす方が厳密には妥当な変数についても，慣用的に間隔尺度とみなして量的変数として扱うことも多い。ただ，たとえば，ある意見への賛否を「強く賛成」「賛成」「反対」という３つの選択肢で問う質問があった場合，これらのカテゴリー間に順序性は成り立つが「強く賛成」と「賛成」の間の距離が「賛成」と「反対」の間の距離と等間隔であると考えられるかは明らかに疑わしい。このように，順序尺度を間隔尺度とみなしたうえで，量的変数として扱うかどうかは，最終的には変数における個々の値が示す意味内容を考慮して判断しなければならない。

10

---

1) Bohrnstedt and Knoke［1988＝1990］は，この２分類を離散変数と連続変数と呼んでいるが，こちらの用法の方が一般的である。

② 質的変数の要約——度数分布表

表10-1 ポジションの度数分布表[2]

ポジション	度数	％
投　手	394	49.4
捕　手	80	10.0
内野手	176	22.1
外野手	147	18.4
合　計	797	100.0

1で見たように，質的変数の情報量は相対的に少なく，加減乗除のような計算によって変数の要約をすることには意味がない場合が多い。このような変数の要約には，カテゴリーごとの出現度数をカウントした**度数分布表**が用いられる。たとえば，2009年シーズンの日本のプロ野球選手のうち，投手，捕手，内野手，外野手のどのポジションの選手が一番多いのだろうか。これらのカテゴリー間には順序性もないため名義尺度として測定される質的変数ということになり，度数分布表を用いるのが最も妥当である（**表10-1**）。

　度数分布表というのは，学級委員長の選挙結果を黒板に書くときに「正」の字で表すのと基本的な考え方の点では同じである。ただ，よりわかりやすい要約という観点からすれば，出現頻度を羅列するだけではなく，そのカテゴリーが全体に占める割合まで情報として示せる方が良い。したがって，度数分布表にはパーセントも表示するのが通常である。また，無回答や非該当といったカテゴリーを分母から抜いてパーセントを算出する方がより要約として本質的だと考えるならば，有効回答数を分母とする有効パーセントを示すとよりわかりやすい要約になるし，カテゴリー間に順序性が成り立つのであれば累積パーセントを示すのも良いだろう。

③ 量的変数の要約

　量的変数に対して度数分布表が使えないわけではないが，たとえば「センター試験の点数」のような変数の場合，そのままではカテゴリー数が膨大になるため要約としては適切ではない。このような場合，量的変数の情報量の多さ

2）『2009プロ野球全選手写真名鑑（週刊ベースボール２月21日号増刊）』ベースボールマガジン社から著者が作成した。以下のプロ野球選手データを用いた図表も同様。

- 要約統計量
  - 代表値…変数を代表する値
    - 平均値
    - 中央値（メディアン）
    - 最頻値（モード）
    - 分位数・パーセンタイル
  - 散布度…変数の変動を表現する値
    - 範　囲
    - 分　散
    - 標準偏差
    - 変動係数
    - 四分位偏差
    - 歪度・尖度

図 10 - 1　量的変数の要約統計量（この章で触れるもののみ）

を活かした**要約統計量**を用いることになる。要約統計量は，代表値と散布度とに大きく区別される（**図10 - 1**）。

3 - 1　代表値——中心傾向の指標

量的変数の中心傾向をひとつの数値で示したものを**代表値**と呼ぶ。代表値として最も基本的なものが**平均値**である。平均値にもいくつかの種類があるが，ここでは最も一般的な算術平均についてとりあげる[3)]。

平均値（算術平均・相加平均）… n 個の観測値の総和を n で除したもの[4)]

$$\bar{x}=\frac{1}{n}\sum_{i=1}^{n}x_i$$

シグマが出てきて，恐怖におののく人は巻頭の**数学付録**を見て欲しい。そんなに複雑なことをしているわけではなく，日頃みなさんが何の気なしに計算している平均値とまったく同じである。代表値のなかでも最も使用される機会の多い平均値だが，万能というわけではない。たとえば，日本のプロ野球選手が

3）これ以外で，伸び率の平均の算出に幾何平均（相乗平均）も比較的よく使われる。これは **n 個の観測値の積の n 乗根**として，以下の式で表される。

$$mg=\sqrt[n]{x_1\times x_2\times x_3\cdots x_n}$$

たとえば，ある魚の値段が2007年に100円，2008年に300円，2009年に600円，2010年に800円と上昇したとする。この間の平均上昇率は，1年ごとの上昇率3，2，1.33の積である8の3乗根（3乗すると8になる値）で2となり，「平均2倍の伸び率」となる。

4）式の $\bar{x}$ はエックス・バーと読み，x の平均を意味する。

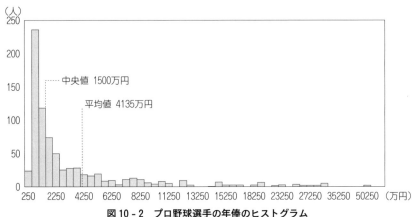

（人）

中央値 1500万円

平均値 4135万円

図10 - 2　プロ野球選手の年俸のヒストグラム

※各区間の幅は500万円

どのくらい稼いでいるのかに興味をもって年俸の平均値を調べるとする。平均値は4135万円になるのだが，「平均的なプロ野球選手でも4135万ももらっているなんてすごい」と思って，自分の子どもにはやっぱり野球をさせようと心に決めたのだとしたら，少し待って年俸を500万きざみにしてその分布を表した**図10 - 2**を見て欲しい。このように連続的なデータを区間に区切ってその度数を視覚的に表現したものを**ヒストグラム**と呼ぶが，年俸のヒストグラムを見て何か変だと思わないだろうか。平均値として算出された4135万円という値は，明らかにヒストグラムに示された分布のなかでは高い方に位置している。少なくとも平均的プロ野球選手のもらっている金額を適切に代表しているとは思えないはずである。これはヒストグラムに示された分布と関わっている。左右対称の分布にはほど遠く，右側の裾の部分が長くなっていることがわかるだろう。これは，ごくごく少数の選手が非常に高額な年俸をもらっていることによる。このような値のことを**外れ値**と呼ぶのだが，平均値の弱点は外れ値に引っ張られやすいことなのである。

　このように，外れ値がある分布において，平均値は代表値として適切ではない場合が多い。[5]それでは，外れ値に引っ張られないような代表値はないのであろうか。それが**中央値**と**最頻値**である。

中央値（メディアン）…データを数値の大きい（小さい）順に並べたとき，真ん
　　　　　　　　　　　中に位置する数値。ケース数が偶数の場合は中央のふ
　　　　　　　　　　　たつのデータの平均をとる。
最頻値（モード）　…データのなかで最も多く存在する数値やカテゴリー。
　　　　　　　　　　　代表値のなかで唯一，名義尺度にも使うことができる[6]。

　プロ野球選手データでは，中央値は1500万円，最頻値はヒストグラム上では
750万円となり，平均値から比べると大幅に低い水準になっている。ヒストグ
ラムからもこれらの値の方が，より代表値として望ましいことがわかるであろ
う。平均値よりも中央値が小さく，最頻値はそれらよりさらに小さいというこ
とからわかるのは，プロ野球選手の年俸の分布が大きく歪んでおり，大多数の
選手は1000万円前後だということである。もちろん，世間一般からすれば高額
ではあるが，競争に勝ち抜けなければすぐクビになることを考えれば，決して
夢のような世界とはいえないことがわかるだろう。どうだろうか。まだ自分の
子どもをプロ野球選手にしたいだろうか。

　このように，平均値のみから分布の特徴を判断することは危険であり，分布
の形をチェックして左右対称な分布から大きくズレるような場合は，他の代表
値を用いるべきである。ただ，最頻値は量的変数の場合，適切な区間で区切っ
た形に加工した上で使用しないと不適切であることが多いので，分布が左右対
称ではない変数の代表値としては中央値が用いられることが一般的である。

　また，中央値は分布のなかでの特定の位置を表す**分位数**や**パーセンタイル**と
いった統計量との関わりでも重要である。というのも，これらの統計量の考え
方は，分布をいくつに分割するかという点以外，中央値と同じだからである。
すなわち，中央値は第2四分位数，そして50パーセンタイルと同じである。

10

5）　例えば厚生労働省が行っている「国民生活基礎調査」の世帯年収の分布でも所得の平均
　　値と中央値では大きな差があることがわかる（https://www.mhlw.go.jp/toukei/saikin/
　　hw/k-tyosa/k-tyosa19/dl/03.pdf）。
6）　たとえばあるクラスにおける血液型の分布が，【B，O，O，A，AB，O，A，O，A，B】
　　であれば最頻値は「O」となる。

分　位　数	…変数の分布を任意の数の同じ大きさの集団に分割する数値。

4つに分割する場合なら，分布の $\frac{1}{4}$ がそれ以下に入る点を第1四分位数（Q_1）と呼び，同様に $\frac{2}{4}$ 以下を第2四分位数（Q_2），$\frac{3}{4}$ 以下を第3四分位数（Q_3）と呼ぶ。[7]

パーセンタイル…分位数の一種で，百分位数とも呼ばれる。データを小さい順に並べたとき，任意の％の序列上に位置する数値である。

3-2　散　布　度

　分布の形から代表値を適切に選択することができても，それだけでは分布の要約にはまだ不十分である。たとえば，テストの点数の平均値も最頻値も中央値も同じふたつのクラスがある場合，そのふたつのクラスのテストのできは同じであるとみなしても良いのであろうか。それは，**表10-2**のような場合を考えてみれば明らかである。

　AクラスとBクラスとは，平均値も最頻値も中央値も60点で同じであるが，これらふたつのクラスのテストのできの傾向は明らかに同じではない。ばらつき方が違うのである。そこで，変数のばらつきを示す指標が必要となる。まず，素朴に最大値と最小値との差を見ることが考えられる。このような指標を**範囲**と呼ぶ。AクラスとBクラスの範囲は，それぞれ60点と0点となり，Aクラスの方がばらつきの大きいことを示すことができる。しかし，**表10-2**のCクラスを見て欲しい。Cクラスの場合も範囲は60点でAクラスと同じであるが，AクラスとCクラスのばらつき方は，やはり同じとは思えない。つまり，最小値と最大値しかみないこの方法だと，ひとつの値が指標を引っ張ってしまうので望ましくないのである。そこで，もう少し洗練された指標が必要になってくる。それが**分散**である。

7）　同様に5分割や10分割した場合は，それぞれ五分位数や十分位数となる。

表10-2　3つのクラスのテスト得点

Aクラス	30	40	50	60	60	70	80	90
Bクラス	60	60	60	60	60	60	60	60
Cクラス	30	60	60	60	60	60	60	90

分散[8)]…個々の値と平均値との差を2乗して足し合わせ，ケース数で割ったもの。

$$s^2 = \frac{1}{n} \sum_{i=1}^{n} (x_i - \bar{x})^2$$

　この式の基本的な考え方は，平均値を基準にして，そこからの個々の値との**偏差**を全部足してみることで，散らばり具合を測ろうとするものである。ただ，読者のみなさんのなかには，なぜ2乗をする必要があるのだろうかと疑問に思う人もいるかもしれない。A クラスの例で，2乗せず計算をすると，

$(-30)+(-20)+(-10)+(0)+(0)+(10)+(20)+(30)$
は……0 になっちゃった！

平均値はすべての観測値の重心であるため，必然的にプラスとマイナスが相殺されてしまうのである。これでは意味をなさないので，差の大きさをすべてプラスにして足し合わせるために2乗するのである[9)]。A クラスについては，

$(-30)^2+(-20)^2+(-10)^2+(0)^2+(0)^2+(10)^2+(20)^2+(30)^2$
$=900+400+100+0+0+100+400+900=2800$

$\frac{2800}{8}=350$

ということで分散350ということになり，同様に計算をして B クラスは 0，C クラスは225となる。

---

8)　ここでは，標本分散をとりあげている。母集団の分散の推定値としての不偏分散については第 11 章 **発展** **3** を参照。

9)　平均からの偏差を絶対値にして足し合わせる平均偏差という統計量も存在するが，数学的な処理の都合からあまり使われない。

このように分散を用いることで、ばらつきは大きい順にAクラス、Cクラス、Bクラスの順であることがわかる。ただ、分散にも問題点がある。偏差を2乗して足し合わせることで値が大きくなり、元々のデータと同じ単位で表現できないという点である。この例の場合、Cクラスのテストの点の分散は225「点」とは呼べないのである。では、どうするかというと、非常に単純であって、元の単位に戻してやれば良い。すなわち、分散の平方根をとってやれば良いのである。この値を**標準偏差**という。

標準偏差…分散の正の平方根　　　$s=\sqrt{s^2}$

Aクラス、Bクラス、Cクラスの標準偏差はそれぞれ、18.7点、0点、15点となり、元の単位（点数）でばらつきを要約できた。

このように標準偏差として元の単位にすることで、各クラスの得点のばらつきを比較する際にも、比較的イメージがしやすくなる。しかし、標準偏差そのままでばらつきの比較をすることが危険な場合もある。たとえば、Aクラスのテストが10点満点だったとして得点を10分の1にして考えると、標準偏差は1.87となってしまうが、当然これはばらつきが小さくなったことを表すものではない。つまり、測定単位が異なる2変数のばらつきの大きさの比較を、単純に標準偏差によって行うことは適切ではないのである。この問題は、それぞれの変数の測定単位を考慮してやる、すなわち平均値で割ってやることで解決できる。これを**変動係数**と呼ぶ。

変動係数…標準偏差を平均値で割ったもの。　　　$cv=\dfrac{s}{x}$

Aクラスの例であれば、18.7/60＝1.87/6＝0.31と変動係数は等しくなり、測定単位による影響を排除することができた。これにより、通貨のような単位が異なる変数間のばらつきの大きさについても比較可能になるのである。

3-3　ばらつきを考慮して比較する——標準得点と偏差値

また、標準偏差が有用な理由として、この情報を平均値とあわせて用いるこ

とで，ある値が分布のなかでどの位置にあるか相対的に評価することが可能になる点がある。たとえば，同じ170cmという身長の人でも，その人が男性なのか女性なのかで受ける印象は異なるはずだ。これはわれわれが，男女で身長の分布が異なっていることを経験的に知っているからである。つまり，その人の性別の身長分布を考慮しなければ，その値を適切に評価することはできないのである。このように，ある値について相対的な評価をする際に重要になるのが標準得点である。平均値と標準偏差を用いて値を標準得点化する[10]ことで，異なる平均とばらつきをもつ変数分布における，特定の値の評価が可能になるのである。

標準得点（z得点）…個々のデータの値と平均値との差を標準偏差で割った値。平均0，標準偏差1の分布となる。

$$z_i = \frac{x_i - \bar{x}}{s}$$

　18歳男性で身長が170cmの場合，同年齢の男性のなかでどのように評価できるであろうか。文部科学省が行った平成26年度「体力・運動能力調査」によると，18歳男性の平均身長は171.01cm，標準偏差は5.86cmであり，標準得点を上の式に当てはめてもとめると−0.17点となる。では18歳女性で170cmだったらどうだろう。同じ調査における18歳女性の平均身長は157.92cm，標準偏差は5.12cmであり標準得点は2.36点となる。身長のように左右対称の釣り鐘型の分布をする変数の場合，その標準得点の分布は標準正規分布と呼ばれ，任意の標準得点に対応する確率がわかる。詳しくは**11章**で説明されるが，標準正規分布において標準得点1.96以上の値が得られる確率は2.5%となる。したがって，2.36という標準得点からは，（女子のみ40名だとすれば）クラスに1人もいないような高い身長だということがわかるのである。

　このように標準得点は非常に有用ではあるが，−0.17だ2.36だといってもなかなかピンとこないという人も多いかもしれない。しかし，標準得点はみなさんのとても身近に存在している。というのも，みなさんの多くを大学受験時に悩ませていた偏差値は，標準得点の一種だからである。

10）「標準化」「基準化」「z得点化」するとも表現される。

偏差値…標準得点の一種。標準得点を10倍し50を足したもの。

このように変換することで，マイナスの値を扱わずに済むというだけで，意味はまったく同じものである。身長170cmの18歳女性が，同年齢の女性のなかでどのような位置にあるかを偏差値で表すと73.6になる。相当な高さだということが実感できるはずだ。

3-4　中央値に対応するばらつきの指標とグラフ──四分位偏差と箱ひげ図

分散や標準偏差には，平均値と同様に外れ値からの影響を受けやすく，その値に引っ張られてしまうという弱点がある。偏りのある分布においては，代表値には中央値を用いるほうが適切であることはすでに述べたが，散布度についても分散や標準偏差よりも**四分位偏差**を用いる方が適切である。

四分位偏差…第3四分位数から第1四分位数を引いて2で割った値。中央値と
同様に外れ値の影響を受けにくい。

$$QD = \frac{Q_3 - Q_1}{2}$$

また，中央値と四分位偏差の情報によって，分布の特徴を視覚的に表現する方法として**箱ひげ図**がある。箱ひげ図とは，分布をひとつの箱とその上下に伸びたひげで表現したもので，箱の真ん中に引かれた線が中央値を，箱の上端（上ヒンジ）と下端（下ヒンジ）がそれぞれ第3四分位数と第1四分位数を表している[11]。上ひげは上ヒンジより箱の長さの1.5倍分の範囲内での最大値を表し，下ひげは下ヒンジより箱の長さの1.5倍分の範囲内での最小値を表す。その範囲よりも上または下にあるデータは外れ値としてプロットされる[12]。

図10-3 および **図10-4** は，総務省統計局のホームページに掲載されている，平成25年（2013年）から27年（2015年）の家計調査（2人以上の世帯）の平均にも

---

11)　平均値と標準偏差の情報を用いる場合もある。
12)　上下のヒンジから，ヒンジ散布度（箱の長さ）の3倍以上離れた外れ値を区別してプロットする場合もある。SPSSの場合，3倍以内の外れ値は丸印で，それより外れている値は星印でプロットされる。**図10-3** の場合，外れ値の2都市とも上ヒンジからヒンジ散布度の3倍の距離以上離れているので，SPSSの出力では星印でプロットされる。

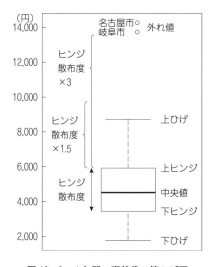

図 10 - 3　1 年間の喫茶代の箱ひげ図
（N＝52）

※総務省統計局のホームページ掲載の家計調査（2 人以上の世帯）の品目別の都道府県庁所在市及び政令指定都市ランキングから筆者が作成

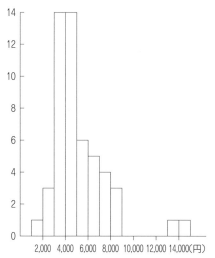

図 10 - 4　1 年間の喫茶代のヒストグラム
（N＝52）

※総務省統計局のホームページ掲載の家計調査（2 人以上の世帯）の品目別の都道府県庁所在市及び政令指定都市ランキングから筆者が作成

10

とづいて，品目別の都道府県庁所在市及び政令指定都市ランキングから，1 年間の外食費のなかの喫茶代の分布をそれぞれ箱ひげ図とヒストグラムに示したものである。第 1 四分位3604円，中央値4676円，第 3 四分位6049円，そして 2 都市が丸印で示され外れ値となっていることがわかる。この 2 都市は上から名古屋市と岐阜市であり，朝食時のモーニングサービスの豪華さが話題になるような，この地域における喫茶文化の浸透を読み取ることができる。このように，データの中心傾向と散らばりの度合い，そして外れ値を同時に示したい場合，箱ひげ図は大変便利である。

発　展　*Advanced*

I　歪度と尖度

　変数の分布の特性を把握するために代表値と散布度を学んだが，これら以外に分布の特性を示す 2 つの指標がある。**歪度**は，分布が左右対称な状態からどの程度偏っている

かを示したものである。式は平均からの偏差が正の方向に大きいほど、歪度の値も正の値をとりやすくなることを表している。右裾が長い（左に偏った）分布の場合、歪度は正の値をとり、左裾が長い（右に偏った）分布の場合、歪度は負の値をとることになる。[13]

$$sk = \frac{1}{n}\sum_{i=1}^{n}\left(\frac{x_i - \overline{x}}{s}\right)^3$$

また、**尖度**は、分布が正規分布を基準とした状態からどの程度尖っているかを示したものである。尖った分布であるほど、標準偏差は小さくなることから、裾の部分の値の標準得点は大きくなる。すると、それを4乗した値も大きなものとなり、尖度も正の値をとりやすくなるのである。式の右端についている（−3）は、正規分布と等しい尖度の場合、値が0となるように調整したもので、正の値をとる場合は正規分布よりも尖った分布をしており、負の値をとる場合は正規分布より平坦な分布をしていることを示す。[14]

$$kr = \frac{1}{n}\sum_{i=1}^{n}\left(\frac{x_i - \overline{x}}{s}\right)^4 - 3$$

先ほどの、喫茶代の分布の歪度は2.098、尖度は5.813といずれも正の大きな値をとっている。ヒストグラム（**図10-4**）からも、喫茶代金の分布は正規分布と比べても右裾が長く、尖った分布をしていることが確認できるであろう。

2　質的変数の散布度

ここまで散布度について詳しく見てきたが、それらはいずれも量的変数を対象とするものであった。性別や血液型のような質的変数においては平均に意味が無い以上、分散や標準偏差も無意味である。では質的変数において値のばらつきはどのように捉えられるのであろうか。量的変数における散布度の指標と比べて使用される機会は少ないが、質的変数においても散布度の指標は存在する。それが多様性指数と質的変動係数である。

> **多様性指数**…母集団から無作為に抽出した2つの異なるケースが別々のカテゴリーに属している確率であり、質的変数の分布の多様性を表す指標となる。
>
> $$D = 1 - \sum_{i=1}^{K} p_i^2$$
>
> p_iはi番目のカテゴリーに含まれるケースの比率
>
> **質的変動係数**…多様性指数を標準化した値
>
> $$IQV = \frac{K}{K-1}D$$

---

13)　なお、「分布が右に歪んでいる」と言った場合、歪度が正の右裾が長い分布を示す。そのような分布では分布の頂点が左側に偏るため、感覚的には「左に歪んでいる」と混乱しがちなので注意する必要がある。

多様性指数は変数のカテゴリー数によって最大値が変わってくるので，多様性指数にカテゴリー数 K の時の最大値 $\frac{(K-1)}{K}$ の逆数を掛けて標準化したものが質的変動係数である。これにより，値の幅を 0 から 1 とすることでカテゴリー数が異なっても比較可能になる。たとえば，ある大学において 2 年生に対して，3 年生から分属するゼミについて，人数があまりに偏っていると，調整が必要なので，希望を調査したところ，**表10-3** のようになったとする。4 月時点の 3 人の教員の希望のばらつきを計算すると，多様性指数が0.518，質的変動係数が0.778となる。教員が増えても，同じ調査を行い，計算結果を比較して希望のバラつきが変化したかを確かめることができる。

表10-3 ある大学における ゼミ希望者の推移

	4月	11月
兼六教授	6	4
角間准教授	12	3
大塚准教授	32	29
玉村講師	—	14

練習問題

① 次の変数の尺度水準は何か。また量的変数と質的変数とではどちらになるか。
　a．知能指数　　b．学食のライスのサイズ　　c．プロ野球選手の背番号
　d．シーズンホームラン数　　e．視聴率

② 東京都10軒，福井県10軒のラーメン屋についてラーメンの値段を調べたところ右のようになった。データ全体，東京都，福井県のそれぞれについて①平均値，②中央値，③分散，④標準偏差，⑤変動係数を求めてみよう。そのうえで，お店 T の価格の⑥福井県の10軒のなかでの相対的な位置と⑦データ全体のなかでの相対的な位置を標準得点で表してみよう。なお値は小数点第二位まで求めること。

東京都		福井県	
A	560	K	600
B	880	L	650
C	700	M	550
D	900	N	580
E	680	O	600
F	750	P	500
G	800	Q	450
H	850	R	750
I	780	S	550
J	900	T	630

③ **発展** の**表10-3** について，新任の教員が 1 名増えたので，改めて11月に希望を調査した。11月の時点の度数分布についても多様性指数と質的変動係数を計算し，4 月の時点と比べてばらつきがどう変化したか考察しなさい。なお値は小数点第二位まで求めること。

小林 大祐

---

14) 定義によっては -3 をしないものもあるが，この場合は値が 3 であれば正規分布と同じ尖度であることになる。

11
統計的推測
見えない「全体」に対する想像力

　本章は数学が苦手な人には難しいかもしれないが，だいたいでも理解できれば推測統計の基礎は理解できたと自信をもって良い。

　最初に，無作為標本抽出（→第7章）をした場合に理論的に想定できる標本抽出分布について復習する。ひとつの母数（母平均など）と，ほぼ無数にありうる標本統計量（標本平均など）との関係のことである。大切なのは，可能な無数の標本統計量は標本抽出分布と呼ばれる正規分布をなすということだ。

　その次に，正規分布の知識を利用して，標本平均から母平均を推測する区間推定という方法について説明する。ここでは，推定区間の幅を決める（＝推定の精度を表す）標準誤差が重要なキーワードである。

　区間推定の次は統計的検定について学ぶ。検定には異なった目的や条件で用いるさまざまな方法があるが，ここではそれらに共通の論理を理解する。

　どうしてもわからなければ数式はとばして説明文を拾い読みするだけでも良い。具体的な推定や検定についてたくさん学んでからもう一度改めて本章を読み返すと，バラバラに詰め込んだ知識が互いに結び付けられるだろう。

① 理論的に推測するために

　第7章では，いわゆるランダムサンプリング（無作為抽出）がいかなる点ですぐれているのか，「科学的」であるのかについて説明した。一言でいえば，無作為抽出の標本の場合にだけ，真の値（母数）からの標本統計量のズレの幅について，確率論という装備を用いて理論的に評価を行うことができるのであ

る。これを**統計的推測**という。統計的推測には推定と検定のふたつがある。推定には点推定と**区間推定**があるが，ここでは主に区間推定を扱う。

　区間推定として最も初歩的なものは母平均の区間推定である。第7章で，つねに母集団と標本という枠組で考えるということは理解できただろう。研究関心から母集団を確定し，適切な標本抽出枠を入手または作成する。そしてその抽出枠から無作為抽出を行うと，ひとつの標本が得られる。面倒な実査を苦労して行うと，その標本についてのデータが実際に手に入るのである[1]。

　こうして得られるのは，調査対象者のなかでの内閣支持率（標本比率）だとか調査対象者の人たちの平均年収（標本平均）などの**標本統計量**である。しかし私たちが調査を行うときに本当に知りたいのは，母集団では内閣支持率はどの程度なのかとか（母比率），母集団では平均的な年収はいくらくらいなのか（母平均）といった**母数**である。約1億人の日本の成人全体のなかから1,000人を対象として調査を行ったとする。「そんなわずかな人だけのデータからは何もわからないよ」と言う人もいるかも知れないが，たった1,000人に聞いただけの結果であっても，適当な印象や個人的な経験による想像よりもはるかに確かなことがわかる。その意味で，調査に応じてくれた1,000人の厚意は決して無駄にはならない。以下では，無作為標本から一体どのようなことが，なぜわかるのか，ただのあてずっぽうや憶測とはどう違うのかを説明しよう。

11

② 標本抽出分布
──何度も調査すれば結果は変わるけど……

　調査を行ってひとつの標本を得たら，そのデータからさまざまな集計や分析ができる。年齢や教育年数や収入の平均を計算したり，宗教や支持政党の分布を求めたり，余暇活動の種類と家族構成のクロス表を作成したり。しかし，標本に含まれる人が異なっていれば，そうした平均や比率，クロス表に見られる関連も異なってくる。調査のたびに調査結果が異なるのなら，一体そのどれを信じたら良いのだろう。本当に母集団を代表しているのはどれなのだろう。

1）　以下の説明では便宜上，回収率は100%，つまり調査を依頼した人は全員が協力してくれたとして話を進めることとする（→第5章 基礎 **1**，第8章 発展 **3**）。

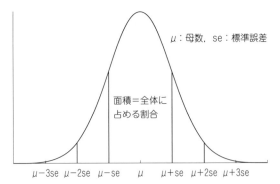

μ：母数，se：標準誤差

面積＝全体に
占める割合

μ−3se　μ−2se　μ−se　　μ　　μ+se　μ+2se　μ+3se

図11 - 1　標本統計量が従う正規分布（＝標本抽出分布）

そんなことは，普通は決してわからない。ありうる標本のどれが一番「正しいか」なんて考えても仕方がない。むしろ発想を転換して，潜在的にありうる無数の標本全体ではどのようになるのかを考えることが重要なのである。

　具体的に考えてみよう。2020年10月1日現在の日本の総人口は1億2588万人程度である。そのうち全国世論調査などでよく対象者となる18歳以上80歳未満の人口は9581万人くらいである。このなかから3,000人を選んで標本調査を行うとしよう。標本3,000人に誰が含まれるかによって，得られる標本平均や標本比率の値が変わってくる。では，それは何通りあるだろうか（→**数学付録**）。

$$_{95810000}C_{3000} = 3.93 \times 10^{14813}$$

　この無数に近い可能性のなかには，たまたま平均値や比率が一致する場合も含まれる。それらをすべてヒストグラムというグラフで表現すると，**図11 - 1**のようなきれいな**正規分布**になる。この分布を，（標本平均とか標本比率の）**標本抽出分布**[2]と呼ぶ。

　見ての通り正規分布は左右対称で真ん中が一番高くなるが，この真ん中の値は，（母平均とか母比率といった）母数に一致することもわかっている。そしてこの標本抽出分布のちらばりの度合いを表す標準偏差を，特に**標準誤差，se**（standard error の略）と呼ぶ。大雑把にいって，中心から左右にそれぞれ se ひとつ分の幅を切り取った部分の面積は，グラフ全体の面積の70％弱を占める。

2）　多くの文献で**標本分布**と書いているが，英語では sampling distribution であり，南風原［2002：90］は「標本抽出分布」と呼ぶことを提案している。標本分布という言葉は，母集団分布に対して，あるひとつの標本のなかでの変数値の分布という誤ったイメージを与える危険があるので，ここではあえて標本抽出分布と書く。

左右に se ふたつ分の幅をとるとほぼ95%，左右に se 3つ分の幅には全体の
ほとんどすべてが含まれる。

　通常は調査は1回行うだけであり，そこから計算される標本統計量はひとつ
だけである。しかしその標本統計量はこのグラフのどこかに位置しており，し
かも，たとえば，本当に知りたい母数から左右に標準誤差ふたつ分とった幅の
区間に含まれる確率はだいたい95%になるのである。

　これは母数を中心にしたときの見方であるが，標本統計量を中心にして見る
と，無作為標本調査をしようとする場合，標本統計量から ±2se の範囲に母
数が含まれる確率はだいたい95%ある。逆にいえば，母数がこの範囲に含まれ
ない場合は20回に1回くらいしか起こらない。つまり，「母数は標本統計量か
ら ±2se の範囲に含まれる」と考えても，20回に1回しか外れないのである。
この ±2se の範囲が十分に狭ければ，たいていの場合に母数がその範囲に含
まれると判断できることは大きな知見である。

③ 標準誤差──推定の精度

3-1　標準誤差と信頼区間

　ではその標準誤差とは一体どのように求められるのか。平均値の場合を例に
すると，以下のようにとても簡単な式で表現できる。

$$se = \frac{\sigma}{\sqrt{n}} \qquad （式11-1）$$

　n は標本の大きさ，σ は母集団における標準偏差（母標準偏差）を意味してい
る（→ 発展 1 ）。

　そして，母平均から左右にだいたい ±2se，正確には ±1.96se の幅の区間
に標本平均が含まれる確率が95%になるということは，無作為標本調査をこれ
からやる人にとっては，次の式が95%の確率で成り立つということである。

$$\mu - 1.96\frac{\sigma}{\sqrt{n}} < m < \mu + 1.96\frac{\sigma}{\sqrt{n}} \qquad （式11-2）$$

　m は標本平均であり，調査前にはもちろん定まらないが，調査したあとに

はひとつに定まる。そして，母平均の95%**信頼区間**と呼ばれる範囲を表す不等式は，これを少し変形して次のように書ける（→**発展 2**）。

$$m - 1.96 \frac{\sigma}{\sqrt{n}} < \mu < m + 1.96 \frac{\sigma}{\sqrt{n}}$$

「95%信頼区間」は，もしも100回同じ調査を行ってこんな不等式を100個作ったとしたら，そのうち95個は成り立つ，つまり母平均がその区間の中に含まれるような不等式のことなんだね。実際に調査して作る不等式は1個だけだから，成り立たない方の5個に含まれちゃってる危険性もあるわけだけど。95%というのは調査をする前の確率なんだって。

改めて標準誤差の式11-1を見ると，母標準偏差が大きければ（つまり母集団内部でのバラツキが大きければ）se も大きくなるが，標本サイズが大きければse は小さくできる。いわゆる量的調査で「数が必要」と思われがちなのはこのことによる。標本サイズを100にするよりも10,000にすれば，標準誤差は10分の1にできる。推定精度が10倍になるといい換えても良い。しかし100人の調査と10,000人の調査ではかかる費用に雲泥の差がある。標本サイズは大きければ大きいほど推測の精度を高めることができるが，どの程度大きくするかは，サンプリング作業や調査票印刷などの準備のコストや，大量の調査員の調達可能性やその訓練，回収票のエディティング，クリーニングやデータ入力作業など，さまざまなコストを考慮して，いわば妥協的に決めるのである。

3-2　未知の母分散の推定

ここまで読んできて何かすっきりしない気がするかも知れない。無作為標本調査では標本統計量 m から標準誤差 se を利用したある幅の範囲に，かなりの確率で母数 μ が含まれる。そのことは大きな発見だ。サンプルサイズ n を大きくすれば，その「母数が含まれるであろう区間」も狭くできることもわかった。しかしその標準誤差の式11-1の分子にはまだ母標準偏差 σ が含まれていて，この母数もやはり普通は知ることができないのではないだろうか。

たしかに多くの標本調査ではその通りだ。まれに，先行研究や既存の調査結果などから母標準偏差がわかっていると仮定する場合もあるのだが，多くの社会学的調査では母標準偏差が既知であると扱うことはない。だとすれば，そもそも標準誤差なんて計算できないのだから意味ないのではないのか。

厳密にはそうだが，母標準偏差は標本標準偏差から推測するという手段をとっても大きくずれることは少ないので，それで代用する。母分散の推定量として**不偏分散**というものを計算し，その平方根を母標準偏差の推定値として用いるのである（→ 発展 **3**）。

 母平均の区間推定とは

4-1 不偏分散とt分布

母分散が未知の場合にも標準誤差の推定量を計算することが可能になった。確率標本抽出をして，変数 x についての平均 m と不偏分散 $\hat{\sigma}^2$ を求める。そうすると，100回に95回の確率で成り立つという式を得ることができる。

$$m-1.96\frac{\hat{\sigma}}{\sqrt{n}}<\mu<m+1.96\frac{\hat{\sigma}}{\sqrt{n}}$$

ただし厳密には，標準誤差の式のなかの母標準偏差を不偏分散の平方根 $\hat{\sigma}$ で代用したときに，いくつかの条件が生じてしまう。ひとつは，この変数 x の母集団における分布が正規分布でなければならないという条件である。これが成立することは実際にはなかなか難しい。しかし，母集団分布が厳密に正規分布に従っていなくても結果に深刻な影響はないともいわれる。

もうひとつの条件は，いままで正規分布を用いて区間推定をしてきたが，それとは異なる**t分布**を用いなければならなくなるというものである。

そもそも正規分布は，平均と分散によって具体的な形状や位置が変わってくるが，そのうちで平均が0，分散が1の正規分布を特に**標準正規分布**と呼び，N(0，1²)と表記する[3]。この標準正規分布は，すべての推定・検定理論の根幹にあるといっても良い。中心は平均であるから0であり，左右対称な形をしている。そして，−1.64 から ＋1.64 の幅の面積は全体のちょうど90％になり，−1.96 から ＋1.96 の幅の面積は95％となる。

3） 一般的に，平均 μ，分散 σ^2 の正規分布は N(μ，σ^2) と表記する。

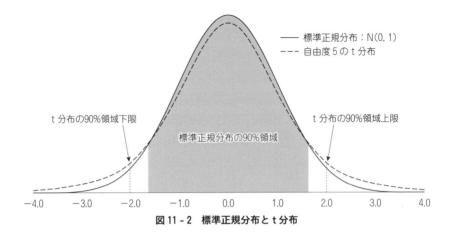

——— 標準正規分布：N(0, 1)
- - - - 自由度5のt分布

t分布の90%領域下限　　　　　　　　　　　t分布の90%領域上限

標準正規分布の90%領域

-4.0　　-3.0　　-2.0　　-1.0　　0.0　　1.0　　2.0　　3.0　　4.0

図11-2　標準正規分布とt分布

　t分布というのはこの標準正規分布に非常によく似た分布であり，少しだけ頂点が低くて裾が厚い。このt分布には**自由度**という要因があり，自由度が小さいと標準正規分布からの乖離が著しくなるが，自由度が大きいほど標準正規分布にかなり近づいていき，やがて見分けがつかなくなる。大きさ n の標本から不偏分散を求めて母分散の代用にするときには，標準正規分布の代わりに，自由度 $n-1$ のt分布を使用することになっている。

4-2　信頼区間の式と標準正規分布

　t分布を使用するといってもどこで使用するのか。そもそも正規分布は標本抽出分布のところで使用したが，平均が0で分散が1なんていう特殊な標準正規分布は今まで使用していないではないか。

　先の式11-2をもう一度見返そう。これを変形すると次の式11-3になる。

$$-1.96 < \frac{m-\mu}{\sigma/\sqrt{n}} < +1.96 \qquad （式11-3）$$

この中辺は，元の変数からその平均（＝期待値）を引き，それを標準偏差（この場合は標準誤差になる）で割っている。ある変数からその平均を引いて標準偏差で割ると，元がどんな変数であっても必ず平均0，分散1になる。こうした変形を**標準化**と呼ぶ（→第10章 **基礎** **3-3**）。

　とすると，もともと正規分布に従っていた標本平均の標本抽出分布を，中心

が０で分散が１になるように変形したのであるから，これは標準正規分布に従うことになる[4]。母分散が既知の場合の母平均の区間推定は，確率変数としての標本平均を標準化して，それが標準正規分布に従うことを利用している。

4-3 　t分布を用いた信頼区間の式

　未知の母分散を不偏分散から推定した場合には，標準化したあとの変数は標準正規分布ではなくt分布に従うことを利用しなければならない。

　たとえば$n-1$が30の場合，自由度30のt分布では，-2.04から$+2.04$の間に全体の95％が含まれることがt分布表（→**数学付録3**）からわかる。式11-3と式11-4を比べると，推定の幅がひろがっている，つまり精度が粗くなっていることがわかる。

$$-2.04 < \frac{m-\mu}{\hat{\sigma}/\sqrt{n}} < +2.04 \qquad （式11-4）$$

母分散に推定値を用いた場合の母平均の95％信頼区間は次のようになる。

$$m - 2.04\frac{\hat{\sigma}}{\sqrt{n}} < \mu < m + 2.04\frac{\hat{\sigma}}{\sqrt{n}}$$

　もっとも，社会学的研究でよく見られる大規模調査では，t分布を使うか標準正規分布を使うかについては余り神経質にならず，わからなければ標準正規分布を使うことにしておいてもそれほど問題はない。社会学で有名な全国調査はいずれも標本サイズが数千から１万以上であり，データの一部分だけを分析に使う場合でも，分析ケース数は数百にのぼる場合が多い。90％信頼区間を求めるために使う値，95％信頼区間を求めるために使う値は**表11-1**の通りである。自由度$\nu=100$の場合でも標準正規分布より約1.01倍大きいだけであり，分析ケース数が多い場合にかぎれば，神経質になるほどの違いにはならない。

　母平均の区間推定と同様に，母比率πの区間推定の式も示しておこう。比率は，０と１のいずれかの値しかとらない変数の平均ともいえるので，原理的には標本比率pを標本平均と見て母平均の区間推定を適用すれば良い。少し違う点は，分散が一見特殊な形をしていて，母分散の推定に通常の標本分散を

[4]　ちなみに，もともと正規分布に従っていない変量を標準化しても標準正規分布には従わない。標準正規分布については**数学付録3**も参照せよ。

表 11 - 1　標準正規分布と t 分布の限界値のズレ

	標準正規分布	t 分布($\nu=100$)	t 分布($\nu=400$)	t 分布($\nu=1,000$)
90%限界値	±1.645	±1.660	±1.649	±1.646
95%限界値	±1.960	±1.984	±1.966	±1.962
99%限界値	±2.576	±2.626	±2.588	±2.581

用いる点と，わざわざ t 分布を用いずに標準正規分布を利用する点である。[5]

$$p-1.96\sqrt{\frac{p(1-p)}{n}}<\pi<p+1.96\sqrt{\frac{p(1-p)}{n}}$$

4 - 4　信頼水準と信頼区間の幅

　信頼区間としては，90％信頼区間，95％信頼区間，99％信頼区間などがよく求められる。90％，95％，99％といった確率は**信頼水準**または**信頼係数**と呼ぶ。これらは研究の対象や目的に応じてふさわしいものが選ばれる。では，ある調査データのなかのひとつの変数に着目したときに，この3つの信頼区間のうちどの幅がせまくてどの幅がひろいかすぐにわかるだろうか。これが容易に頭のなかでイメージできれば，区間推定の考え方の基本が身についているといえる。90％信頼区間は，100回やって90回あたれば良いような幅である。それに対して99％信頼区間は，100回やって99回はあてなければならないような幅である。90回あてれば良い場合より99回あてなければならない場合の方がより慎重になる必要があることはわかるだろう。幅のある区間に母数を捉えようとするとき，慎重な方法というのは，それだけひろい幅をとるということに他ならない。したがって，このなかでは99％信頼区間が最もひろい幅をもち，90％信頼区間が最もせまい幅をもつ。結果だけ見ると90％信頼区間の方が狭いので優秀であるように見える。しかしそれは1％しか失敗が許されない方法と10％失敗しても良い方法のリスクの違いを反映しているのである。

5）　分散の形が特殊に見えるのはみかけだけで，本来の定義式から標本分散が $p(1-p)$ になることは簡単に示せるので各自やってみよう。

⑤ 統計のテストをします
──検定は何をしているのか

5-1 帰無仮説と背理法

　統計的推測の2本柱は推定と検定である。前節までで推定の基本を説明してきたので、次にいよいよ検定の説明をしよう。

　統計的検定の具体的な手法はたくさんある。母平均についての検定、母比率についての検定、クロス表の独立性についてのカイ二乗検定、相関係数についての検定を初歩的なものとして、実に多くの検定が存在する。初学者は、次から次に出てくるさまざまな検定について、そのつど**検定統計量**の計算の仕方を覚え、標準正規分布表やt分布表、χ^2分布表のいずれを見なければならないのかを判別させられることで精一杯である。そしてしばしば、本当に肝心な仮説と結果の意味について理解することにまでたどり着かない。よってここでは、具体的な検定統計量や個別の注意点については大胆に省略して、できるかぎり「統計的検定の一般形」を理解しよう。

　検定が推定と異なるのは、最初に仮説を立てることから出発する点である。この仮説はそれなりにもっともらしいものであることもあれば、まったく無根拠であることもある。とにかく、手続の最初に置かれ、もしもその仮説が成り立つとすればどうなるかを導出していくのである。この仮説は**帰無仮説**（または零仮説）と呼ばれるが、必ずしも無に帰するわけでもなければ無に帰すことが望ましいわけでもない。検定とは、背理法のロジックを用いて、帰無仮説が棄却（否定）できるか、棄却できないかを判断する手続のことである。[6]

　次項では、最も単純な、母平均についての検定を例として検定（帰無仮説有意性検定）の手続きについて説明する。[7]

6）　背理法では、最初にわざと正しくない仮定をおき、そのあとはまったく間違いのない論理的・数学的操作を行う。そして最後の結論に明らかな矛盾が生じることを示して、最初の仮定が間違っていたとしか考えられないことを導く。最初に「$\sqrt{2}$ は有理数である」と仮定して数式展開をし、最終的に矛盾を生じさせることで「$\sqrt{2}$ は無理数である」と結論するのが初歩的な例である。統計的検定はこれに似た論理形式をもつ。

5-2 検定の具体例と一般形——平均給与額は変化したか？

2008年6月の，正社員・正規職員18,397,000人強の「決まって支給される現金給与額」（ボーナスなどを除く給与）の全平均は約35万円であった。[8]

今回改めてこの人たちを母集団として，そのなかから大きさ1,000人の標本を無作為抽出して2020年10月の現金給与額を調べたとしよう。その標本平均が33万5千円，標本分散が225万円になったとする。標本平均は2008年の額から変化しているが，母集団全体でも平均額は変化しているといえるだろうか。

検定の出発点におく帰無仮説は，「母集団での平均給与額は変化していない」，いい換えると「母集団での2020年10月の平均給与額は35万円である」となる。35万円というのはこの場合，母平均 μ（万円）のことである。

帰無仮説の否定を**対立仮説**と呼ぶが，この場合は「母集団での平均給与額は35万円ではない（それより多いかもしくは少ない）」となる。

もしこの帰無仮説が正しいならば，$n=1,000$人を抽出したときの標本平均 m（万円）は，$\mu=35$（万円）を中心とした正規分布に従うはずである。母分散を σ^2 と書くと，標本平均を標準化した変量（式11-5）が標準正規分布に従う変数，すなわち標準正規変量になるはずである。

$$\frac{(m-\mu)}{\sigma/\sqrt{n}} \qquad （式11-5）$$

標準正規変量であるから，絶対値が1.64を超える確率は10%，絶対値が1.96を超える確率は5%しかない。通常このどちらかを判定基準として用いるのだが，ここではとりあえず，もしも5%の確率でしか起こらないことが起こったとしたらどこかに問題があると判断することにしよう。−1.96より小さいか+1.96より大きい範囲に入れば，5%の確率でしか起こりえないような稀なことが起こったことになる。この範囲を，**有意水準**（または**危険率**）5%の**棄却域**と呼ぶ。棄却域とは，データから計算された検定統計量がこの範囲に入れば帰無仮説を棄却すると判断するための領域という意味である。しかし，帰無

---

7) 母平均についての検定というのは通常はあまり行わない。母平均については区間推定をすれば良く，その方が検定より情報量も多いからである。

8) 正確には34.81万円だが［総務省統計局 2009］，ここでは35万とする。

仮説が正しくてもまったく偶然に統計量が棄却域に入る可能性も５％ある。この有意水準や有意確率はしばしば「帰無仮説が成り立つ確率」と説明されているがそれは間違いであり，「帰無仮説が正しいと仮定した場合に，まったくの偶然で標本統計量（の絶対値）がそれくらい大きな値になってしまう」確率である。帰無仮説が正しいのに間違ってそれを否定してしまう誤りの確率といって良い。この誤りは**第一種の過誤（αエラー）**と呼ぶ。検定統計量が棄却域に入ったら帰無仮説を棄却する。ただし設定した有意水準（危険率）の範囲でこの判断が誤っている可能性もあることを付記しておく。

　さて，上の標本では $n=1,000$，$m=33.5$ であった。これを式11-5に代入した結果が棄却域に入れば帰無仮説を捨て去り，棄却域に入らなければ（つまり ±1.96の間におさまれば）帰無仮説は否定できない，すなわち「母平均は35万円である」ことを否定する根拠はないと判断することになる。

　母分散 σ^2 が既知であればこれで検定は終わりである。しかし今は，標準誤差のなかの母標準偏差 σ の値を知ることができない。よって不偏分散 $\hat{\sigma}^2$ を利用して母分散を推定する（→**発展** 3）。このとき，式11-6が自由度 $1,000-1$ の t 分布に従うことを利用するのである。

$$t=\frac{(m-\mu)}{\hat{\sigma}/\sqrt{n}} \qquad (式11-6)$$

　自由度999の t 分布の場合，有意水準５％の棄却域は，絶対値が1.962より大きい両裾の部分である[9]。$n=1,000$ と標本分散 $s_x^2=225$ から不偏分散の平方根 $\hat{\sigma}$ は約15.01と計算される。これらと $m=33.5$，$\mu=35$ を式11-6に代入すると $t=-3.16$ となり，負の領域の棄却域にはいる[10]（→**発展** 4）。よって帰無仮説は棄却され，「母集団での現金給与額は35万円ではない」と結論される。たった1.5万円の差だが，大きさ1,000の標本からの結果としては十分に大きな差なのである。

　まとめると，検定とは一般的に次のような手続からなる（→**発展** 5）。

9） 自由度1,000の場合とほぼ等しいと考えて先の**表11-1**を利用してよい。また**表11-1**からわかるように，自由度がこれくらい大きいと標準正規分布で代用してもほぼ等しい。

10） 標準正規分布なら危険率10％のマイナス方向の棄却域は -1.64 より小さい領域である。危険率５％の場合でも -1.96 より小さい領域であり，いずれにしても棄却域に入る。

① 帰無仮説を仮定し，

② 検定統計量を計算し，

③ 帰無仮説の仮定のもとで，その検定統計量が従うはずの分布を特定して，

④ どんな確率であれば仮説を棄却するのかの境目となる有意水準を設定する。

⑤ 標本から実際に計算された統計量が棄却域に含まれるか否かを確かめ，

⑥ 棄却域に入れば帰無仮説は棄て去られ，棄却域に入らなければ帰無仮説を否定する根拠に欠けると判断する。

5-3　目に見える誤りと目に見えない誤り

危険率（有意水準）は「危険」だからなるべく小さくした方が良いと考えるかもしれないが，これは間違いである。リスクは10％よりは5％，5％よりは1％の方が良いように見えるが，これでは目に見える誤りだけに振り回され，もうひとつの目に見えない誤りを度外視してしまっている。目に見える誤りとはすでに紹介した第一種の過誤（αエラー）のことであり，「帰無仮説が正しいにも関わらず帰無仮説を棄却してしまう確率」である。本当は平均給与月額は35万円のままであるのに，検定統計量がたまたま大きな絶対値になったために間違って「35万円ではない」と結論してしまう誤りがそれである。

検定の誤りにはもう1種類ある。それは，帰無仮説が正しくないにもかかわらず，帰無仮説を棄却しないという誤りである。これを**第二種の過誤（βエラー）**と呼ぶ。いい換えれば，本当は対立仮説が正しくて帰無仮説は誤りなのに，検定統計量の絶対値がたまたまそれほど大きくならなかったために，帰無仮説を棄却できずに採択してしまうという危険性である。しかしこのβエラーは目に見えにくい。なぜなら，αエラーのように数値としてその危険性を表現できる場合が稀だからである。

説明のためにあえて単純化しよう。いま，何らかの変数の母平均を検定しようとしているとする。帰無仮説は「母平均＝0」であり，対立仮説は「母平均＝2.5」とする。[11] 帰無仮説が正しい場合には標本平均は**図11-3**の左側の実線の分布に従い，対立仮説が正しい場合には図の右側の破線の分布に従う。片側2.5％水準で帰無仮説を検定する場合，図の黒い太矢印の示す領域が棄却域に

---

11)　通常は対立仮説がこのようにピンポイントに特定されることはないが，ここでは便宜上こう設定する。同様に，標準誤差を1としている。

なる。すなわち，標本平均が1.96を超えれば帰無仮説は棄却されるが，そうでなければ帰無仮説は棄却されない。しかしもしも対立仮説が正しいならば，標本平均が本当に従ってい

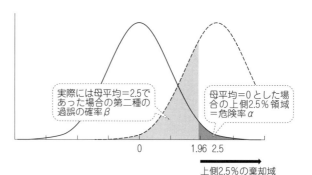

実際には母平均＝2.5であった場合の第二種の過誤の確率 β

母平均＝0とした場合の上側2.5％領域＝危険率 α

0　　1.96　2.5

上側2.5％の棄却域

図11-3　平均0と平均2.5の正規分布（いずれも分散1）

るのは右側の分布である。標本平均が1.96を超えれば帰無仮説が棄却されて対立仮説が採択されるという正しい結果が得られるが，標本平均が1.96未満になれば帰無仮説は棄却されず，本当は正しいはずの対立仮説が採択されなくなってしまう。その確率は図の薄く塗り潰された部分の面積で表され，この場合だと約29.5％にもなる。29.5％の確率で，対立仮説が正しいにもかかわらず帰無仮説が採択されるのである。この，「本当は帰無仮説は誤っているのに採択してしまう」誤りのことを，第二種の過誤（β エラー）と呼ぶ。

　この確率を用いて，**検出力**（検定力）$1-\beta$ という指標を表現することができる。この例の場合では70.5％となるが，これはつまり，帰無仮説が正しくなくて，それをきちんと棄却できる確率ということになる。

　繰り返すが，通常は第二種の過誤の確率 β や検出力 $1-\beta$ をこのように特定して計算することはできない。しかし，第一種の過誤の確率を小さくすればするほど第二種の過誤の確率が大きくなるというトレードオフの関係にあることは常に同じである。**図11-3**の限界値（α と β の境目）を1.96よりも右や左に移動させた状態をイメージしてこのことをよく理解しておこう。

　トレードオフの具体例を示すと，犯罪の容疑者に対して帰無仮説「容疑者は無罪である」を考えたとき，帰無仮説が正しいのにこれを棄却して有罪としてしまうのが α エラー，本当は有罪であるのに帰無仮説を受容して無罪としてしまうのが β エラーである。新薬開発で，「新薬に有効性はない」という帰無仮説が正しいのに棄却して有効性があると誤って判断するのが α エラー，有効性があるのに帰無仮説が棄却できずに効力を否定するのが β エラーである。どち

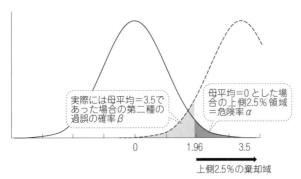

らのエラーをどれだ
け重視すべきかは具
体的な問題に依存
し，統計学が決める
ことはできない。

図11-4には，帰
無仮説と対立仮説が
図11-3よりも離れ
ている場合を示す。

図11-4内の吹き出し：
- 実際には母平均=3.5であった場合の第二種の過誤の確率β
- 母平均=0とした場合の上側2.5%領域＝危険率α
- 上側2.5%の棄却域

図11-4 平均0と平均3.5の正規分布（いずれも分散1）

この図におけるβは約6.2%，もし対立仮説（母平均=3.5）が実は正しかったときに，検定統計量が1.96を下回ったので帰無仮説の方を採択してしまう（＝判断を誤る）確率が6.2%となる。検出力$1-\beta$は93.8%となるが，これは，実は対立仮説の方が正しいときに，この検定で正しく帰無仮説を棄却できる確率である。2つの図を見比べればわかる通り，帰無仮説と対立仮説が近いほど第二種の過誤の確率が大きい。αエラーとβエラーを同時に小さくするには，サンプルサイズを大きくして標準誤差を小さくする以外に方法はない。

検定にはさまざまなものが存在するが，検定統計量の計算の仕方と，帰無仮説が正しいときにそれが従う確率分布が異なるだけで，基本的にはすべて**基礎5-2**の最後にまとめた①〜⑥の手順で行われることをよく理解してほしい（推測統計については杉野［2017］でより詳しく解説している）。

近年，ベイズ統計学の隆盛とともに，頻度論的統計学，特に帰無仮説有意性検定への批判が強まっている。また，ビッグデータにおいてはほとんどあらゆる検定が有意になり，区間推定は点推定とほぼ変わらないという事態も出現している。ビッグデータにおいては標本誤差が無意味化する反面系統的なバイアスには一層注意が必要であるとはいえ，帰無仮説有意性検定が大きな曲がり角にさしかかっていることは確かだろう。[12]検定に関わる問題点であるp-hackingや出版バイアスについては第13章にて触れる。

---

12) 社会調査とビッグデータの関係［Hill et al. eds. 2021］や社会調査（無作為抽出）と実験研究（無作為割当）の関係［Lavrakas et al. eds. 2019］にもますます関心が集まっている。

発　展　*Advanced*

1　推定の精度と母集団の大きさ——有限母集団修正項

標本平均の標準誤差についてもう少し複雑な式を示すと下記の通りである。これを**有限母集団修正**項つきの式という。

$$\sqrt{\frac{N-n}{N-1}} \cdot \frac{\sigma}{\sqrt{n}}$$

N は母集団の大きさを表す。たいていの社会調査では N は（何万人とか何千万人とか）とても大きく、式の最初の $\sqrt{}$ の部分（有限母集団修正項）はほぼ1とみなせる。実際に、N が100万人、n が1,000人の場合、有限母集団修正項は0.9995である。多くのテキストでは最初からこの部分を省略しているが、理論的に N の大きさが関係しないのではなく、ほとんど誤差の範囲なので無視して構わないということである。有限母集団修正項を無視すると標準誤差の式は **基礎 3-1** で示したようにとてもすっきりとする。

2　特定の信頼区間の当否

母平均などの区間推定の場合に注意すべきは、母平均は仮に未知であってもある特定の値をとる定数であるということだ。調査後の具体的な標本統計量を用いて信頼区間を計算し「母平均は95％の確率でこの範囲にある」と述べるのは、よく見かける間違いである。95％の確率で信頼区間の不等式が成り立つというのはあくまでこれから標本調査をやろうとしている時の話で、実際に調査を行った後は標本統計量の値もひとつに定まるのだから、信頼区間の不等式は成り立ったか成り立たなかったかのいずれかでしかない。100回中95回は成り立つはずの不等式を作ったのだから、きっとこの信頼区間の中に母平均が含まれているだろうと考えるのが区間推定である。しかし、平均的にいって100回に5回はこの95％信頼区間の外に母平均が存在している。そして、自分の調査がそのどちらであるのかは原則としてわからない。

以上は**頻度主義**と呼ばれる統計学の立場からの解説であり、ベイズ統計学と呼ばれる別の立場では「母平均の事後確率」という考えも存在する。しかし仮にベイズ統計学の立場をとったとしても、母平均が95％信頼区間に含まれている事後確率が95％であるとはかぎらない。ベイズ統計には、頻度主義における「母平均の信頼区間」と似ているが基本的な考え方が異なる「母平均の信用区間」という概念がある（奥村ほか［2018］などを参照）。

3　分散にも標本抽出分布がある

母分散の値はもちろんひとつだけだ。それに対して、標本ひとつにつき標本分散がひとつ計算される。可能な標本はほぼ無数にあり、それぞれ標本分散が異なり得る。よっ

て，標本分散についても標本抽出分布を考えることができる。

ただし，**偏差平方和**を n で割った通常の標本分散ではなく，$n-1$ で割った**不偏分散**が，母分散を期待値とし，カイ二乗分布を変換した分布をなすことがわかっている。

$$\text{不偏分散} \quad \hat{\sigma}^2 = \frac{1}{n-1} \sum_{i=1}^{n} (x_i - \bar{x})^2$$

不偏分散も標本によって異なった値になりうるが，平均的には母分散に一致する（**不偏性を有するという**）。だから，未知の母分散の代用物が欲しいときにはこの不偏分散を用いる。偏差平方和を n ではなく $n-1$ で割っていることから明らかなように，標本分散より不偏分散のほうが少しだけ大きな値になる（n が1,000を超えるような大規模調査では誤差の範囲で一致するともいえる）。

注意しなければいけないのは，統計ソフトのなかには，「分散」といえば自動的に不偏分散を計算して表示するものが少なくないことである。表計算ソフトなどでも，分散を計算させたときにそれが標本分散を出してくるのか不偏分散を出してくるのかは知っておこう。不偏分散はあくまで母分散を推定するときに有意義なものであり，推測とは関係なく手元のデータに見られるばらつき方を示したい場合には，不偏分散ではなく標本分散を使う方が良い。

4　両側検定と片側検定

基礎 **5-2**の例で，かつて35万円だった給与額が標本では33.5万円に下がっているのだから，関心があるのは「母平均がかつてのまま」であるのかそれとも「母平均も下がっている」のかということかもしれない。基礎では分布の右裾にも左裾にも棄却域を設定していた。これを**両側検定**と呼ぶ。それに対して，大きい方（右）の裾野か小さい方（左）の裾野かいずれかにしか棄却域を設けない場合もある。この場合を**片側検定**という。もしもこの大不況下で現金給与が下がったのではないかという，分布の片側のみに興味があるのであれば，片側検定を行うこともできる。

帰無仮説は変わらず「母平均は35万円である（$\mu = 35$）」であるが，対立仮説は「母平均は35万未満である（$\mu < 35$）」になる。この場合5％水準の検定といっても，分布の左右の両裾2.5％の棄却域を合わせて5％とするのではなく，t値の分子はマイナスになると想定されているから左のマイナスの領域だけを見る。左裾だけで全体の5％になる点（**限界値**）は -1.646 である。この点より左側に棄却域が設けられる。t統計量は -3.16 であり，この片側検定でも帰無仮説は棄却され，対立仮説「母平均は35万より小さい」が採択される。[13]

5　検定と区間推定の関係

ここで，検定と区間推定との関係について述べておこう。しばしばこのふたつが異なるものであるかのように思っている人がいるが，これらは同じことを違った表現でいい

表しているだけである。

基礎 5-2 の検定の例（母分散が既知）で，帰無仮説 $\mu = \mu_0$ が（ただし有意水準5％ではなく10％として）棄却されない条件を式で表すと次のようになる。

$$-1.64 < \frac{(m - \mu_0)}{\sigma/\sqrt{n}} < +1.64$$

単純な変形をすると，母平均の90％信頼区間の式になる。

$$m - 1.64\frac{\sigma}{\sqrt{n}} < \mu_0 < m + 1.64\frac{\sigma}{\sqrt{n}}$$

つまり，母平均 $\mu = \mu_0$ という帰無仮説が有意水準10％で棄却されないことと，μ_0 が90％信頼区間に含まれることとは，まったく同じことなのである。逆からいえば，$\mu = \mu_0$ という帰無仮説が有意水準10％で棄却されるということは，μ_0 という値が90％信頼区間の下限よりも小さいか上限よりも大きいということである。母平均の90％信頼区間というのは，有意水準10％で検定しても帰無仮説が棄却されないような値の集合なのであり，90％信頼区間に含まれない値は，有意水準10％で検定したときに帰無仮説が棄却される値である。ここから，母平均や母比率に関してはわざわざ検定の形をとらず，信頼区間を求めればよいということが納得できるだろう。二変数の線形的関係を示す相関係数についても，「母相関係数が0である」という帰無仮説を検定するだけの結果報告が多いが，区間推定の結果を示す方が情報量が多くて望ましい。

これに対して，クロス表のカイ二乗検定や等分散性にかんするF検定では，「二変数がどの程度独立に近いか」とか「2つの母分散がどの程度近いか」といった問いの立て方はしないことが多い。こうした場合には検定結果を示せば十分である。

✎ 練 習 問 題

① $\sqrt{3}$ が無理数であることを背理法で証明するやり方を調べ，それと統計的検定がどのように似ているか，またどこが違っているかを確かめてみよう。

② 検定で「帰無仮説が棄却される」のはどのようになった場合なのか，できるだけ詳しく説明してみよう。

杉野　勇

---

13) この例をよく考えるとわかるが，ある有意水準（たとえば5％）の両側検定で有意になったもの（棄却域に入ったもの）は，同じ有意水準の片側検定では（正負の方向が同じであれば）必ず有意になる（棄却域に入る）。社会学の研究で両側検定か片側検定かが考慮されずに自動的に両側検定の結果が報告されることが多いのは，そもそも棄却域を片側だけに設定できるような情報が欠けているだけでなく，このためかもしれない。
　　ただし，同じ有意水準の両側検定と（適切な方向の）片側検定では，両側検定の方が β エラーは大きくなると考えられ，検出力が下がることには注意が必要である。言いかえれば，帰無仮説が棄却されにくい保守的な検定方法になる。

12

変数間の関連

データを分析する

① 変数間の関連を探るとはどういうことか

　第10章では，調査データに含まれるそれぞれの変数の集計の仕方について，前章では，統計的推測（推定と検定）についての考え方を学んだ。本章ではそれらを踏まえ，次の段階である変数間の関連性を分析する方法について，二変数間の関連を中心に，概観する。

　第4章で学んだように，社会調査で明らかにしたいことの多くは，「変数Xと変数Yの関係は（母集団では）こうなっているのではないか」という，ふたつの変数の**関連性**についての仮説の形で表されることが多い。関連性とは，「変数Xの値が異なれば変数Yの値も異なる」ことを指す。「無配偶者より有配偶者のほうが健康である」（Xは配偶者の有無，Yは健康状態）とか，「高学歴者のほうが外国人に寛容である」（Xは学歴，Yは外国人への寛容さ）などが，ふたつの変数の関連性に関わる仮説の例である。

　いうまでもなく，それぞれの変数を集計するだけではふたつの変数の関連性はわからない。二変数の関連性を探るためには，それらを同時に分析する必要がある。そこで用いられるのが以下で見るような**相関分析**，**クロス表分析**などの統計的分析手法である。

　二変数の関連性を探ることは統計的分析全体のなかでどういう意味をもつのか。第4章で量的調査における因果関係の考え方について学んだように，二変数の間に関連性があるからといって，ただちに因果関係があるとはいえな

い。変数 X が変数 Y に独自の影響をもっているかを知るために，統計的分析では**多変量解析**と呼ばれる方法（いろいろな第三変数を同時に考慮した分析）が用いられる（→ 発展 **3**）。特に論文などの形で研究成果を発表するためにはそのような応用的分析が不可欠である。

　しかし，そこに進む前にまずは，二変数の関連性がどの程度の強さなのか，また，その関連性にはどのような特徴があるかを確認する作業をていねいに行うことが必要である。そもそもこうした二変数の関連性を記述することが調査の主目的であるという場合もあろう。多変量解析を行ってはじめて隠れた関連性が見えてくることもあるが，そのような発見に至るまでには多くの二変数間の関連性についての知識が求められる。二変数の関連性を分析する段階でのていねいな準備作業があってはじめて多変量解析も生きてくる。本章で概観するのはそうした準備作業の基礎的部分だと思ってもらいたい。

② 変数の種類と分析方法

　統計的分析に用いられる変数は大別すると量的変数と質的変数（カテゴリカル変数とも言う）に分けられる[1]。二変数の関連を分析するための方法は，これら変数の種類に応じて使い分ける必要があることをまずは知っておこう。

　第 4 章で学んだ独立変数，従属変数の区別を思いだそう。それぞれが量的／質的のいずれかであるとして組み合わせを考えると，4 通りの組み合わせがあり得ることになる。各組み合わせの右側に記したのは，それぞれのパターンについて二変数の関連を分析する際に用いられることが多い分析手法である。

```
1．独立変数＝量的，従属変数＝量的  …  相関分析，回帰分析
2．独立変数＝質的，従属変数＝量的  …  分散分析
3．独立変数＝量的，従属変数＝質的  …  ロジスティック回帰分析
4．独立変数＝質的，従属変数＝質的  …  クロス表分析
```

　本書では，量的変数同士の関連性を相関，質的変数同士の関連性を連関と呼

1）　第 2 章 発展 **2**，第 10 章 基礎 **1** を参照。ただし，間隔尺度を順序尺度や名義尺度に区分し直すことが可能であるように，この区分は便宜的である。

ぶ（テキストでは連関が「関連」と表記されることも多い）。以下では，相関，連関を分析するうえで基本的な方法であり，報告書などで記述的なデータの報告をする際にも多用される，相関分析，クロス表分析をとりあげて概説する。

③ 散布図の作成と相関係数

関連があるかどうかを判断したいふたつの変数がどちらも量的変数である場合には，散布図を描き，相関係数を算出するという分析が行われることが多い。この手続きを相関分析と呼ぶ。二変数の間にあらかじめ独立変数と従属変数とを区別する場合には単回帰分析（→ 発展 ③）を行うのがふつうであるが，ここでは相関分析に絞って概観する。

3-1 散布図の作成

ふたつの量的変数の間の関連性を視覚的に知るには，**散布図**を作成するのが有用である。x, y という変数が n 個のケースについて観測されているとき，x を横軸，y を縦軸として，調査対象 i の値を座標 (x_i, y_i) にプロットすることで散布図は作成できる。散布図は統計ソフトはもちろん，表計算ソフトでも容易に作成できる。散布図を描き，まずは図をじっくりと観察して，ケースがどのように散らばっているか，極端に外れたところにあるケースがないか，いくつかのグループに分かれていることはないか（その場合，ケースが十分に多ければグループ別に散布図を作成し，相関係数を求めたりするとよい），などを視覚的に確認することから始めよう。

次の**図12-1**は，インターネットで公開されているデータから，2018年のOECD加盟国のうち24ヶ国について15～64歳女性の労働力率と合計特殊出生率との関係を散布図に表したものである。[2] イタリア，ギリシャ，韓国などは女性労働力率が低く，出生率も低い。スウェーデンやアイスランドなどは，女性労働力率が高く，出生率も高い。図中の直線は，すべての点のほぼ中心を通る回帰直線である（回帰分析によって求められる，女性労働力率から合計特殊出生率を

2）女性労働力率（15～64歳）データは https://stats.oecd.org/，合計特殊出生率データは https://databank.worldbank.org/ からダウンロードできる。

予測するうえで最もあてはまりの良い直線を指す）。直線の傾きからは，女性労働力率が高いほど出生率も高まるという直線的な（線形の）関連性が見られることがわかる。

変数間の関連性には，曲線や円形など，さまざまな関連があり得る。散布図による視覚的な把握は，直線的でない関連性（たとえばM字型など）があるとき，それをイメージとして把握することができる点ですぐ

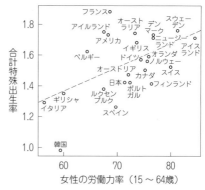

図 12 - 1　OECD 加盟諸国の女性労働力率と合計特殊出生率

れている。だが，私たちが関心をもちやすい変数間の関連性は，「x が大きいほど y も大きい（あるいは逆に，y は小さい）」というような，右上がり（右下がり）の直線的関係であることも事実である。こうした関連性のことを**相関関係**あるいは相関と呼ぶ。x が増加すると y も増加する場合に「正の（positive）相関関係」，y が減少する場合に「負の（negative）相関関係」があるという。

3 - 2　相関係数

相関関係の極端なケースは，ひとつの直線（座標軸に平行な直線は除く）上にすべての点が乗ってしまうような関係である（完全相関と呼ぶ）。上図ですべての国が直線上に乗っている様子を想像してほしい。実際は，そうした直線から各点がある程度離れて散らばっているのが普通である。相関関係の「強さ」は，各点が直線のまわりに集まっているか，離れているかという散らばりの「程度」として考えられる。散布図から得られる印象はどうしても主観的になりやすい。こうした関係の強さを数値で示すような指標はないものだろうか。

こうした相関関係の強弱を数値で示したものが**相関係数**である。最もよく使われているもの（ただ相関係数といえばこれを指す）がピアソンの（積率）相関係数であり，r という記号で示されることが多い（変数 x と y の相関係数ならば r_{xy} と表記する）。ピアソンの積率相関係数は以下の式で定義される。

$$r_{xy} = \frac{s_{xy}}{s_x s_y} \qquad (\text{式}12\text{-}1)$$

ただしs_{xy}とはxとyの**共分散**であり，下式で定義される。

$$s_{xy} = \frac{1}{n} \sum_{i=1}^{n} (x_i - \overline{x})(y_i - \overline{y}) \qquad (\text{式}12\text{-}2)$$

また，s_x, s_yはそれぞれx, yの標準偏差である（→第10章）。つまりピアソンの相関係数は，xとyの共分散を，x, yそれぞれの標準偏差の積で割ったものである。

　相関係数は $+1$ から -1 までの間（つまり，正の完全相関から負の完全相関の間）の値をとる（証明は省略）。共分散の定義式をよく見るとわかるが，右上がりの直線的関連性が見られる場合は相関係数の値は $+1$ に近づき，右下がりの場合は -1 に近づく[3]。ここからもわかるように，相関係数は直線的関連性の大きさを測る指標であり，それ以外の関連性を測るものではない。相関係数がゼロに近くても，曲線（たとえばU字型曲線）状の強い関連性が見られることがありうる。

　なお，データの単位が個人であるとき，ピアソンの積率相関係数の大きさを評価する目安として，社会学や心理学では下記の基準が用いられることが多い（$|r|$は相関係数の絶対値）。r を 2 乗した値は，ひとつの変数でもうひとつの変数の分散を説明できる割合に相当するので，$r=0.7$ ならば $r^2=0.49$ であり，分散の半分を説明できていることになる[4]。ただし，単位が地域などのアグリゲート・データ（集計データ）のときは，相関係数はもっと高い値になりやすいのでこの目安はそのまま適用できない（→ 発展 **2**）。

$0 \leqq |r| \leqq 0.2$	ほとんど相関がない
$0.2 < |r| \leqq 0.4$	弱い相関がある
$0.4 < |r| \leqq 0.7$	中程度の相関がある
$0.7 < |r| \leqq 1.0$	強い相関がある

3）　x, yの平均で座標を4象限に分ければ，右上がりの直線的関連性がある場合は右上と左下の象限にケースが集中し，右下がりの場合は左上と右下の象限に集中することからも理解できる。

4）　この r^2 は単回帰分析で決定係数と呼ばれる。

図12 - 1 の24ヶ国データについて相関係数を求めると0.52であった。国が単位であることを考えると，相関は弱いと見るべきだろう。散布図で左下のやや外れた位置にある韓国を除外すると0.40まで低下する（データを入手できたら自分で確認してほしい）。

この例ではサンプルが小さいことも影響しているが，一般的に，相関係数は「平均」を含む統計量であるため外れ値の影響を受けやすいことには注意が必要である。分析の際には，散布図を描き，分布から外れた位置にあるように見えるデータを逐次取り除いて相関係数を計算してやることで，どのケースが相関係数に大きな影響を与えているかを知ることができる。外れた位置にあるケースがどういうケースかを検討することで，意味のある知見が得られることもあるだろう。ここでは扱わないが，順序尺度や間隔尺度同士の相関についてはスピアマンの順位相関係数が使われることもある。

相関係数は，背後にある他の変数の効果を考慮せずに，二変数間の直線的な関連性の強さを測ったものである。ふたつの変数の間に相関が見られた場合，さらに分析を進めていくにあたって，統制変数をコントロールしてもなおふたつの変数の間に相関が見られるのかどうかが問題になる（→第4章 基礎 2 - 2）。統制変数の影響をコントロールした相関係数を知りたいわけだが，それは**偏相関係数**と呼ばれ，統計ソフトを用いて簡単に求めることができる。ただし社会調査データの分析では，変数間の因果関係について理論的前提を置いた分析を行うことが多いので，偏相関係数を求めるよりも重回帰分析を行う（偏回帰係数の有意性検定を行う）ことの方が多い（→ 発展 3。なお，発展 1 で扱う相関係数の検定と単回帰分析の有意性検定は統計的には同等である）。

④ クロス表の作成と連関の指標

4 - 1 クロス表の作成

関連があるかどうかを判断したいふたつの変数がどちらも質的変数である場合には，**クロス表**（**クロス集計表**，分割表）を作成し，連関の指標（クロス表における相関係数）を算出するという分析を行うことが多い（本来は量的変数である変

表12-1 学歴別に見た外国人への態度（度数）

| 学 歴 | 地域に外国人が増えることに | | 計 |
	賛成	反対	
中学・高校	732	946	1,678
高専・短大	278	288	566
大学・大学院	442	464	906
計	1,452	1,698	3,150

数をカテゴリーに区分することで質的変数のように扱い，クロス表分析を行うこともある）。以下ではその手順について概説する。

表12-1にクロス表の例を示す。データは全国の20～89歳の男女を対象にして行われた JGSS-2012 調査データであり，20～64歳の回答者について，学歴と「あなたが生活している地域に外国人が増えることに賛成ですか，反対ですか。（選択肢　1　賛成　　2　反対）」という質問への回答をクロス集計したものである（学歴は適宜カテゴリーをまとめた[5]）。

こうした表を見たことのない読者は少ないだろう。たとえば 1 行目は，学歴が「中学・高校」の者が1678名いて，そのうち「賛成」と回答した者が732名，「反対」が946名いたということを示している。

クロス表についての用語を確認しておく。表の左側の文字部分（**表12-1**では「学歴～計」）を**表側**，上側の文字部分（同じく「地域に…～計」）を**表頭**，数字の横のならびを**行**，縦のならびを**列**と呼ぶ。**表12-1**は 3 行と 2 列でできているので（「計」の部分は数えない），「3×2 クロス表」などと呼ぶ。数値の入る一つひとつのマス目は**セル**と呼ぶ。行の合計欄の分布（**表12-1**の1678，566，906）は**行周辺分布**，列の合計欄の分布（1452，1698）は**列周辺分布**と呼ぶ（各周辺分布の数字を**行周辺度数**，**列周辺度数**と呼ぶ）。

表12-1のセルには度数（ここでは人数）そのものが示されている。度数は生の情報として重要であるが，たとえば「学歴が高い方が賛成は多いのか？」な

5）　東京大学社会科学研究所附属社会調査・データアーカイブ研究センター SSJ データアーカイブのリモート集計システム Nesstar を利用し，同データアーカイブが所蔵する「日本版 General Social Surveys〈JGSS-2012〉」（大阪商業大学 JGSS 研究センター）の個票データを二次分析した。学歴は卒業／中退／在学中を区別していない。

表12-2 学歴別に見た外国人への態度（%）

学　歴	地域に外国人が増えることに		計	n
	賛成	反対		
中学・高校	43.6	56.4	100.0	1,678
高専・短大	49.1	50.9	100.0	566
大学・大学院	48.8	51.2	100.0	906
計	46.1	53.9	100.0	3,150

どの，知りたいことに対する答えがこの表からはわかりにくい。そのため報告
書で提示したり，自分で分析に用いたりするクロス表にはパーセントを示すこ
とが普通である。クロス表に示されうるパーセントには3種類ある。①総ケー
ス数（表の右下に示される。全体度数とも呼ぶ）に対する各セル度数のパーセン
ト，②行周辺度数に対する各セル度数のパーセント，③列周辺度数に対する各
セル度数のパーセントである。②と③は，違うものを意味するので注意が必要
である。一般に，独立変数と考えられる変数を行（つまり表側）に配置して作
表することが多い。**表12-1**をそのような観点から作り直すと，**表12-2**のよう
になる（行周辺度数を「n」として表記することがある→第3章 **発展 2**）。

　行パーセント表示されたクロス表は，パーセントの分布パターンを異なる行
の間で比較することによって解釈できる。**表12-2**では，地域に外国人が増え
ることへの賛否は学歴によって最大5.5パーセントポイント異なっており，「賛
成」の割合は中学・高校で最も低く，高専・短大で最も高いことがわかる。

　表12-1・12-2は，二変数のどちらかが無回答のケースを除いたうえで，学
歴を3つのカテゴリーに統合して集計している。このように，そのまま提示す
ると非常にセルの数が多くなってしまうクロス表をコンパクトに表示し直すこ
とをクロス表の縮約という。縮約は，集計対象を限定する（一部のカテゴリーを
除外して集計する）か，カテゴリーを統合することで行われる。縮約が必要なの
は，セル度数の極めて小さいセルまで表示すると解釈が難しくなるうえ，分析
の目的によっては変数の元々のカテゴリーを詳細に表示する必要がないことも
あるからだ（度数の小さいカテゴリーを「その他」にまとめる例などが考えられる）。
ただしカテゴリー統合の際には，理論的に異質なカテゴリーを統合したり，都
合の良い検定の結果を得ることを目的に統合を行ったりすることは本末転倒で

12

あり，避けるべきである（→第13章 **発展** 2）。

4-2 連関の指標と独立性検定

さて，上述のように，行パーセントを比較して「～パーセントポイントの違いがある」などと記述することには意味があるが，複数のクロス表を比較して全体としての連関の強さを比べたりするうえでは不十分である。そうした比較のために，前節でみた相関係数に相当する**連関の指標**がクロス表については複数存在する。

▶ クラメールの連関係数

クロス表では，二変数の間にまったく関連性がない状態を「（統計的）独立」と呼ぶ。I 行 J 列のクロス表について，独立とは，すべての i と j について $n_{ij} = \dfrac{n_{i\cdot} \times n_{\cdot j}}{n}$ が成立することとして定義される（ただし n_{ij} は i 行 j 列のセル度数を，$n_{i\cdot}$ は i 行目の行周辺度数を，$n_{\cdot j}$ は j 列目の列周辺度数を，n は全体度数を指す）。定義式は，行パーセントの分布がどの行でも同じであるということを意味する。このような二変数間にまったく連関がない理論的な「独立」と，現実の値の違いが大きいほど，連関の程度が大きくなると考える。

ここで登場するのが χ^2 値 と呼ばれる統計量である。

$$\chi^2 = \sum_{i=1}^{I} \sum_{j=1}^{J} \frac{(n_{ij} - F_{ij})^2}{F_{ij}} \qquad \text{（式12-3）}$$

式12-3に含まれる F_{ij} は，期待度数と呼ばれる。理論的に期待される度数という意味で，二変数が独立だとした仮想的なクロス表（周辺分布は観測値に等しいと仮定する）におけるセル度数を指し，$F_{ij} = \dfrac{n_{i\cdot} \times n_{\cdot j}}{n}$ である。式12-3から，実際のセル度数 n_{ij} と期待度数 F_{ij} のずれが大きいほど χ^2 値は大きくなることがわかる。

この χ^2 値は後述の独立性の検定で用いられるが，上限が決まっておらず，n が大きいほど大きな値をとるので，連関の指標としては使えない。そこで用いられるのが式12-4の**クラメールの連関係数** V である（$\min(I, J)$は，I と J の小さい方を指す→**数学付録**）。クラメールの連関係数の値は 0 から 1 の範囲をと

表 12 - 3　学歴別に見た外国人への態度（架空例）

学　歴	地域に外国人が増えることに		計
	賛成	反対	
中学・高校	0	1,678	1,678
高専・短大	546	20	566
大学・大学院	906	0	906
計	1,452	1,698	3,150

り，連関が強いほど 1 に近づく。クロス表の行数，列数（式の I, J）にも影響
されないため，連関の強さを比較するのには χ^2 値よりも適している。ちなみ
に**表12 - 1**からは $V=0.053$ と計算され，0 に近い値であることから，学歴と
外国人への態度の間の連関は強いとはいい難いことがわかる。

$$V=\sqrt{\frac{\chi^2}{n(\min(I, J)-1)}} \qquad （式12 - 4）$$

　クラメールの連関係数は，相関係数のような扱いができる点では便利だが，
クロス表が大きな場合は，その中味を無視して表全体の関連の強さを比較して
もあまり意味がないため，実際の分析で用いられることは多くない。クロス表
を適宜縮約し，2×2 表などの表にまとめ，後述する他の係数を用いることが
普通である。

▶ グッドマンとクラスカルの γ

　クロス表で用いる変数が，「賛成〜反対」「上／中／下」などのような順序尺
度に相当する場合がある。こうした順序の情報がある場合は，「X が高いほど
Y も高い」などの，量的変数の相関に近い仮説が考えられる。クラメールの
連関係数は順序情報を無視しているため，二変数がどちらも順序尺度である場
合は，連関の強さを測る指標として適当ではない。そこで，順序尺度を含むク
ロス表に適用される「順序連関係数」と呼ばれる指標がいくつか考案されてい
る。その代表的なものがグッドマンとクラスカルの γ であり，−1 から ＋1
の範囲に分布する。

　表12 - 3は，**表12 - 1**の周辺分布を固定して，「学歴が高いほど賛成が多い」
という連関が最大になるようにセル度数をあてはめたものである。

　γ は γ＝$(C-D)/(C+D)$ と定義される（ただし C は二変数の大小関係が同方向

のケースのペア（対）の数，D は逆方向のケースのペアの数である）。**表12-3**では，1行2列からみて2行1列，3行1列のセルが，2行2列からみて3行1列のセルが逆方向のケースであり，同方向のケースは存在しない。したがって，$\gamma=(0-1678\times(546+906)-20\times906)/(0+1678\times(546+906)+20\times906)=-1$ となる[6]。実際はこうした単純な例は稀で，手計算は容易でない。統計ソフトを用いるのが現実的である。

ちなみに**表12-3**について前節で学んだピアソンの積率相関係数を求めると，-0.922 である。順序尺度どうしの連関や 2×2 表については，複数のクロス表を比較するときに，このように相関係数を用いても構わないが，相関係数に比べ γ は周辺分布の違いの影響を受けにくいため，周辺分布がかなり異なるクロス表を比較する際には γ を用いるのが望ましい。

▶ φ係数，ユールの **Q**，オッズ比

a	b
c	d

図12-2

クロス表として最もよく目にする 2×2 表については，専用の関連の指標が存在する。よく用いられるのがφ（ファイ）係数とユールの（連関係数）Q である。どちらも $-1\sim+1$ の範囲に収まる。φ係数はピアソンの相関係数またはクラメールの連関係数を 2×2 表について求めたものに等しく，ユールの Q は γ を 2×2 表について求めたものに等しい。定義式は，**図12-2**のようにセルに名称を割り振ると，それぞれ式12-5，12-6のようになる。

$$\phi=(ad-bc)/\sqrt{(a+b)(c+d)(a+c)(b+d)} \quad (\text{式}12-5)$$
$$Q=(ad-bc)/(ad+bc) \quad (\text{式}12-6)$$

表12-4は，**表12-1**の学歴をさらにカテゴリー統合して作り替えた 2×2 表であるが，$\phi=-0.053$，$Q=-0.106$ となり，二変数の間に強い連関はないことがわかる。

これらの指標に関連する指標に**オッズ比**がある［杉野 2017］。**図12-2**での $\dfrac{a}{b}$，$\dfrac{c}{d}$ などを「オッズ」と呼ぶ。このような対応する2つのオッズの比がオ

6）γ は，一方の変数の値が等しい（同順位の）セルを無視している。このセルを考慮して γ を修正した指標として，**ケンドールのタウb**（τ_b）がある［池田 1976］。通常 τ_b は γ よりも小さな値をとる（**表12-3**の場合，-0.905）。

表 12 - 4 学歴別に見た外国人への態度（学歴 2 区分）

| 学　　歴 | 地域に外国人が増えることに | | 計 |
	賛成	反対	
中学・高校	732	946	1,678
短大・高専以上	720	752	1,472
計	1,452	1,698	3,150

ッズ比（odds ratio）である。定義式は式12 - 7のようになる。オッズ比は二変数が独立の場合に 1 となり，関連が強くなるほど 0 または無限大に近づく。

$$\text{odds ratio} = \frac{\dfrac{a}{b}}{\dfrac{c}{d}} = \frac{ad}{bc} \qquad （式12 - 7）$$

表12 - 4 についてオッズ比を計算すると0.808であり，学歴が短大・高専以上の場合に賛成する見込み（オッズ）がやや高いことがわかる。

▶ **クロス表の独立性検定**

ここまではクロス表で二変数の間に見られる連関の強さを測る指標をみてきた。相関係数の検定と同じように（→ **発展** 1 ），クロス表が標本から得られたものである場合，母集団においても二変数に連関が見られるのかどうかを知りたいことが多い。このために用いられる統計的検定が**独立性の検定**である。

独立性の検定における帰無仮説と対立仮説は以下の通りである。

帰無仮説：二変数は母集団では独立である（連関がない）
対立仮説：二変数は母集団では独立ではない（連関がある）

独立性の検定には先ほどの χ^2 値を用いる（単に χ^2 検定と呼ぶ場合にはこの独立性の検定を指すことが多い）。もし帰無仮説が正しいならば，式12 - 3における n_{ij} は F_{ij} に近い値となり，χ^2 値は小さくなるはずである。逆に帰無仮説が正しくなければ，n_{ij} と F_{ij} のずれは大きくなり，χ^2 値は大きくなるはずだ。

χ^2 値がどの程度の大きさであれば帰無仮説を棄却できるのか？　このためには，「帰無仮説が正しいならば，χ^2 統計量は自由度が $(I-1)(J-1)$ の χ^2 分布に近似的に従う」という統計的知識を利用する（I と J はクロス表の行数と列

数）。統計学や社会調査法のテキストに掲載されている χ^2 分布表（**→数学付録3**）を参照し，該当する自由度および有意水準の限界値を見て，クロス表から求めた χ^2 値がその限界値を超えていれば帰無仮説を棄却し，超えていなければ棄却しないことになる。

　表12-4 について独立性の検定を行うと，χ^2 は 8 を超え，これは自由度 1 の χ^2 分布における 1 ％水準の限界値6.63より大きい。したがって有意水準 1 ％で帰無仮説を棄却し，母集団で二変数に連関があると判断することになる。

　この結果を意外に感じる方も多いだろう。ϕ 係数やユールの Q の絶対値から見るかぎり，**表12-4** の二変数の連関は強いとはいえないからだ。これには，**表12-4** のサンプルサイズが大きいことが影響している。たとえば**表12-4** のセル度数をすべて約 3 分の 1 にした表（パーセント分布は変わらない）を検定すると，χ^2 値は2.9未満と小さくなり，5 ％水準でも帰無仮説は棄却できなくなる。相関係数の検定についても同じことがいえるが，一般に，大きいサイズのサンプルで検定を行うと非常に小さな関連性でも有意だと判断されやすくなる。たとえば10万人などの巨大なサンプルで検定すれば，ほとんどあらゆる二変数間の微少な関連性が「有意」だという結果が出るだろう。検定の際に統計ソフトが出力する有意確率 p 値（帰無仮説が正しい場合に，検定統計量が，実際に得られた値以上の値を偶然にとる確率）が小さいほど関連性が強いと考えるのは誤りである。

　二変数の連関を探る際には，母集団で連関があるとはいえない程度の連関に基づいて強引な判断をしてしまわないためにも，独立性の検定は行った方がよい。しかし，独立性の検定結果は二変数の連関の強さを判断するための証拠にはならない。独立性の検定によって有意な連関があると判断されたあとでは，パーセントの比較や，連関の指標を用いつつ，対象となる変数に関わる実質的な知識も参照しながら，連関の強さについて検討を加える必要がある。

　なお，クロス集計を三変数以上について同時に行うことがある。具体的には，第三の変数のグループ別にクロス表を作成することになる。これをエラボレーションと呼ぶ。**表12-1** の例でいえば，年齢層別に学歴と外国人への態度のクロス表を作成し，連関の指標を比較するなどの分析を想定してほしい。たとえば，どの年齢層でも学歴と外国人への態度の連関が強ければ，当初のクロ

ス表の分析から得られる判断はさらに確からしさを高めることになるだろう。エラボレーションについては，原・海野［2004］などを参照されたい。

発 展 *Advanced*

I　相関係数の検定

　第11章で学んだ検定の考え方は，相関係数にも適用できる。標本から得られた相関係数の値から，母集団における相関係数（母相関係数，通常 ρ ローと表記）がどうであるかを考えることになる。「母集団において，二変数の間に相関はない」ということが帰無仮説の中味ならば，帰無仮説は「母相関係数はゼロである」（$\rho_{xy}=0$），対立仮説は「母相関係数はゼロではない」（$\rho_{xy}\neq0$）となる（両側検定）。検定にあたっては，式12-8で定義される t が自由度 $n-2$（n はサンプルサイズ）の t 分布に従うことを利用する。[7]

$$t=\frac{r_{xy}}{\sqrt{1-r_{xy}^2}}\times\sqrt{n-2} \qquad （式12-8）$$

　参考までに**図12-1**の例について検定を行ってみると，5％有意水準では，$r_{xy}=0.52$ は有意である（帰無仮説は棄却される）が，$r_{xy}=0.40$ は有意でなく，母相関係数がゼロでないとはいえないことがわかる。サンプルサイズが小さい場合，相関係数の検定は有意になりにくい（このデータは母集団から無作為抽出された標本ではないので，あくまでも例示である）。同じことは他の有意性検定についてもいえるが，検定結果だけではなく相関係数の実質的な大きさにも注意を払う必要があるということだ。

　式12-8において，$\sqrt{n-2}$ はサンプルサイズによって決まるので，n が大きければ t も大きくなり，今度は逆に，小さな相関係数（たとえば $r=0.1$ など）でも「有意である」という検定結果が出やすくなる。このことから近年では，サンプルサイズに依存しない関係の強さの指標として「効果量」や「効果の大きさ」に着目することが増えてきた［南風原 2002：141］。相関係数の場合は係数の値それ自体が効果量の指標として用いられるが，たとえば2群の平均値の差の検定では，検定統計量の値をサンプルサイズに影響される部分と影響されない部分とに分解して，後者を効果量とする。

2　生態学的誤謬

　生態学的誤謬とは，国や地区別に集計されたデータ（集計データ，アグリゲートデータ）上の相関関係（生態学的相関）から，個人レベルの相関関係を推測するときに生じる誤りを指す。

　図12-3は，教育水準と収入の関連性を散布図で示したものである（架空例，軸の数値に意味はない）。ここで○は個人（$n=300$），▲は自治体（$n=10$）とする。個人レベルの相関

7）　自由度については第11章 **基礎** **4-1** を参照。

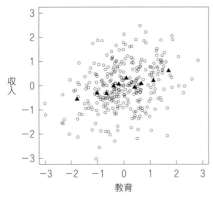

図12-3 教育と収入の相関（架空例）

は0.3であるが，自治体レベルの相関は0.9である。このように，一般的に生態学的相関は個人データの相関より高くなりやすい。自治体レベルのデータから個人を単位とした教育と収入の関連性（「教育水準が高いほど収入が高い」）を推測すると誤った解釈をする可能性があることがわかる。

もちろん，生態学的相関に基づいて国や地区という単位について推論することには問題はない［森 1987］。じっさい，政策研究などではそうした関心に基づく分析が不可欠である。集計データを用いて，集計データの単位よりも小さな単位の関連性を推測することには注意が必要だということである。[8]

以前に比べて個人を単位とした大規模データの利用が容易になったとはいえ，まだまだ障壁は高い。自前の分析が可能なデータとして集計データしかない場合もあるだろう。そうした場合にこのことを思い出すことは有用である。

3 重回帰分析

重回帰分析は，複数個の独立変数（量的変数またはダミー変数：0と1の二値のみで表現した変数）によって従属変数（量的変数）を予測・説明する統計分析手法であり，多変量解析の中で最も一般的な方法である［盛山 2004a］。

図12-1（185頁）には，単回帰分析で求めた**回帰直線**が記入されている。回帰直線は，変数間の関連を最も良く表す直線であるが，従属変数（図では出生率）を y，独立変数（図では女子労働力率）を x_1，切片を b_0，傾きを b_1 とすれば，式12-9のように表される（**回帰式**と呼ぶ）。相関分析と同様に，二変数間に直線的な関連があることを想定し，**最小二乗法**（直線からの実際のデータのずれの2乗の総和を最小化する方法）によって回帰式の b_0，b_1 の値を求めるのが単回帰分析である（b_1 は**回帰係数**と呼ばれ，x_1 が1単位増加した場合の y の変化を表す[9]）。

$$y = b_0 + b_1 x_1 \qquad (式12-9)$$

8）　たとえば**図12-1**から「就労している女性ほど一生に産む子ども数が多い」と推論することは誤りである（個人データを用いた分析では負の相関が見られることが知られている）。

9）　単回帰分析の回帰係数 b と相関係数 r_{xy} の間には，$b = r_{xy} \times \dfrac{s_y}{s_x}$ という関係がある。また，相関係数を2乗した値は回帰分析の決定係数に等しい。

単回帰分析が1個の独立変数で従属変数を予測・説明するのに対して，重回帰分析はこれを複数個の独立変数を用いたモデルに拡張したものである。独立変数の数が m 個である一般的な重回帰式は式12-10の形をとる（独立変数が3個以上の場合はグラフで表現できない）。単回帰分析と同様に，重回帰分析でも最小二乗法を用いて $b_0, b_1 \cdots b_m$ の値を求める（$b_1 \cdots b_m$ は回帰係数と区別して**偏回帰係数**と呼ぶ）。

$$y = b_0 + b_1 x_1 + b_2 x_2 + \cdots + b_m x_m \qquad (式12\text{-}10)$$

上の二式はどちらも b_1 を含むが，これらの関係は，184頁で説明した相関係数と偏相関係数の関係と同じである。つまり式12-9の b_1 が，x_1 のみで y を予測したときに x_1 の変化が y の変化に対して及ぼす効果を示すのに対して，式12-10の偏回帰係数 b_1 は，$x_2 \cdots x_m$ という他の独立変数の効果を**統制**した場合のそれを意味する。

社会調査における研究関心は，「教育年数が長いほど年収は高いのか？」などの形をとる。しかしこの場合，年収に影響を及ぼす他の変数には，性別，年齢，生得的能力などさまざまなものが考えられる。こうした他の変数の影響を統制した後の，学歴が年収に与える**正味**の効果を知りたい場合に，重回帰分析が有効になる（→第4章 **発展** Ⅰ ）。

✎ 練 習 問 題

① 電卓を用いて，**表12-4**から ϕ と Q を計算してみよう。

② 表計算ソフトなどを用いて，都道府県を単位としたデータからふたつの変数を取りだして，相関係数を求めてみよう（総務省統計局ホームページの「統計でみる都道府県のすがた」などからデータがダウンロードできる）。

③ Webなどで2×2クロス表を探し，独立性の検定をしてみよう。

田渕 六郎

12

13 調査倫理とデータの管理

調査のフィナーレまでしっかりと

基　礎　*Basic*

　ここまで，計画・準備→実査→データ化→分析というプロセスを説明してき
たが，分析で調査研究が終了するわけではない。本章では，その後の過程であ
る「データの管理」について解説するとともに，社会調査のすべてのプロセス
にかかわる調査倫理について述べる。

① 調査倫理

Ⅰ-Ⅰ　なぜ調査倫理を考えるのか

　研究者には，専門家として，自らの関心に従いつつ，社会的もしくは学術的
価値があると考える研究を行い，その結果を提示していくことが社会から期待
されている。その際，高い倫理観を持って研究に臨む態度が求められ，不正を
行ってはならない。また，これまでの社会調査において，「調査地被害」とい
った調査される側にとっての迷惑や［宮本 1972］，調査による人権侵害［広田・
暉峻編 1987］など，調査する側が持つべき倫理観が欠けることが少なくなかっ
たという指摘がある。このような経緯と反省から，調査における倫理を重要視
するのは当然である。

　しかし後述するとおり，社会や人間行動についての客観的事実を明らかにす
ることと研究倫理を遵守することという調査研究に対する 2 つの要請が衝突す
るように思われる場面も少なくない。その場合にどのように対処すべきである
かは難しい問題である。研究に関する倫理的な原則を社会調査の実際の場面で

どのように適用すれば，調査対象者にとっても，調査者にとっても，社会にとっても有益であるのかを考えていかなければならない。

1-2　FFP（特定不正行為）

社会調査を含む学術研究は誠実さを基盤としている。しかし，時には誠実とはいえない不正行為がみられる。研究活動において，世界共通に不正行為とされているのは，**捏造**（fabrication），**改ざん**（falsification），**盗用**（plagiarism）である。これらは3つの頭文字からまとめてFFPと呼ばれ，「研究活動における不正行為への対応等に関するガイドライン」[文部科学省 2014]で特定不正行為と定義されている。

捏造とは，「存在しないデータ，研究結果等を作成すること」[文部科学省 2014]である。テレビ局と新聞社が合同で実施した過去1年間14回の世論調査で，再委託先の社員が対象者に電話をかけずに1886人分（回答総数の12.9%）の架空の回答を入力していたという不正行為があったが，これは，社会調査においては調査員によるメイキングと呼ばれて来た典型的な捏造である。近年，各国で捏造や捏造疑惑でいったん掲載された論文が撤回される例が増加している[日本学術振興会「科学の健全な発展のために」編集委員会 2015：15]。

改ざんとは，「研究資料・機器・過程を変更する操作を行い，データ，研究活動によって得られた結果等を真正でないものに加工すること」[文部科学省 2014]である。統計分析から得られた結果を書き換えて発表を行う，調査記録の日付や調査方法を後から改変するといったことが挙げられる。

捏造や改ざんについては，研究者自身の自覚を求めるだけでなく，研究データの検証可能性や再現可能性を担保するような一次データの蓄積とアクセスの整備を行い，データアーカイブのような仕組みを構築することも，研究不正の発見や予防につながる1つの方法である[眞嶋ほか 2015：125-6]。

盗用とは「他の研究者のアイデア，分析・解析方法，データ，研究結果，論文又は用語を当該研究者の了解又は適切な表示なく流用すること」[文部科学

13

1）　2020年6月19日朝日新聞 DIGITAL，毎日新聞，NHK政治マガジン，ニューズウィーク日本版などが報道し，9月7日に検証結果が発表された（https://www.fujitv.co.jp/company/news/200907.pdf）。

2014]である。剽窃とも呼ぶ。適切な引用をせず，他人の論文等から文章を転用し，自分で書いたかのように提示するのは明らかに盗用であり，他人の知的な権利の侵害である。博士論文において盗用が発覚し，博士の学位が取り消しになったという例もいくつもある。

　他人のアイデア，意見，言葉，他人が作成した図表などを使用する場合は，文献注をつけ，誰のオリジナルで，どこから引用したものか出典を明示することが求められる。それには，書籍や論文のみならず，ウェブサイトや新聞などからの引用も含まれる。近年，ウェブ上で公開されている論文が増加してきた。それ（の一部）を適切な参照指示をつけずにコピーし，自分の論文や報告書にペーストすることがないよう特に気をつけるべきである。引用（直接引用）や参照（パラフレーズ）の具体的な書き方については，『社会学評論スタイルガイド〔第3版〕』の「3　引用」を参考にすると良い。論文以外にもウェブ上には情報があふれているがその質はさまざまである。執筆者が特定されず校閲や審査がなされないものも多く，内容の信憑性を閲覧者が判断しなくてはならない。また，閲覧後に変更や削除がなされる可能性にも留意が必要である。

1-3　QRP（好ましくない研究行為）

　研究行為のすべてが，誠実な研究行為とFFPのどちらかに振り分けられるわけではない。両者の間には「好ましくない研究行為」（Questionable Research Practice，問題のある研究実践）と呼ばれる行為がある。具体的には，重要な研究データを適切な期間保存しないこと，不適切な研究記録の管理，誰を著者として含めるべきかの問題，研究資料やデータの提供の不当な拒否，統計的またはその他の測定方法の不適切な使用，学生や部下の不適切な指導や搾取，研究成果の不適切な公表（特にパブリック・メディアに対して）が挙げられる［National Academy of Sciences 1992:28］（→発展2）。

　社会調査において，調査に関するデータや記録は，調査のプロセスを示す重要なものである。それらを保存しておかなかったり，紛失したりすると調査のプロセスが辿れなくなり，調査が適切に行われたかどうかの説明ができなくなる。また，結果の公表については，誤解を招くような解釈を提示しないように気をつける必要がある。

FFP や QRP はどのような研究でも避けなければならないが，社会調査は調査対象者からデータを収集するため，両者への特段の配慮が求められる。具体的には対象者へのインフォームド・コンセントと個人情報保護，そしてデータ管理である。

1-4　インフォームド・コンセント

　インフォームド・コンセントとは，研究対象者の尊厳と権利を保障するための概念と手続きである［日本学術振興会「科学の健全な発展のために」編集委員会 2015：35］。もともと医師と患者の双方向の関係性を重視することを目的として生まれた概念，手続きだが，現在では研究倫理として広く認識されている。

　今日の研究倫理の基本原則に影響を与えたベルモント・レポート（The Belmont Report: Ethical Principles and Guidelines for the Protection of Human Subjects of Research, URL: https://www.hhs.gov/ohrp/regulations-and-policy/belmont-report/read-the-belmont-report/）では，基本的な倫理原則として，人格の尊重（respect for persons），善行（beneficence），正義（justice）を掲げ，その適用の際に考慮すべき要請のひとつとしてインフォームド・コンセントを挙げる。そして，同意のプロセスは「情報」，「理解」，「自発性」の3要素から構成されると示されている。研究対象になることを依頼された者が，十分な情報を与えられ，適切に理解し，その上で自発的に同意することが必要なのである。

　対象者に十分な説明をするには，専門用語を多用せず，年齢や文化的背景などを考慮し，わかりやすい表現を心掛けることが必要である。対象者の「自由意思」を尊重することには，対象者が自由に調査を中断したり，回答したい設問のみに回答したりすることを可能とすることなどが含まれる。

　しかし一方で，社会の現状を正確に記述・分析するためには，データを偏りなく正確に収集することが重要である。できれば調査対象者全員に，必要とされるすべての質問に回答してもらいたい。このように対象者の意思の尊重と偏りのない正確なデータの収集といった両立が容易ではない2つの要請にともに応えるためには，調査対象者に調査の意義や目的を説得的に伝えることや，回答しやすい調査票を作成することなど，調査者の努力がこれまで以上に求められる［長谷川計二 2007］。

13

何をもってインフォームド・コンセントが得られたかの判断もかならずしも一律ではない。日本の社会学における調査票調査の場合，調査票への記入と提出をもって調査協力に同意したとみなすのが通常だが，半構造化インタビュー調査などの場合には，対象者に対して事前に十分な説明を行った上で同意書に署名して提出してもらうことも多い。提出された同意書は対象者と調査者の信頼関係を示すものとなるが，この手続きが対象者に負荷を与え，かえって協力を得ることが難しくなる場合もある。提出された同意書の管理にも気を配らねばならない。

　また，インフォームド・コンセントを行うタイミングも必ずしも実査の実施前とは限らない。心理学実験の一部では，被験者が実験の真の目的を知ってしまうと関心の対象である行動自体に変化が生じるため，被験者に実験の真の目的や情報を故意に知らせないことがある（deception）。この場合，実験終了後に目的を丁寧に開示して改めて同意を得る（debriefing）ことが重要である。

　社会調査においてもインフォームド・コンセントは重要であるが，どのような調査でも一様に適用できる手順といったものはなく，調査の内容や方法，対象者の特徴などをよく考慮して同意を得る方法を考えるべきであろう。

1-5　個人情報保護

　近年，**個人情報保護**への関心が高まり，調査をとりまく環境に変化が生じている。1980年，経済協力開発機構（OECD）理事会勧告において，「プライバシー保護と個人データの国際流通についてのガイドライン」が示された。その後，日本においては「個人情報の保護に関する法律」が2005年に施行された。そのため，調査対象者に事前予告状を送付する段階から，個人情報の適切管理を行っている点を伝えることが望ましくなった。協力意思はあるのに個人情報の取り扱いへの不安から拒否してしまう人がでないように，個人情報を適切に管理することをしっかりと対象者に伝えた方が良い。

　「個人情報」とは，「生存する個人に関する情報であって，当該情報に含まれる氏名，生年月日，その他の記述等により特定の個人を識別できるもの（他の情報と容易に照合することができ，それにより特定の個人を識別することができることとなるものを含む。）をいう」（個人情報保護法 第二条）。つまり，個人情報を保護

するには，個人を識別できないように匿名化することが求められる。ただ，仮名にしても容易に推測がつき特定される場合や，他の情報と組み合わせて特定される場合があるので，どの水準まで匿名化すれば特定の個人を識別できないかは難しい判断となることもある。しかし，一般的には次のようなことが求められている。

氏名のように直接個人を識別可能な情報を削除するか仮名化する，直接個人を識別可能とする属性またはその組み合わせを上位の概念に置き換える（たとえば「女性の知事」を「女性の管理的地方公務員」とする）などである。また，自由記述の公開には，さらなる配慮が必要となる。たとえば，職業について，特殊な職業や一般的でない役職名といった回答があるなかで，どのように公開していくのかは難問である。（→ 発展 1 ）

1-6 不正行為防止に対する取り組み

文部科学省は，2006年の特別委員会報告「研究活動の不正行為への対応のガイドラインについて」に基づいて研究不正に対応していたが，2015年4月から「研究活動における不正行為への対応等に関するガイドライン」を適用することとなった。このガイドラインは，審議依頼を受けた日本学術会議が回答として提出した「科学研究における健全性の向上について」（日本学術会議 2015年3月6日[2]）を踏まえたものである。大学等が実施すべき事項が具体的に提示されたことで，各大学等の社会科学系分野においても，組織の倫理規程や行動規範の整備と成員への周知，競争的資金等の運営・管理に関わる成員に対する研究倫理講習の実施，組織内（施設内）審査委員会の設置等が進んだ（→ 発展 3 ）。組織内審査委員会は，各機関の倫理規程に基づいて調査や実験等の実施の可否を判定する役割を担っており，学問領域によっては，所属機関の審査委員会の承認を得ていることが，論文を投稿する条件になっている。

13

2） QRP の範囲，研究者としてわきまえるべき基本的な注意義務，実験データ等の保存の期間及び方法，その他研究健全化に関する事項，研究倫理教育に関する参照基準，各大学の研究不正対応に関する規程のモデルについての検討が含まれていた。

② データの管理

2-1　回収原票の保管

　個人情報のライフサイクルは，「取得→利用→消去」[岡村・鈴木 2005：33]
といわれている。しかし，社会調査では「保管」というステージを加え，「取
得→利用→保管→消去」というライフサイクルであると考えることが適切であ
る。個人情報保護の意識が高まるなかで，社会調査の実務では「保管」と「消
去」の段階が重要となっている[俵ほか 2008]。調査対象者が何より不安に思
うことは個人情報の漏洩であろうが，そうした事態を避けるためにも「保管」
と「消去」の段階に気を配る必要がある。

　保管の段階では，具体的には次のようなことに気をつけたい。**回収原票**や対
象者リストなどの紙媒体は施錠できる収納棚などで保管すること，対象者リス
トなどのコピーは最小限におさえ事後確認などの必要がなくなった段階で迅速
かつ確実に処分すること，回収原票，対象者リストおよびデータファイルは同
じ場所で保管しないこと，USB メモリなど電子媒体の紛失・置き忘れを防止
すること，回収原票について調査に先立ち保管期間を決めておき，保管期間が
過ぎた時点で，廃棄を行うのか，継続して保管するのかを決定しておくことな
どである。

　なかでも回収原票の保管は，物理的なスペースを確保できるかどうかに左右
される。個人情報保護を考えると，回収原票は報告書を作成したのち，すぐに
廃棄するほうが良いとする考え方もあるかもしれない。しかし，次のような点
から，回収原票は一定期間，保管されるべきであろう。

　第1に，データのエラー修正が可能である。調査を終えたのち，何かの機会
にデータの入力ミスが疑われる場合，回収原票があれば確認することが可能で
ある。そのためには ID 番号順など，秩序立てて整理して保管しておくことが
重要である。第2に，万が一の場合，再入力が可能である。第3に，証明力が
高い。後日，研究の手続きに疑義が示された場合，回収原票によって証明する
ことができるだろう。第4に，自由回答や調査員のメモなど，入力されていな

いその他の情報を残しておくことは調査の信頼性を高めていくことにつながる［俵ほか 2008］。

　回収原票の保管の利点を保ちつつスペースをとらない方法のひとつとして，回収原票を PDF ファイルにするという方法がある。海外の政府や大学では，回収原票は PDF 化され，定められた期間，保管されたあと，廃棄されるというのが標準的な方法となっていた［俵・轟 2009］。今後は PDF ファイルの廃棄について検討が必要になるだろう。

　日本で CAPI や CASI を用いる調査が増加していくと回収原票の保管や廃棄についての問題は軽減するが，紙の調査票では生じなかった新たな問題が生じる。たとえば，紙の調査票を見れば，枝分かれ質問など，どのような流れで回答者にたずねているのかが一目瞭然であるが，CAI ではそれが確認できないのである。

　社会調査は共同で実施されることが多い。よって，廃棄も含めて，誰（どこ）が責任をもって回収原票や資料，データファイルを管理するのかについて調査を行う前に明確にしておくと良い。

2-2　回収原票の廃棄

　回収原票はルールで定めた保管期間が過ぎた時点で廃棄が求められる。個人情報のライフサイクルでいえば「消去」の段階である。回収原票の保管期間については，**1-6**で述べた日本学術会議の「科学研究における健全性の向上について」に，「資料（文書，数値データ，画像など）の保存期間は，原則として，当該論文等の発表後10年間とする」と明記されたことも 1 つの基準になるだろう。

　機密文書の廃棄については専門業者に委託する方法もある。その処理方法はおおまかに，シュレッダーによる裁断，焼却，溶解の 3 つである。文書の回収方法としては，クライアントが直接業者に持ち込む方法，クライアントが各業者と提携している郵便局や宅配業者を介して業者に送る方法，業者がクライアントの元をたずねて回収する方法がある。セキュリティの面からいえば，運送途上での事故や紛失のおそれもなく，クライアントの目の前で処理してくれるという点で，業者がクライアントの元に出向いてその場で高性能のシュレッ

13

ダーで裁断する方法が最も確実といえる。

2-3 研究の再現可能性

管理するデータは回収原票だけではない。調査が終了したのちも調査のプロセスをたどることができるようなあらゆる情報の管理が求められている。実験でいえばラボノートの管理にあたる。調査に関する記録，変数の作成法や分析プログラムなどはこれに含まれる。

近年，心理学実験の再現性が問題となっている。[3]「再現性」とは，（実験で）得られた結果が同じ条件で追試を行えば同じ結果が得られることをいう。「再現性」は科学研究が備えるべき要件の1つとされ，とくに，実験結果を第三者も再現できることが重視される。再現可能性あるいは追試可能性を担保するには，手順を明確に示すこと，すなわち透明性が必要である。ただし社会調査の場合には，先行研究と同一設計の調査を行って直接追試するということはあまり現実的ではなく，むしろ，同じデータから同様の知見が引き出されるかいなかが重要と言える。その為には，分析手順の透明性と，次に述べる二次分析の実施可能性が要請される。

2-4 二次分析

調査データの管理についてはすでに述べたが，管理されたデータが有効に再利用されるのは望ましいことである。希望する人にデータを提供することで，同じデータからさらに新たな知見が導き出されたり，先に行われた分析の再分析や検証が行われたりすることが可能になる。自らが実施した調査で収集したデータを分析するのとは異なり，他者が収集したデータを入手して分析することを**二次分析**という（→ 発展 4，5）。二次分析の利点は，①データの収集にかかる費用と時間を節約することができること，②多数の研究者が同じデータを再分析することで分析レベルが向上すること，③既存の調査データで検証可能な研究テーマについては，新しい調査を実施する必要がなくなり，調査対象になりうる人々の調査負担が軽減されること，④時系列比較や国際比較の研究

3）『心理学評論』第59巻1号（2016）では「心理学の再現可能性」の特集が組まれている。

を行うことが容易となることである［佐藤ほか 2000：2］。

　ところが，日本は欧米に比べて二次分析による研究は少なかった。その理由は，研究者自身がデータを収集する一次分析のほうが，二次分析よりも高く評価されてきたこと，公開されている**個票データ**がきわめて少なかったことである［佐藤ほか 2000：2；真鍋 2012：18-20］。

発　展　*Advanced*

1　データリンケージ

基礎 1-5 では，個人情報を含むデータの公開は問題があることを述べた。たとえ匿名化の過程で個人識別情報のすべてを除去したとしても，データリンケージ，つまり他の公開されたデータセットとの照合によって個人が識別される可能性は残る（レコードリンケージともいう）。マサチューセッツ州政府雇用者の医療記録公開の事例（1997）では，データを公開するにあたって，性別，生年月日，郵便番号などそれだけでは個人が識別されない情報を残し，明確に個人が識別される氏名と住所をファイルから消去し匿名化したが，他の公開されたデータセットである投票記録と組み合わせたところ，ある個人が識別されることとなった［Salganik 2018=2019：318］。近年，このような匿名データへの攻撃（再識別攻撃）に対する安全性指標（k-匿名化，l-多様性，t-近傍性）が提示され，匿名化技術の開発が進んでいる［小栗 2019］。

　一方，データリンケージは，研究に活用されるという側面もある。欧米では，社会調査の個票データと行政記録データのリンケージや，行政記録データ間でのリンケージが研究に活用されている。行政記録については，英国では The UK Administrative Data Research Network（ADRN）と呼ばれるプロジェクトが展開されている。オランダやデンマークでも行政記録データ間のリンケージが活用されている［伊藤 2017］。合衆国国勢調査局にはデータリンケージインフラストラクチャーというセクションがある。調査（サーベイ）データと行政データのリンケージを活用した研究も増えている［Künn 2015］。ビッグデータの活用が増えるにつれ，さまざまなデータリンケージへの関心も高まっている［Hill et al. eds. 2021］。データリンケージは，再識別攻撃の懸念から情報公開を慎重にさせ，情報公開への手順を増やすことになっているが，同時に情報の有効活用への期待を高めているのである。

2　出版バイアス

　FFP や QRP といった行為が生じる要因の1つとして，研究者にかかる査読論文公刊のプレッシャーが強まっているという背景を挙げることができる。学術雑誌に論文が掲載される確率が，仮説について統計的に有意な検定結果を提示することで高まるとすれ

13

ば，偶然に過ぎない有意結果が不釣り合いに人々に知られるという出版バイアスが生じる危険がある。

　ここで*p*-hacking が問題となる。*p*-hacking とは，帰無仮説有意性検定において，統計的に有意になる分析結果を故意に得ようとするような研究実践のことで，具体的には「望まない結果をもたらすデータ・変数・実験条件の削除，事後的データ変換，共変量の使用，都合の悪い実験報告の抑制，選択的データ収集（都合の良い結果が得られた段階で実験を終える）など多岐にわたる」[藤島・樋口 2016：85]。多くの研究者によって*p*-hacking がなされ，本来は第一種の過誤に過ぎない結果が過剰に発表され，「正しく」統計的に有意にならなかった研究が発表されないままであると，本来は正しくない「知見」が広まりながら，しかしそれを再現しようとしても再現できないことが頻発するようになる。こうした問題に対し心理学の学会誌では，「事前登録研究」を推奨する動きも強まっている。事前に研究計画や実験の詳細を登録して審査を通れば，データ収集と分析の結果統計的に有意な結果が出ても出なくても等しく掲載の機会が与えられるので，有意になった結果だけをより分けて刊行されることはなくなると考えられる。

3　IRB

　基礎 1-6 では大学等における組織内審査委員会について述べた。審査委員会の設置については，アメリカの IRB（Institutional Review Board）の影響を受けているといえるだろう。IRB は研究によるリスクを最小限にするために作られた制度である[藤本 2007：178]。アメリカ合衆国では1974年に，連邦の資金で行われる研究のうち人間を参加させるものは，IRB の承認が必要とされた（National Research Act）。アメリカ社会では訴訟が多いことから，対象者の側から起こされうる訴訟への対策予防という側面がある一方，アメリカの IRB は，医学・薬学が中心になっており，その学問領域の基準で社会調査が処理されてしまいがちだという問題が指摘されてきた[長谷川公一 2007：200]。

　また，学問領域によっては所属機関の審査委員会による承認が論文投稿の条件になっているが，論文の投稿先が国際誌であれば，雑誌を刊行する国・社会の基準に合わせざるを得ない。つまり，「研究の国際化や海外発信の必要性が叫ばれている折から，こうしたグローバル化は好むと好まざるとに関わらず支配的な IRB 体制に行き着く」[高坂 2007：6]。グローバル化が進展する中で，日本社会に応じた審査委員会のあり方が今後の課題の１つとなるだろう。

4）　日本パーソナリティ心理学会の『パーソナリティ研究』では2018年11月から「追試研究」「事前登録研究」「事前登録追試研究」という投稿区分が追加されている。2019年の『心理学評論』第62巻３号の特集企画では，（先行研究の直接的追試研究に限定してであるが）事前登録の事前審査を実践している。

4 データアーカイブ

研究者や学術機関，企業や行政機関が実施している社会調査の一部は，**データアーカイブ**に保管され，個票データが二次分析に提供されるようになってきた。データアーカイブとは，社会調査の実施者からの寄託を受けて個票データや関連文書を収蔵し，二次分析を希望する者に提供する機関のことである。その意義は，調査実施者では管理しきれないデータの維持・管理とデータの散逸の防止，そしてデータの二次利用の促進である。米国では，1947年に世論調査データアーカイブの Roper Center が設立され，1962年には政治社会研究の大学間コンソーシアム（ICPSR）が設立された。ヨーロッパではドイツの GESIS の前身である ZA が1960年に，英国の UK Data Archive が1967年に設立されている。2012年に UK Data Archive 内の組織の1つとして創設された英国最大のデータアーカイブ UK Data Service は，量的データのみならず質的データも豊富に保有している。

日本では，1990年代に入ってデータアーカイブが設立されるようになった。まず，札幌学院大学社会情報学部に SORD（Social and Opinion Research Database）が設立され，続いて1998年に東京大学社会科学研究所に SSJDA（Social Science Japan Data Archive）が創設された。2000年代に入って大阪大学大学院人間科学研究科「質問紙法にもとづく社会調査データベース（SRDQ）」が公開を開始した（ただし SRDQ は2020年3月でサービスを停止した）。データアーカイブは一様ではなく，全国データを中心とした大規模なもの，地域調査のデータ収集に力を入れているもの，世論調査を中心としたもの，公的統計を中心としたものなど，それぞれに特徴を有している。

5 公的統計の公開

行政機関や地方公共団体による調査データはどの程度公開されているのだろうか。2007年5月に60年ぶりに改正され2009年4月から全面施行された統計法では，公的統計は行政利用のためだけのものではなく，社会全体で利用される情報基盤と位置付けられている。改正前は行政機関のみが個票データを利用することができ，市民は公表された集計表を利用するにとどまっていた（詳細な経緯は小林［2012］，松井［2008］など）。しかし，研究者たちから自分たちの関心に基づいて自分たちで分析を行いたいという声があがっていたことに加え，諸外国では研究者に対して個票データを提供していることもあり，これまでより制限の少ないデータ利用が可能となった。

具体的には，「オーダーメード集計」と「匿名データの提供」の有償サービスが行われるようになった。オーダーメード集計とは，希望者が自身の関心に基づいてオーダーし，統計表を作成してもらうことができるサービスで，匿名データの提供とは，希望者が自身で分析ができるように匿名データ（個票データ）を提供してもらうサービスである。オーダーメード集計については当初学術研究などに限定されていたが，2016年4月に利用条件が緩和され，企業活動の一環として研究を行う場合等も利用が可能となっ

13

表13-1 広く知られているデータアーカイブ[5]

Roper Center for Public Opinion Research (ROPER CENTER) The Roper Center for Public Opinion Research, University of Cornell 1936年以降の，世界各国で実施された世論調査のデータを保管。
Inter-university Consortium for Political and Social Research (ICPSR) Institute for Social Research, University of Michigan 社会科学と行動科学の１万５千以上の研究のデータを収蔵。社会調査の定量的手法についてのサマープログラムも有名である。
GESIS Leibniz-Institut für Sozialwissenschaften (GESIS) Eurobarometer や European Values Study などヨーロッパで実施されたデータと関連文書を中心に保管。主なデータは ZACAT よりダウンロードできる。
UK Data Service The Economic and Social Research Council (ESRC) 英国および国際的なデータ（社会・経済・人口）を収集している英国最大のデータアーカイブ。世論調査，インタビュー，報告書等の他，音声や画像データも保有している。
Social Science Japan Data Archive (SSJDA) 東京大学社会科学研究所附属社会調査データアーカイブ研究センター 日本最大のデータアーカイブ。社会科学全般にわたって豊富なデータを収集している。SSM や JGSS，NFRJ など代表的な繰り返し調査データや，東大社研のパネル調査のデータも収録。

た。2022年１月現在，統計センターで提供しているオーダーメード集計については16調査，匿名データの提供については６調査が，それぞれ利用可能となっている。利用可能な統計調査は徐々に拡大されているので，総務省統計局や独立行政法人統計センターのウェブサイトで確認して欲しい。

◆ 練 習 問 題

① 回収原票を紙で保管する場合と電子媒体の場合の，長所と短所を比較しよう。
② 個票データの公開の利点と留意点を述べてみよう。

俵　希實・杉野　勇・平沢 和司

---

5) **表13-1**は，Roper Center, ICPSR, GESIS, UK Data Service, SSJDA それぞれのウェブサイトを参考に作成した。

14 社会調査の意義と今日的課題

私たちはいま何を考えるべきか？

基 礎 *Basic*

　これまでの各章では，主に量的調査に焦点を絞って，社会調査の方法論を述べてきた。それに対して本章では視点を変えて，まず社会調査が今日かかえている課題について検討する。具体的には量的調査における回収率の低下，社会調査への信頼の不足，問いの高度化に伴うデータと分析の質の問題である。そのうえで調査を学び実践する意義について，改めて考えてみたい。さらに 発展 では，社会調査をめぐる過去の論争と国内外の2つの先駆的な調査をふり返る。社会調査の歴史を学ぶ意義は，それ自体を知識として得ることはもとより，そこから今日的な課題を解決する端緒を得ることにもある。[1]

① 社会調査の困難

1-1 抽出台帳閲覧制限問題

　近年，社会学界では**社会調査の困難**がしばしば指摘されている。[2] それが具体的に何を指すかは論者によって異なるものの，本章が念頭においている量的調査に限れば，少なくとも抽出台帳の閲覧制限，回収率の低下，およびデータと分析の質の問題を指摘することができる。

---

1) 戦後日本の社会調査の通史としては西平［2007］，玉野［2007］，量的調査では川端［1998］，社会調査史の方法論としては石川ほか編［1994］を参照。
2) たとえば『社会学評論』第53巻4号［2003］には「特集・社会調査——その困難をこえて」，『先端社会研究』第6号［2007］には調査倫理の特集，『社会と調査』創刊号［2008］，第5号［2010］には関連する特集がそれぞれ掲載されている。

すでに第7章で詳述した通り，標本調査であれば標本を母集団から確率抽出（無作為抽出）することが求められる。その抽出に用いられる台帳は，もちろん調査の内容や想定する母集団によって異なるが，全国規模の標本調査であれば住民基本台帳かそれにもとづく選挙人名簿に事実上かぎられる。両者を管理する自治体はこれまで，原則としてそれらの閲覧を許可してきた（→第7章注10）。

　ところが個人情報保護法の施行（2005年）と住民基本台帳法の改正（2006年）が契機となって，商用はもとより学術目的でさえも，両名簿の閲覧を認めない自治体があらわれている。いまのところそれほど多くはないが，今後そうした自治体が増える可能性もある。これが**抽出台帳閲覧制限問題**である。全国規模の調査でよく用いられる層化多段抽出であっても，個人を抽出する段階ではいずれかの名簿が不可欠なので，これは標本調査にとって死活問題である。そのため日本社会学会をはじめとして関連する学会が，所管の行政機関に対して，学術調査について閲覧を制限しないように要請している。

1 - 2　回収率低下問題

　他方，**回収率低下問題**とは，量的調査の回収率が長期的に低下する傾向にあることを指す。その実態は，長期間にわたって回収率を比較できる繰り返し調査（→第1章[発展]3）で確認できる。たとえばSSM調査（10年ごと，詳細は第1章[発展]4-3を参照）では，第6回（2005年）の回収率は44.1%，第7回（2015年）は50.1%で，60%を超えていた第5回以前より下がっている（15頁の**表1-3**参照）。また統計数理研究所の日本人の国民性調査（5年ごと，第1章[発展]4-2を参照）も，同様に1953年の83%から2013年の50%へ低落傾向が長期的に認められる（**図14-1**参照）。母集団から標本をいくら確率抽出しても，回収率が極端に低ければ，特定の傾向をもつ回答者だけが標本に含まれている可能性が高まる。したがって，この状態が続くとすれば，標本調査にとって看過できない問題となる。

1 - 3　調査不能の理由

　調査者がさまざまな工夫をしているにもかかわらず，近年なぜ回収率が低下

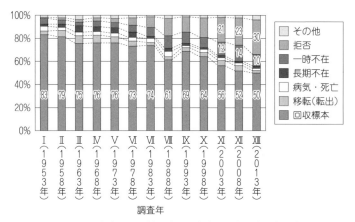

図14-1　日本人の国民性調査の回収率と調査不能理由の内訳

注）　図中の数値は計画標本に対する比率を表す。したがって回収標本の数
　　値は回収率である。
※統計数理研究所のホームページ（2016年9月）にある「回収率」と「調査
　不能の状況」から筆者が作成

したのであろうか。それを考えるうえで，有力な手がかりとなるのが欠票であ
る。**欠票**とは，何らかの理由によって回収できなかった調査票のことで，未回
収票ともいう。主に実査の調査員が残した記録をもとに，欠票の理由や影響を
分析することを**欠票分析**と呼ぶ。それによれば，調査不能の理由は下記の通り
多様である。

移転（転出）：抽出台帳である住民基本台帳や選挙人名簿に掲載されていたにもかか
　　　　　　わらず，実際には当該住所に行ってみても，どこかへ転出したために
　　　　　　対象者に行きあたらないことを指す。自治体への転出届が提出されて
　　　　　　いないために，抽出台帳と実態が乖離してしまったと考えられる。
死亡・病気：対象者がすでに死亡しているか，病気や老衰のため調査に回答できな
　　　　　　いことを指す。病気のため長期にわたって入院している場合を含む。
長期不在　：長期の出張・留学・旅行のため，対象者に会えないことを指す。
一時不在　：対象者が当該住所に住んでいることは確認できたにもかかわらず，何
　　　　　　度訪問しても会えないことを指す。
拒　　否　：対象者本人に会えたにもかかわらず，調査への協力が得られなかった
　　　　　　ことを指す。家族が拒否を伝えた場合や，居留守を含む場合もある。
そ の 他　：当該住所に行っても家屋や部屋が見あたらない，該当者がいない，そ

の他を指す。

　理由の分け方は調査によって多少異なるが，ここでは国民性調査を例にあげた。これらの理由の分布の推移を，回収率とともに示したのが**図14‐1**である。かつては移転（転出）や長期不在が多かったのに対して，近年では拒否と一時不在の比率が高まっている。最新の2013年調査では，拒否が設計標本の30％，不能理由の60％を，また一時不在が標本の10％，不能理由の20％を占めている。したがって，今日では拒否と一時不在を検討することが，回収率の低下を回避するうえで重要といえる。

1‐4　一時不在と調査拒否の背景

　一時不在の増加の背景には，生活環境の変化を指摘することができる（→第8章**発展**1）。たとえば対象者の労働時間が非常に長い場合には，昼間や夜間の常識的な時間帯に訪問しても，会える可能性は低い。深夜に働いていれば，昼間は自宅で寝ていることが多いであろうから，実質的に不在と同じである。またとくに都市部ではオートロックつきマンションが増えたため，調査員が対象者と対面するまでのハードルが確実に高くなっている。モニター越しの依頼では，面と向かっての場合に比べて，対象者に協力する意志が多少あっても気軽に断わりやすいのではないだろうか。

　それではこうした気軽な拒否を含めて，対象者はなぜ調査を拒否するのであろうか。調査にそもそも回答してもらえない以上，拒否の理由を対象者から直接聞けないことが多い。そのため欠票分析などから推測するしかないものの，さまざまな理由が考えられる。ここでは拒否の形態を，調査を事前に依頼あるいは最初に面会した時点で断る「いきなり拒否」と，いったんは調査に応じてくれたものの中途で断られて結果的に回収できない「途中で拒否」に分けて考えてみる。

　いきなり拒否の理由としては，調査の意義を実感できないこと，意義は認めていたとしても忙しいなかわざわざ時間を割いてまで回答する気になれないこと，あるいは協力することによって生じるさまざまな**リスク**が心配なことなどである。リスクとは，プライバシーの侵害や個人情報の漏洩などだ。他方，途

中で拒否の原因としては，面接法であれば調査員の対応に問題がある，調査時間があまりに長い，郵送法であれば主旨が伝わらない，質問が多すぎる，回答方法が複雑で答え方がわかりにくいといったことが予想される。

　拒否理由を直接調べた調査が極めて少ないため，どの理由が多いのかについて断定的なことはいえないが，内閣府が毎年（一時期は隔年で）行っている「国民生活に関する世論調査」の2004年データが参考になる。それによると「忙しかったので」52％（複数回答あり），「後でセールスなどがあると思ったので」30％，「長時間かかりそうだったので」29％，「プライバシーに触れるような立ち入ったことを聞かれそうだったので」23％，「回答が統計以外の目的に使用されるのが不安だったので」16％，「調査の内容に興味がなかったので」16％，「調査員の説明が不十分で信用できなかったので」15％，などとなっている[山地 2004]。

 社会調査への協力

2-1　調査の社会的利益

　こうして見ると調査を拒否するには，それなりの理由があるということがわかる。回答する側の負担ばかりが大きく得るものが少なければ，むしろ協力してくれるほうが不思議に思えてくる。したがって，調査を拒否する対象者をいたずらに非難するとしたら，見当違いだといわざるを得ない。どうしたら対象者に協力してもらえるのかを，調査をする側が真剣に考えなければならない。

　一般に，対象者は自らが情報を提供して調査に協力するコストと，協力することによって自らが得る利益，ならびに**社会に還元される利益**を比較勘案して，利益がコストを上回れば協力を，下回れば拒否を選択すると想定できる[稲葉 2006]。ここで重要なのは，調査者と対象者（被調査者）のほかに，調査から利益を享受する（第三の）主体として，社会を措定していることである。社会とは抽象的だが，調査者・対象者がともに属するコミュニティや日本全体

3）　こうした判断は機会費用理論や社会的交換理論，より広義には天秤理論に該当する。吉村［2017］を参照。

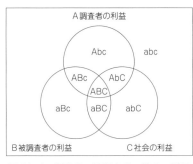

図14-2 調査者・被調査者・社会の利益
※稲葉［2006:10］

などを指す。

　図14-2は，調査が行われた場合に，各主体が実際に得る利益の重なり具合を示したものである。ここでたとえば大文字Aは調査者の利益が得られた状態，小文字aは調査者の利益が得られなかった状態を表す。このうちABCは調査者・被調査者・社会，すなわちすべての主体の利益が得られた状態であるから，最も望ましいと思われる。

　この枠組みでいえば，純粋な**学術調査**が，調査者のみに利益があって被調査者にも社会にも貢献しないのであればAbcと表現できる。被調査者を説得して協力を得るには，一見Abc型に見える調査であっても，長期的に広い視野で見れば問題解決型（aBcやABc）になりうるとの認識をもってもらう必要がある。たとえば調査結果が政策などに反映されることよって，社会問題が解決する状況である。もっとも，問題解決による利益は，その被調査者だけが享受するとはかぎらないから，社会全体の利益が同時に満たされる場合（aBCなど）もある。

　ただし被調査者の個人的な利益を強調することには異論もある（→第2章**基礎** **3-3**）。山口［2003:560］は，被調査者の公共心を期待する場合（たとえば郵送調査で調査票とともに謝礼を最初に渡す）に比べて，利己的動機（回答した者にのみ謝礼を後から渡す）に訴えると，かえって回収率が下がったり回答の質が悪化するという。むしろ自らには直接的な利益はまったくなくても，社会的な利益に貢献するために調査に協力する，という態度を醸成することこそが肝要だとしている。これはAbC（あるいはabC）の状態に対応する。

2-2 社会のなかでの社会調査

　このように考えてくると，対象者が調査から得られる利益は，ごく特殊な場合をのぞけば，実際にはかなり小さいことに気づくであろう。また社会的な利益といっても，それを実感できるのは，調査に協力してからかなり時間がたっ

てからである。はっきりいえば，調査票調査に協力することによって対象者がすぐに得るものは基本的にないか少ない，というのが偽らざる現実である。しかも統計法（2007年に全面改正，第1章 **発展** 1 参照）によって報告（回答）が義務づけられている基幹統計の調査とは異なり，学術的な調査の場合には，協力は完全に対象者の自由意志に委ねられている。それにもかかわらず，質問にいったん答え始めると，人びとが答えたくないであろうプライバシーを根掘り葉掘りたずねられる。こうした対象者の利得構造をよく理解することが肝要である。

　換言すれば，調査者が社会のなかで調査をするという行為を **反省的** （reflexive）に捉える必要がある，ということだ。ここで反省的というのは，社会学者が自らも一員である社会を調査するということは，本来的に自己言及的な構造をもっており，そのことに自覚的であるべきだという意味である。学術的な研究をする調査者といえども，決して特権的な位置にいるわけではないことを，私たちは自覚しなければならない（→ **発展** 1-1）。

2-3　社会調査への協力

　そのうえで重要なのは，やはり社会調査が一般市民から **信頼** を得るよう努めることであろう。もっとも，これは「言うは易く行うは難し」である。というのも，調査者と対象者が具体的にどのような関係であれば，信頼が成立したといえるのか，そして正確なデータが収集できるのか，について調査者の意見がかならずしも明快ではない（あるいは一致していない）からである。この点にかんしては **発展** 1-2と1-3を参考にしてほしい。

　そこで調査への協力を得るためのより具体的な指針を考えてみる。先の稲葉［2006］は，(1)義務教育段階から社会調査への理解を涵養する教育を実現すること，(2)被調査者が調査の社会的利益を実感できるような情報を，調査者自らがマスメディアを利用して積極的に提供すること，そして(3)被調査者が調査の成果を手軽に閲覧できるような公共性のある機関を創設することを提案している。冒頭で述べた抽出台帳の閲覧を制限している自治体でも，報道各社には許可しているケースが多い。その理由は調査結果が報道などによって社会に還元されているからだとされる。研究者は成果の公表ということとかく学会発表だけ

を考えがちであるだけに，特に(2)(3)の提言は重要だといえる。

あわせて実査における対策も重要である。保田［2008］はJGSS調査の欠票分析から，(1)若年層や男性に欠票が多いのは，拒否よりも不在によること，(2)調査員の経験年数は回収率に影響しないこと，さらに保田ほか［2008］は(2)に関連して，調査員の訪問記録から粘り強い訪問がやはり回収率の改善に結びつくことなどを報告している。

このほかになぜこんな細かいこと，個人的なことまで質問するのかといった被調査者の疑問に答えるために，調査者の意図をていねいに説明することも大切であろう。量的調査の場合，調査者は社会全体つまり各変数の分布やその連関に興味があるのであって，個々の対象者個人には関心がないこと，ましてやプライバシーを覗こうという気持ちなど微塵もないことが，対象者にはなかなか理解されていないように思われる。依頼状や問い合わせへの応対などで，愚直な努力が求められる（→第8章）。

同時に，なぜ調査をするのかについて自分の言葉できちんと語れることもきわめて重要である。調査に携わっていると，調査者としての全存在を問われる瞬間がかならずある。調査に挑んだ先人の足跡を 発展 1 でたどるのも，その苦楽を多少なりとも伝えたいからである。

③ データと分析の質の問題

3-1 問いの高度化による困難

以上では近年の社会調査の困難のうち，抽出台帳閲覧制限と回収率低下の問題を中心に考えてきた。こうした実査をめぐる困難のほかに，調査者の問いが高度化したことによってもたらされる**データと分析の質**こそが，本質的な問題であるとの指摘がある［山口 2003］。その中心は，パネル調査の必要性とそこから生じる困難である（パネル調査の実例は第1章 発展 4-4，利用例は［樋口美雄ほか 2006］を参照）。山口の議論はアメリカでの量的調査を念頭においたものであるから，そのまま日本にあてはめることはできないが，示唆に富むといえよう。

一般になぜパネル調査が必要となるのかは，第4章で詳述した通り，記述的な問いから説明的な問いへ重点が移り，因果関係の方向とその大きさを，対象者の個人内の変動からより正確に推測することが求められるようになった点にある。けれどもパネル調査を実行することは容易でない。対象者の脱落（第1波の調査対象者が第2波以降で調査できなくなること）や，同一項目に関する同一対象者内での回答の不一致（第1波調査で学歴を大卒と答えた回答者が，第2波では高卒と答える）など，繰り返し調査にはない問題が新たに生じる。

　さらに無視できないのが，調査実務の増大である。パネル調査では脱落を防ぐために対象者との連絡を緊密に保っておく必要があり，それに伴って調査チームが肥大化していく傾向にある。そのため一部または大部分の業務を外部化せざるを得なくなるが，それは管理や訓練の費用を増加させる。加えて，繰り返し調査よりもはるかに豊富な情報量を活かす計量的な分析方法の習得も求められる。

3-2　無作為抽出ができないときの対応

　このようにパネル調査は多くの困難を伴うものの，その方法論を学んでおくことは，実は無作為抽出されていないデータへの対処に役立つ。というのも，パネル調査における脱落のあるデータ，選択バイアスのあるデータ，そして無作為抽出されていないデータは，いずれも不完全データとして共通の方法論で補正できることが近年，指摘されているからである［星野 2009］。

　そこで抽出台帳の閲覧制限が強化された場合への対応をここで考えておく。もちろんそれは回避されることが望ましいが，発想を変えて，仮に制限が強化されたときにどうするかを考えておくことも大切であろう。住民基本台帳と選挙人名簿が閲覧できない状況でとりうる選択肢は，大別してふたつある。

　ひとつがいま述べた有意抽出データを補正して利用する方法である。有意抽出データの典型としてはインターネット調査がある（→第5章 発展 1）。モニターを用いるインターネット調査は，そもそもパソコンやスマホをもっていない人は対象者になり得ないので，全人口からの確率抽出はもとより不可能だ。しかしインターネット調査の回答者が，確率抽出されたデータに含まれる別の回答者とどのように異なっているかがわかれば，補正によりある程度は利用可

14

能であり，その方法にかんする検討が進められている。⁴⁾

　もうひとつはあくまでも確率抽出の範疇で別の方法を用いることである。もともとそうした台帳が存在しないアメリカで用いられているエリアサンプリングは，現実にはいろいろ問題があるにせよ，その有力候補であろう（→第7章 発展 1）。いずれにせよ（結果的に）対象者が等確率で抽出されたデータを分析できるように，さまざまな工夫を凝らす努力を続けることが重要である。

④ 社会調査を学ぶ意義

　ここまで本章を読み進めてきて，どのような感想をもたれたであろうか。これから社会調査をはじめようと意気込んでいた人のなかには，その困難性に気づいて出鼻をくじかれたかもしれない。もちろんそれは筆者の本意ではない。ただし，安易な気持ちで社会調査を始めてはならない，ということも強調しておきたい。その理由はすでに述べた通り，調査は本質的に対象者に迷惑なことだからである。周到な準備をして，すぐれた技能，そして高い志をもった者が行うべきだと考える。

　それでは実際に社会調査を行わない（大多数の）人にとって，それを学ぶ意義はないのだろうか。決してそんなことはない。その眼目は，データという根拠を示して社会について議論する方法を学べる点にある。自らは調査を行わなくても，その一連のプロセスを理解することによって，データを見る目，ひいては社会を分析する腕前が格段に高まるはずだ。これは第1章の冒頭でふれたリサーチリテラシーにほかならず，社会調査士制度の普及はそれを高めるひとつの契機になろう。

　たとえばジニ係数が高まっている，つまり所得分配の不平等が拡大しているとの指摘が2000年代初頭になされ，国会でもとりあげられた。かなり高いジニ係数を根拠に格差拡大を主張した論者もいた。⁵⁾たしかにデータを提示して議論

4）　ただし補正するためには両データが比較できるように，設計段階で変数をある程度揃えておかなければならない。詳細は星野［2009］第6，7章を参照。

5）　たとえば橘木［1998］である。なお，長期的にはどのデータでもジニ係数が上昇していることは大竹［2005］でも確認できるので，橘木の主張は間違いではない。

することは良いことだ。けれども，実はジニ係数を計算するもとになるデータとして四つの基幹統計があり，いずれにもとづくかでジニ係数がかなり異なることがのちに指摘されている［大竹 2005：6］。この例は，目下の議論にとってどのデータが最もふさわしいのかを吟味する目が必要なことを示している。本書を咀嚼吸収された読者は，専門家でさえ間違えかねないデータの落とし穴を，見抜くことができるようになったのではないだろうか。その意味でも社会調査を学ぶ意義は大きいと思われる。

発　展　*Advanced*

Ⅰ　調査者―被調査者の関係

Ⅰ-Ⅰ　ある調査拒否の例

　正確なデータを収集するために，調査者と被調査者の間に成立させることが望ましい友好的な関係のことを**ラポール**という。これがいかなる調査であれ重要なことは，（ラポールという表現は用いてなくても）どのテキストにも書いてある。たとえば「面接時において特に注意しなければならないことは，それが面接者と被面接者との間にひとつの社会関係を形成することである」「最初の接触が大切で，冒頭から不快の念を相手に与えたりすると，その後の調査が難航することになるから，親和感をおこし協力意欲を出させるよう細心の注意を払うべきである」［福武 1954：18-9］。

　ところが調査者が細心の注意を払ってかりにラポールが成立したとしても，それとは異なる次元の問題が生じているとの指摘が，1970年代に現れている[6]。なかでもよく知られているのが，地域調査の困難を明確に指摘した似田貝［1974］である。そこでは高度成長期に策定された「新全国総合開発」計画を巡って紛糾していたいくつかの地域での調査の経験が語られている。舞台は，原子力発電所の建設に反対している福島県双葉郡浪江町，上越新幹線・関越自動車道・バイパスの建設に反対している群馬県高崎市などである。それぞれの地域で住民運動組織を面接調査して明らかになった（正確には調査しようとして直面した）のは，調査の実施自体が極めて困難である，ということであった。

　より具体的には，「第一に，住民運動参加者の，研究所や研究者に対するかなり強い不信感。第二に，研究者や調査主体の，〈issue〉へのかかわり方の，執拗なまでの問い。第三に，住民運動参加者の，研究者や調査者への情報・知識の要求」［似田貝 1974：1］である。では彼らがそうした強い「いらだち」や「腹立たしさ」を感じる背景は何であろうか。ひとつは科学的なデータを得るとの名のもとで行われる調査の結果が，住民運動参加者の手の届かないところで処理され，結局は開発推進の後ろ盾になること，もう

6）　このほかにオーバーラポールの問題は第 2 章 **基礎** **3-3** 参照。

ひとつは調査者の側が客観的に測定できるような項目を調査しようとするために，住民のもつリアリティと齟齬を来すこと，であると分析されている。そのため調査する側がいくらラポールを築いたと思っても，住民運動参加者にしてみればそんなものはいかにも傍観者的で皮相な「みせかけの人間関係」に映るのである。最後に似田貝［1974：6］はいう。「研究者が自己を大衆や住民の一員であることを感じることなしに，客体としての大衆を論じることの出来た，近代社会科学の『幸福な時代』は」終焉を迎えたと。これは調査することを反省的に捉える必要（→ 基礎 2 - 2 ）を指摘したものと理解できる。調査拒否がいまに始まったことではなく，根深い問題であることがわかる。

1-2　似田貝―中野論争

　ところで興味深いのは，さきの住民運動参加者は調査を拒んでばかりいたわけでもない点である。これまで行政や研究者が独占していた確かな知識を自らの手に取り戻すために，「調査を通じて，専門研究者との〈共同行為〉を渇望」していると，似田貝［1974：6］は指摘する。

　ただし，この「共同行為」という提案に対しては，間髪をおかず反論があった。中野［1975］は，岡山県倉敷市役所から要請されて，企業公害に苦しむ水島地区住民の集団移転に関する意向調査の経緯をくわしく述べている。まず1971年10月に予備調査で現地を訪れ，説明会を開いた。中野らは，遠路はるばる東京から調査に来てくれたと，住民からいちおう丁重な扱いを受ける。けれども同席した市役所の職員に対しては，調査に関して容赦ない質問や罵声が浴びせられた。12月に入ると訪問面接法による約1,000世帯の悉皆調査を実施するために，中野が所属していた東京教育大学（1978年閉学）のほか，岡山大学と香川大学の学生が調査員として招集された。彼らに対してある寺院で実査のインストラクションを行っていたときのことである。市役所からの急報が入り，中野は調査の「緊急説明会」へ共同研究者とともに出向くことになる。2 人は「異常な緊張を身に覚えながら」公会堂へ向かった。そこで待ちかまえていたのは，こう宣言する住民であった。「調査の結果が出た際に，市役所の側が，どれだけ誠意ある処置をとってくれるのかを問いただしたい。その答え如何では，明日からの調査開始を拒否するかも知れない」［中野 1975：5］。

　結局，調査は年明けまで行われた。その間，疲労困憊しながらも「勇敢に暗夜寒風の迷路」へ出て行った学生や，地域住民からのつるし上げに耐え続けた市役所の職員に対して，中野は「我々」意識を抱くようになった。住民のなかにも実施本部までねぎらいの言葉をかけに来てくれた者もいた。けれども被調査者に対して，「もし我々が『共同行為』などという言葉を使ったとしたら（中略），彼ら公害地区住民は我々をはねつけたろう。甘ったれるな。あるいは丁重にこう言ったかもしれない。思い上がらないで下さい，と」［中野 1975：5］。中野は被調査者との**信頼関係**を築くことの重要性を強調しつつも，調査というものは「共同行為」などといえるものではないと言い切っている。[7)]

I-3 中野に対する安田のコメント

中野のいう被調査者との強い信頼関係とは，調査時に一時的に成立するラポールよりは，おそらく長期的で強固な関係を指しているように思われる。それでは被調査者から信頼を得られさえすれば，**データの質**を担保できるのであろうか。それに対する疑念を，先の「似田貝―中野論争」の続きに見出すことができる。

すでに述べた通り，中野は調査を共同行為と捉えることには否定的であったが，調査者と被調査者の信頼関係を強調していた。「相互信頼の場を発見し或いは創り出すことなしに社会学的な現地調査に成功したという記憶はない」「信頼なしに期待はなされず，期待できない相手に本当のことを教えたり，本音を吐いたりするものではない」「教えてもらえなくて調査研究などできるものではない」［中野ほか 1975：29］。

これらを安田［1975：496-8］は，「永年の経験に裏付けられた，重みのある文章である」と評価しながらも，疑問を呈している。①相互の信頼がなければ本音を吐かないというのは本当だろうか。――本音を言ってくれた，信頼されたと思ってもそれは錯覚で，単に調査者の予測と合致した回答が得られたからそう思えただけではないか。②そもそも本音というものは不動のものだろうか。――本音は移ろいやすいものであるし，ひとつとは限らないのではないか。③調査者の自己鍛錬によって客観的な認識は可能だろうか。――同じ質問をほかの調査者がしても同じ回答を得たときに，客観性が確保されるのではないか。④社会学的調査は，被調査者から教えてもらうものなのだろうか。――被調査者から価値のある情報を引き出すことは重要であるが，研究者にとってより大事なのは，そこから法則を定立することではないか。

身も蓋もないコメントという気もするが，日本における計量的な社会階層研究の泰斗であり，1965年のSSM調査を主導した安田の面目躍如たる発言ではある。調査者が被調査者から信頼されることは重要ではあるものの，正確なデータを得るうえでは必要不可欠とまではいえない，と安田は主張したかったのであろう。[8] このように量的調査における調査者―被調査者の関係がどうあるべきかは，古くて新しい問題であり，今日でも唯一の正答があるわけではない。それぞれの調査者が，質的調査の方法も参考にしながら，模索を続けているのが現状である。

14

7）　このいわゆる「似田貝―中野論争」とその後の展開については，似田貝［1996］，桜井
　　［2002：65-7，293］，井腰［2003］を参照。
8）　この点について山口［2003：559］は，「信頼は調査目的への信頼を獲得しようとすべき
　　であって，それを離れて面接者個人への信頼を獲得しようとするのは誤りである」ことを
　　強調している。もちろんこれは中野を念頭においたメッセージではないが，本文中に示し
　　た水島調査で中野が調査者への個人的な信頼を強調しているのと対照的である。

2 社会調査小史

2-1 海外の先駆的調査──ラウントリーによる貧困に関する調査

　父親が始めたココア製造業を有数のチョコレート会社に発展させた B. S. ラウントリー（1871～1954年，ロウントリーと表記される場合もある）は，30歳代に労務担当役員だったこともあり，19世紀末には1,500名を超すに至った従業員の健康状態と作業効率との関係に関心を持っていた。けれども会社のある英国ヨーク市で膨張を続けるスラム街からの求職者が，どのような生活をしているかについてはまったくわかっていなかった［武田 2014：83-124］。そこで彼は1899年，各家庭の家長の職業・世帯構成・住居の部屋数などについては直接訪問して，収入や家賃に関しては実査に加えいくつかの資料による推定によって調べ上げた。その規模は11,560の家族，46,754人で，ヨーク市の人口の3分の2に及んだ。そこから家庭の総収入が，単なる肉体的能率を保持するために必要な最小限度にも足らない状態を第1次貧困，浪費しなければ肉体的能率を保持できたであろう状態を第2次貧困と定義し，両者をあわせて人口の27.8％が貧困者と判定した［Rowntree 1922＝1975：17-20, 97-8］。さらに1936年には全数を対象とした第2次調査，1950年代には標本抽出による第3次調査を行っている［武田 2014：522-8］。

　こうしたラウントリーの一連の調査は，C. ブース（→第1章）が1887～92年にロンドンで実施した調査に刺戟を受けて始めたとされる。ブースによってロンドン市民の30.7％が貧困者と判定されたが，繁栄を極めた19世紀末の英国での比率だけに，その高さは驚きをもって受け取られた。しかもその多くは失業者ではなく継続的に雇用されている者であった。今日でいうワーキングプア（働く貧困層）の発見である［岩田 2007：16-9］。絶対的貧困の基準となったラウントリーの貧困線とともに，現代でも通用する貧困に関する重要な概念が社会調査を通じて生み出されたのである。

2-2 日本の先駆的調査──月島調査

　ラウントリーが第1次調査を行った1899年に，日本でも横山源之助が「東京貧民の状態」「小作人生活事情」などの章から成る『日本の下層社会』を刊行している。さらに1921年には『東京市京橋区月島に於ける実地調査報告』が発行された。前者は新聞記者によるルポルタージュ，後者は内務省の保健衛生調査会による報告書であるが，これらは当時の労働者の実態を知る貴重な記録であるばかりでなく，日本における先駆的な社会調査といっても過言ではない（月島調査については川合［2004：411-2］）。

　とくに月島調査の主導者であった高野岩三郎は，ミュンヘン大学で統計学を学び，のちに社会統計学の先駆者といわれるようになった人物であるだけに，その傾向が強い。彼は熟練労働者の衛生状態や労働問題に関心を持っていたので，石川島造船所（現 IHI）などで働く工場労働者が集住する月島（現在の東京都中央区佃・月島・勝どき）で，最終的に調査を行うことになった。人口・職業などの「書類上の調査」とは別に，「実際上の調査」として労働者や児童の身体調査・栄養調査・長屋調査・労働者家計調査のほか露

店や通行人の調査まで行われた。その期間は1918年から2年間に及んでいる。調査の対象者数は内容ごとに異なるので約言しにくいものの，当時の月島の人口は3万人を超えていた。現地に調査所を設置し専門の調査員を配置した大規模な調査であったことは間違いない。加えて報告書の冒頭にはかなりの枚数の写真が収められており，結果の提示方法という点でも斬新だったようだ。同報告書には付録が2編あり，ひとつは詳細な集計表，もうひとつは地図から成っている。後者にはたとえば「調理飲食物販売店分布図」があり，社会地図としても見ていて楽しい。なお，高野はその後，大原社会問題研究所（現在は法政大学の付置研究所）の所長を長く務め，膨大な社会科学（とくに労働）関連資料の収集と分析の礎を築いた。

練習問題
① どうしたら社会調査への信頼が高まるであろうか。具体的に考えてみよう。

平沢 和司

文献リスト

AAPOR 2016 "Standard Definitions : Final Dispositions of Case Codes and Outcome Rates for Surveys", The American Association for Public Opinion Research (Retrieved October 12, 2016, http : // www.aapor.org / AAPOR_Main / media / publications/Standard-Definitions20169theditionfinal.pdf).

阿部實 1994「チャールズ・ブースと『貧困調査』」石川淳志・橋本和孝・浜谷正晴 編 『社会調査——歴史と視点』ミネルヴァ書房, 3-23.

阿部貴行 2016『欠測データの統計解析』朝倉書店.

Abercrombie, Nicholas, Stephen Hill and Bryan S. Turner [1984] 2000 *The Penguin Dictionary of Sociology*, 4th ed., Penguin Books.（= [1996] 2005 丸山哲央 監訳『新版 新しい世紀の社会学中辞典』ミネルヴァ書房.）

赤川学 2009「言説分析は，社会調査の手法たりえるか」『社会と調査』3 : 52-8.

新睦人・盛山和夫 編 2008『社会調査ゼミナール』有斐閣.

Beach, Derek, and Rasmus Brun Pedersen 2013 *Process-Tracing Methods : Foundations and Guidelines*, The University of Michigan Press.

Beatty, Paul C., Debbie Collins, Lyn Kaye, Jose-Luis Padilla, Gordon B. Willis, and Amanda Wilmot eds. 2020 *Advances in Questionnaire Design, Development, Evaluation and Testing*, John Wiley and Sons.

Bertaux, Daniel 1997 *Les Récits de Vie : Perspective Ethnosociologique*, Editions NATHAN.（= 2003 小林多寿子 訳『ライフストーリー——エスノ社会学的パースペクティヴ』ミネルヴァ書房.）

Best, Joel 2008 *Stat-Spotting : A Field Guide to Identifying Dubious Data*, University of California Press.（= 2011 林大 訳『あやしい統計フィールドガイド——ニュースのウソの見抜き方』白揚社.）

Bethlehem, Jelke and Silvia Biffignandi 2012 *Handbook of Web Survey*, John Wiley and Sons.

Biemer, Paul P. and Lars E. Lyberg 2003 *Introduction to Survey Quality*, John Wiley and Sons.

Biemer, Paul P., Edith de Leeuw, Stephanie Eckman, Brad Edwards, Frauke Kreuter, Lars E. Lyberg, N. Clyde Tucker, and Brady T. West eds. 2017 *Total Survey Error in Practice*, John Wiley and Sons.

Bohrnstedt, George W. and David Knoke [1982] 1988 *Statistics for Social Data Analysis*, 2nd ed., F. E. Peacock.（= 1990 海野道郎・中村隆 監訳『社会統計学——社会調査のためのデータ分析入門』ハーベスト社.）

Boudon, Raymond et al. 1993 *Dictionnaire de la sociologie*, Larousse. (= 1997 宮島喬ほか 訳『ラルース社会学事典』弘文堂.)

Bradburn, Norman, Seymour Sudman, and Brian Wansink [1982]2004 *Asking Questions : The Definitive Guide to Questionnaire Design*, Revised Edition, Jossey-Bass.

Brady, Henry E. and David Collier eds. 2004 *Rethinking Social Inquiry : Diverse Tools, Shared Standards*, Rowman and Littlefield. (= 2008 泉川泰博・宮下明聡 訳『社会科学の方法論争——多様な分析道具と共通の基準』勁草書房.)

Brenner, Philip S. ed. 2020 *Understanding Survey Methodology : Sociological Theory and Applications*, Springer.

Callegaro, Mario, Katja Lozar Manfreda and Vasja Vehovar 2015 *Web Survey Methodology*, Sage.

Callegaro, Mario, Reginald P. Baker, Jelke Bethlehem, Anja S. Göritz, Jon A. Krosnick and Paul J. Lavrakas eds. 2014 *Online Panel Research : A Data Quality Perspective*, John Wiley and Sons.

Charmaz, Kathy 2006 *Constructing Grounded Theory : A Practical Guide Through Qualitative Analysis*, Sage. (= 2008 抱井尚子・末田清子 監訳『グラウンデッド・セオリーの構築——社会構成主義からの挑戦』ナカニシヤ出版.)

Conrad, Frederick G., and Michael F. Schober eds. 2008 *Envisioning the Survey Interview of the Future*, John Wiley and Sons.

Converse, Jean M. [1987] 2009 *Survey Research in the United States : Roots and Emergence 1890–1960*, Reissue edition, Transaction Publishers.

Couper, Mick P., Reginald P. Baker, Jelke Bethlehem, Cynthia Z. F. Clark, Jean Martin, William L. Nicholls II, and James M. O'Reilly 1998 *Computer Assisted Survey Information Collection*, John Wiley and Sons.

Creswell, John W. [1994] 2009 *Research Design : Qualitative, Quantitative, and Mixed Methods Approaches*, 3rd ed., Sage.

De Leeuw, Edith D., Joop J. Hox and Don A. Dillman eds. 2008 *International Handbook of Survey Methodology*, Lawrence Erlbaum Associates.

電通総研・日本リサーチセンター 編 2008『世界主要国価値観データブック』同友館.

Denzin, Norman K. and Yvonna S. Lincoln eds. [1998] 2003 *Strategies of Qualitative Inquiry*, 2nd ed., Sage.

Dicks, Bella, Bruce Mason, Amanda Coffey, and Paul Atkinson 2005 *Qualitative Research and Hypermedia : Ethnography for the Digital Age*, Sage.

Dillman, Don A. 1978 *Mail and Telephone Surveys : The Total Design Method*, John Wiley and Sons.

Dillman, Don A., Jolene D. Smyth and Leah Melani Christian [2000] 2014 *Internet, Phone, Mail, and Mixed-Mode Surveys : The Tailored Design Method*, 4th ed.,

John Wiley and Sons.

独立行政法人労働政策研究・研修機構 研究調整部研究調整課編 2005『インターネット調査は社会調査に利用できるか——実験調査による検証結果』（労働政策研究報告書17），独立行政法人労働政策研究・研修機構.

Easthope, Gary 1974 *History of Social Research,* Prentice Hall Press.（＝1982 川合隆男・霜野寿亮 監訳『社会調査方法史』慶應通信.）

Eiland, Gary W., Richard G. Korman, Janet M. Lis, and Teresa A. Williams［2007］2018 *Institutional Review Boards : A Premer,* Third Edition, American Health Lawyers Association.

Engel, Uwe, Ben Jann, Peter Lynn, Annette Scherpenzeel and Patrick Sturgis 2015 *Improving Survey Methods : Lessons from Recent Research,* Routledge.

江利川滋・山田一成 2015「Web調査の回答形式の違いが結果に及ぼす影響——複数回答形式と個別強制選択形式の比較」『社会心理学研究』31(2) : 112-9.

Festinger, Leon, Henry W. Riecken and Stanley Schachter 1956 *When Prophecy Fails : An Account of a Modern Group That Predicted the Destruction of the World,* University of Minnesota Press.（＝1995 水野博介 訳『予言がはずれるとき——この世の破滅を予知した現代のある集団を解明する』勁草書房.）

Foucault, Michel 1969 *L'archéologie du savoir,* Gallimard.（＝［1970］1995 中村雄二郎 訳『知の考古学 改訳版新装』河出書房新社.）

Foucault, Michel 1994 *Dits et écrits, 1954-1988,*（édition établie sous la direction de Daniel Defert et François Ewald), Gallimard.（＝1999 蓮實重彦・渡辺守章 監修／小林康夫・石田英敬・松浦寿輝 編『歴史学／系譜学／考古学（ミシェル・フーコー思考集成Ⅲ）』筑摩書房.）

Fowler, Floyd J.［1984］2014 *Survey Research Methods,* 5th ed., Sage.

Fowler, Floyd J. and Thomas W. Mangione 1990 *Standardized Survey Interviewing : Minimizing Interviewer-Related Error,* Sage.

藤平芳紀 2007『視聴率の正しい使い方』朝日新聞社.

藤本加代 2007「アメリカ合衆国における『IRB制度』の構造的特徴と問題点——日本の社会科学研究における研究対象者保護制度の構築に向けて」『先端社会研究』6 : 165-188.

藤島喜嗣・樋口匡貴 2016「社会心理学における "p-hacking" の実践例」『心理学評論』59(1) : 84-97.

藤田峯三 1995『新国勢調査論』大蔵省印刷局.

福武直 1954『社会調査の方法』有斐閣.

Giddens, Anthony 1985 *The Nation-State and Violence,* Polity.（＝1999 松尾精文・小幡正敏 訳『国民国家と暴力』而立書房.）

Giele, Janet Z. and Glen H. Elder Jr. eds. 1998 *Methods of Life Course Research : Qualitative and Quantitative Approaches,* Sage.（＝2003 正岡寛司・藤見純子

訳『ライフコース研究の方法——質的ならびに量的アプローチ』明石書店.）

Glaser, Barney G. and Anselm L. Strauss 1967 *The Discovery of Grounded Theory : Strategies for Qualitative Research*, Aldine.（＝1996 後藤隆・大出春江・水野節夫 訳『データ対話型理論の発見——調査からいかに理論をうみだすか』新曜社.）

Goertz, Gary, and James Mahoney 2012 *A Tale of Two Cultures : Qualitative and Quantitative Research in the Social Sciences*, Princeton University Press.（＝2015 西川賢・今井真士 訳『社会科学のパラダイム論争——2つの文化の物語』勁草書房.）

Goldthorpe, John H. 2007 *On Sociology, Second Edition Volume One : Critique and Program*, Stanford University Press.

Groves, Robert M. [1989] 2004 *Survey Errors and Survey Costs*, John Wiley and Sons.

Groves, Robert M., Don A. Dillman, John L. Eltinge and Roderick J. A. Little eds. 2002 *Survey Nonresponse*, John Wiley and Sons.

Groves, Robert M., Floyd J. Fowler Jr., Mick P. Couper, James M. Lepkowski, Eleanor Singer and Roger Tourangeau [2004] 2009 *Survey Methodology*, 2nd ed., John Wiley and Sons.（＝2011 大隅昇 監訳『調査法ハンドブック』朝倉書店. 初版の翻訳.）

Groves, Robert M., and Lars Lyberg 2010 "Total Survey Error : Past, Present, and Future," *Public Opinion Quarterly* 74(5) : 849-79.

Groves, Robert M., Paul P. Biemer, Lars E. Lyberg, James T. Massey, William L. Nicholls II, and Joseph Waksberg eds. 1988 *Telephone Survey Methodology*, John Wiley and Sons.

Häder, Sabine, Michael Häder, and Mike Kühne eds. 2012 *Telephone Surveys in Europe : Research and Practice*, Springer.

南風原朝和 2002『心理統計学の基礎——統合的理解のために』有斐閣.

埴淵知哉・村中亮夫 編 2018『地域と統計——〈調査困難時代〉のインターネット調査』ナカニシヤ出版.

原純輔 2000「SSM調査（社会階層と社会移動全国調査）について」原純輔編『日本の階層システム1 近代化と社会階層』東京大学出版会, xvi-xviii.

原純輔・盛山和夫 1999『社会階層——豊かさの中の不平等』東京大学出版会.

原純輔・海野道郎 [1984] 2004『社会調査演習 第2版』東京大学出版会.

原純輔ほか 編 2000『日本の階層システム（全6巻）』東京大学出版会.

長谷川計二 2007「『答えたくない質問にはお答えいただかなくて構いません』?」『先端社会研究』6 : 49-63.

長谷川公一 2007「社会調査と倫理——日本社会学会の対応と今後の課題」『先端社会研究』6 : 189-212.

林英夫 2006『郵送調査法 増補版』関西大学出版部.

肥田野直 2020「読み書き能力調査2――国字の改革」『UP』577:36-41.

樋口耕一［2014］2020『社会調査のための計量テキスト分析――内容分析の継承と発展を目指して（第2版）』ナカニシヤ出版.

樋口美雄・太田清・新保一成 2006『入門パネルデータによる経済分析』日本評論社.

樋口美雄・岩田正美 編 1999『パネルデータからみた現代女性――結婚・出産・就業・消費・貯蓄』東洋経済新報社.

Hill, Craig A., Paul Biemer, Trent D. Buskirk, Lilli Japec, Antje Kirchner, Stas Kolenikov, and Lars E. Lyberg eds. 2021 *Big Data Meets Survey Science: A Collection of Innovative Methods,* John Wiley and Sons.

日野愛郎・田中愛治 編 2013『世論調査の新しい地平――CASI方式世論調査』勁草書房.

広田伊蘇夫・暉峻淑子 編 1987『調査と人権』現代書館.

Holland, Paul W. 1986 "Statistic and Causal Inference (with Discussion)", *Journal of the American Statistical Association,* 81:945-70.

Holstein, James A. and Jaber F. Gubrium 1995 *The Active Interview,* Sage.（＝2004 山田富秋・兼子一・倉石一郎・矢原隆行 訳『アクティヴ・インタビュー――相互行為としての社会調査』せりか書房.）

本多則惠 2005「社会調査へのインターネット調査の導入をめぐる論点――比較実験調査の結果から」『労働統計調査月報』57(2):12-20.

星野崇宏 2009『調査観察データの統計科学――因果推論・選択バイアス・データ融合』岩波書店.

Iarossi, Giuseppe 2006 *The Power of Survey Design: A User's Guide for Managing Surveys, Interpreting Results and Influencing Respondents,* The International Bank for Reconstruction and Development.（＝2006 三井久明 訳『まちがいだらけのサーベイ調査――経済・社会・経営・マーケティング調査のノウハウ』一灯舎.）

池田央 1976『統計的方法I 基礎』新曜社.

井腰圭介 2003「社会調査に対する戦後日本社会学の認識転換――『似田貝―中野論争』再考」『年報社会科学基礎論研究』2:26-43.

稲葉昭英 2006「『社会調査の困難』を考える」『社会学年誌』47:3-17.

稲葉昭英 2007「データの整理とチェック――分析の前にすべきこと」森岡清志 編『ガイドブック社会調査 第2版』日本評論社, 167-98.

稲葉昭英 2014「社会調査と利益相反問題」『社会と調査』12:13-9.

猪口孝・田中明彦・園田茂人 編 2007『アジア・バロメーター 躍動するアジアの価値観――アジア世論調査（2004）の分析と資料』明石書店.

石田浩 2012「社会科学における因果推論の可能性」『理論と方法』51:1-18.

石川淳志・橋本和孝・浜谷正晴 編 1994『社会調査――歴史と視点』ミネルヴァ書房.

Ito, Daisuke, and Makoto Todoroki 2020 "Evaluating the Quality of Online Survey Data Collected in 2018 in the USA : Univariate, Bivariate, and Multivariate Analyses." *International Journal of Japanese Sociology.* doi : 10.1111/ijjs.12117.

伊藤伸介 2017「公的統計における行政記録データの利活用について──デンマーク，オランダとイギリスの現状」『経済学論纂（中央大学）』58(1) : 1-17.

岩井紀子・保田時男 2007『調査データ分析の基礎── JGSS データとオンライン集計の活用』有斐閣.

岩崎学 2015『統計的因果推論』朝倉書店.

岩田正美 2007『現代の貧困──ワーキングプア／ホームレス／生活保護』筑摩書房.

Johnson, Timothy P., Beth-Ellen Pennell, Ineke A. L. Stoop, and Brita Dorer, 2018, *Advances in Comparative Survey Methods : Multinational, Multiregional, and Multicultural Contexts,* Wiley.

歸山亜紀・小林大祐・平沢和司 2015「コンピュータ支援調査におけるモード効果の検証──実験的デザインにもとづく PAPI, CAPI, CASI の比較」『理論と方法』30(2) : 273-92.

Kahneman, Daniel 2011 *Thinking, Fast and Slow,* Farrar, Straus and Giroux.（＝2012 村井章子 訳『ファスト＆スロー──あなたの意思はどのように決まるか？〔上・下〕』早川書房.）

鹿又伸夫・野宮大志郎・長谷川計二 編 2001『質的比較分析』ミネルヴァ書房.

狩野裕 2002「構造方程式モデリング，因果推論，そして非正規性」甘利俊一・狩野裕・佐藤俊哉・松山裕・竹内啓・石黒真木夫『多変量解析の展開──隠れた構造と因果を推理する』岩波書店，65-129.

川端亮 1998「社会学調査の歴史──計量的手法を中心に」高坂健次・厚東洋輔 編『講座社会学 1 理論と方法』東京大学出版会，239-70.

川合隆男 2004『近代日本における社会調査の軌跡』恒星社厚生閣.

携帯 RDD 研究会 2015「携帯電話 RDD 実験調査結果のまとめ」公益財団法人日本世論調査協会ホームページ（2016年 9 月22日取得. http : //www.japor.or.jp/pdf/RDD_Report.pdf）.

吉川徹 2001『学歴社会のローカル・トラック──地方からの大学進学』世界思想社.

吉川徹 2003「計量的モノグラフと数理──計量社会学の距離」『社会学評論』53(4) : 485-98.

吉川徹 編 2007『階層化する社会意識──職業とパーソナリティの計量社会学』勁草書房.

King, Gary, Robert O. Keohane and Sidney Verba 1994 *Designing Social Inquiry : Scientific Inference in Qualitative Research,* Princeton University Press.（＝2004 真渕勝 監訳『社会科学のリサーチ・デザイン──定性的研究における科学的推論』勁草書房.）

木村邦博 2006『日常生活のクリティカル・シンキング──社会学的アプローチ』河出

書房新社.

木下康仁 2007『ライブ講義 M-GTA──実践的質的研究法 修正版グラウンデッド・セオリー・アプローチのすべて』弘文堂.

岸政彦・石岡丈昇・丸山里美 2016『質的社会調査の方法──他者の合理性の理解社会学』有斐閣.

Knowles, Caroline and Paul Sweetman eds. 2004 *Picturing the Social Landscape : Visual Methods and the Sociological Imagination,* Routledge.（＝2012 後藤範章監訳『ビジュアル調査法と社会学的想像力──社会風景をありありと描写する』ミネルヴァ書房.）

小林良行 2012「公的統計ミクロデータ提供の現状と展望──一橋大学での取り組みをもとに」『日本統計学会誌』41(2) : 401-420.

Kohn, Melvin L. and Carmi Schooler 1983 *Work and Personality : An Inquiry into the Impact of Social Stratification,* Ablex.

髙坂健次 2007「『調査倫理』問題の現状と課題──特集のことばに代えて」『先端社会研究』6 : 1-22.

Kreuter, Frauke ed. 2013 *Improving Surveys with Paradata : Analytic Uses of Process Information,* John Wiley and Sons.

Krosnick, J. 1991 "Response Strategies for Coping with the Cognitive Demands of Attitude Measures in Surveys". *Applied Cognitive Psychology.* 5(3) : 213-36.

工藤保則・寺岡伸悟・宮垣元 編 [2010] 2016『質的調査の方法──都市・文化・メディアの感じ方（第2版）』法律文化社.

Künn, Steffen 2015 "The challenges of linking survey and administrative data," *IZA World of Labor* 2015 : 214 doi : 10.15185/izawol.214.

Lavrakas, Paul J., Michael W. Traugott, Courtney Kennedy, Allyson L. Holbrook, Edith D. de Leeuw, and Brady T. West eds. 2019 *Experimental Methods in Survey Research : Techniques that Combine Random Sampling with Random Assignment,* John Wiley and Sons.

Litman, Leib, and Jonathan Robinson eds. 2020 *Conducting Online Research on Amazon Mechanical Turk and Beyond,* Sage.

Little, Roderick J. A. and Donald B. Rubin [1987] 2002 *Statistical Analysis with Missing Data,* 2nd ed., John Wiley and Sons.

Lofland, John and Lyn H. Lofland [1971] 1995 *Analyzing Social Settings : A Guide to Qualitative Observation and Analysis,* 3rd ed., Wadsworth.（＝1997 進藤雄三・宝月誠 訳『社会状況の分析──質的観察と分析の方法』恒星社厚生閣.）

Madans, Jennifer, Kristen Miller, Aaron Maitland, and Gordon Willis eds. 2011 *Question Evaluation Methods : Contributing to the Science of Data Quality,* John Wiley and Sons.

前田忠彦 2016「第1回 SSP 調査の設計と実施概要」SSP プロジェクト事務局（吉川

徹・伊藤理史）編『2015年階層と社会意識全国調査（第1回SSP調査）報告書』SSPプロジェクト 3-21.

前田忠彦・大隅昇 2006「自記式調査における実査方式間の比較研究――ウェブ調査の特徴を調べるための実験的検討」『ESTRELA』143：12-9.

眞嶋俊造・奥田太郎・河野哲也 編 2015『人文・社会科学のための研究倫理ガイドブック』慶應義塾大学出版会.

間々田孝夫・西村雄郎 1986「郵送調査の可能性」『現代社会学』12(1)：120-45.

真鍋一史 2003『国際比較調査の方法と解析』慶應義塾大学出版会.

真鍋一史 2012「社会科学はデータ・アーカイブに何を求めているか」『社会と調査』8：16-23.

Mangione, Thomas W. 1995 *Mail Surveys : Improving the Quality,* Sage.（＝1999 林英夫 監訳『郵送調査法の実際――調査における品質管理のノウハウ』同友館.）

Markham, Annette N., and Nancy K. Baym eds. 2009 *Internet Inquiry : Conversations about Method,* Sage.

松田映二 2008「郵送調査の効用と可能性」『行動計量学』35(1)：17-45.

松田映二 2013「郵送調査で高回収率を得るための工夫」『社会と調査』10：110-8.

松井博 2008『公的統計の体系と見方』日本評論社.

松本正生 2001『政治意識図説――「政党支持世代」の退場』中央公論新社.

松本正生 2003『「世論調査」のゆくえ』中央公論新社.

松尾浩一郎 2015『日本において都市社会学はどう形成されてきたか――社会調査史で読み解く学問の誕生』ミネルヴァ書房.

Maynard, Douglas W., Hanneke Houtkoop-Steenstra, Nora Cate Schaeffer, and Johannes van der Zouwen eds. 2002 *Standardization and Tacit Knowledge : Interaction and Practice in the Survey Interview,* John Wiley and Sons.

Merriam, Sharan B.［1988］1998 *Qualitative Research and Case Study Applications in Education,* Revised and Expanded Edition, Jossey-Bass Publishers.（＝2004 堀薫夫・久保真人・成島美弥 訳『質的調査法入門――教育における調査法とケース・スタディ』ミネルヴァ書房.）

御船美智子・財団法人家計経済研究所 編 2007『家計研究へのアプローチ――家計調査の理論と方法』ミネルヴァ書房.

三浦麻子・小林哲郎 2016「オンライン調査における努力の最小限化（Satisfice）傾向の比較――IMC違反率を指標として」『メディア・情報・コミュニケーション研究』1：27-42.

三輪哲・小林大祐 編 2008『2005年SSM調査シリーズ1 2005年SSM日本調査の基礎分析』2005年SSM調査研究会.

宮川雅巳 2004『統計的因果推論』朝倉書店.

宮本常一 1972「調査地被害」朝日新聞社 編『朝日講座 探検と冒険7』：262-278.

宮内泰介・上田昌文 2020『実践 自分で調べる技術』岩波書店.

溝部明男・轟亮 2008「中範囲の社会調査の可能性と実践的諸課題」『金沢大学文学部論集（行動科学・哲学編）』28：19-44.

文部科学省 2014「研究活動における不正行為への対応等に関するガイドライン」（2020年10月20日取得．https://www.mext.go.jp/b_menu/houdou/26/08/__icsFiles/afieldfile/2014/08/26/1351568_02_1.pdf）.

森幸雄 1987「生態学的データ利用における誤謬の問題——ロビンソンの生態学的誤謬問題を中心として」『ソシオロジカ』12(1)：A23-38.

森岡清志 編 [1998] 2007『ガイドブック社会調査（第2版）』日本評論社.

森田果 2014『実証分析入門——データから「因果関係」を読み解く作法』日本評論社.

村上文司 2005『近代ドイツ社会調査史研究——経験的社会学の生成と脈動』ミネルヴァ書房.

村上文司 2014『社会調査の源流——ル・プレー，エンゲル，ヴェーバー』法律文化社.

内務省衛生局 1921『東京市京橋区月島に於ける実地調査報告』.

中野卓 1975「社会学的調査と『共同行為』——水島工業地帯に包みこまれた村々で」『UP』33：1-6.

中野卓 編 1977『口述の生活史——或る女の愛と呪いの日本近代』御茶の水書房.

中野卓ほか 1975「社会学的調査における被調査者との所謂『共同行為』について——環境問題と歴史社会学的調査（その2）」『未来』102：28-33.

中澤渉 2013「通塾が進路選択に及ぼす因果効果の異質性——傾向スコア・マッチングの応用」『教育社会学研究』92：151-74.

直井優 1983「社会調査の原理」直井優 編『社会調査の基礎』サイエンス社，1-43.

直井優ほか 編 1990『現代日本の階層構造（全4巻）』東京大学出版会.

National Academy of Sciences 1992 *Responsible Science : Ensuring the Integrity of the Research Process,* Volume I, The National Academies Press. doi : 10.17226/1864.

日本学術会議 2015『回答 科学研究における健全性の向上について』（2020年10月20日取得．http://www.scj.go.jp/ja/info/kohyo/pdf/kohyo-23-k150306.pdf）.

日本学術会議社会学委員会 2020「Web調査の有効な学術的活用を目指して」日本学術会議ホームページ（2020年9月17日取得．http://www.scj.go.jp/ja/info/kohyo/pdf/kohyo-24-t292-3.pdf）.

日本学術振興会「科学の健全な発展のために」編集委員会 2015『【テキスト版】科学の健全な発展のために——誠実な科学者の心得』（2021年2月3日取得．https://www.jsps.go.jp/j-kousei/data/rinri.pdf）.

日本社会学会 2018「社会学評論スタイルガイド 第3版」日本社会学会ホームページ（2020年12月31日取得．https://jss-sociology.org/bulletin/guide/）.

西平重喜 2007「戦後日本における社会調査」岡田直之・佐藤卓己・西平重喜・宮武実知子『輿論研究と世論調査』新曜社 137-87.

西平重喜 2009『世論をさがし求めて——陶片追放から選挙予測まで』ミネルヴァ書房.

似田貝香門 1974「社会調査の曲がり角——住民運動調査後の覚え書き」『UP』24：1-7.

似田貝香門 1996「再び『共同行為』へ——阪神大震災の調査から」『環境社会学研究』2：50-61.

野口裕二 編 2009『ナラティヴ・アプローチ』勁草書房.

小栗秀暢 2019「プライバシー保護データ流通のための匿名化手法」『システム／制御／情報』63(2)：51-57.

大隅昇 2019「ウェブ調査は世論調査に適用可能か？」『よろん』124：1.

尾嶋史章 編 2001『現代高校生の計量社会学——進路・生活・世代』ミネルヴァ書房.

尾嶋史章・荒牧草平 編 2018『高校生たちのゆくえ——学校パネル調査からみた進路と生活の30年』世界思想社.

岡田直之・佐藤卓己・西平重喜・宮武実知子 2007『輿論研究と世論調査』新曜社.

岡村久道・鈴木正朝 2005『これだけは知っておきたい個人情報保護』日本経済新聞社.

奥村晴彦・牧山幸史・瓜生真也 2018『Rで楽しむベイズ統計入門——しくみから理解するベイズ推定の基礎』技術評論社.

Olson, Kristen, Jolene D. Smyth, Jennifer Dykema, Allyson L. Holbrook, Frauke Kreuter, and Brady T. West eds. 2020 *Interviewer Effects from a Total Survey Error Perspective,* Chapman and Hall/CRC.

大竹文雄 2005『日本の不平等——格差社会の幻想と未来』日本経済新聞社.

大谷信介 編 2012『マンションの社会学——住宅地図を活用した社会調査の試み』ミネルヴァ書房.

Paulus, Trena M., Jessica N. Lester, and Paul G. Dempster 2014 *Digital Tools for Qualitative Research,* Sage.

Payne, Stanley L. 1951 *The Art of Asking Questions,* Princeton University Press.

Pearl, Judea, Madelyn Glymour, and Nicholas P. Jewell 2016 *Causal Inference in Statistics : A Primer,* John Wiley and Sons.（＝2019 落海浩 訳『入門　統計的因果推論』朝倉書店.）

Popper, Karl R. 1934 *Logik der Forshung,* J. C. B. Mohr.（＝1971，1972 大内義一・森博 訳『科学的発見の論理』(上・下) 恒星社厚生閣.）

Psathas, George 1995 *Conversation Analysis : The Study of Talk-in-Interaction,* Sage.（＝1998 北澤裕・小松栄一 訳『会話分析の手法』マルジュ社.）

Punch, Keith F. 1998 *Introduction to Social Research : Quantitative and Qualitative Approaches,* Sage.（＝2005 川合隆男 監訳『社会調査入門——量的調査と質的調査の活用』慶應義塾大学出版会.）

羅一等 2019『社会調査のためのデータクリーニング——粘土細工アプローチと DCSS の基本』デザインエッグ株式会社.

Ragin, Charles C. 1987 *The Comparative Method : Moving Beyond Qualitative and Quantitative Strategies,* University of California Press.（＝1993 鹿又伸夫 監訳『社会科学における比較研究——質的分析と計量的分析の統合にむけて』ミネル

ヴァ書房.）

Ragin, Charles C. 2000 *Fuzzy-set Social Science,* The University of Chicago Press.

Ragin, Charles C. 2008 *Redesigning Social Inquiry : Fuzzy Sets and Beyond,* The University of Chicago Press.

Ragin, Charles C. and Howard S. Becker eds. 1992 *What Is a Case ? : Exploring the Foundations of Social Inquiry,* Cambridge University Press.

Rihoux, Benoîx, and Charles C. Ragin eds. 2009 *Configulational Comparative Methods : Qualitative Comparative Analysis（QCA）and Related Techniques,* Sage.（＝2016 石田淳・齋藤圭介 監訳『質的比較分析（QCA）と関連手法入門』晃洋書房.）

Robson, Colin［1993］2002 *Real World Research : A Resource for Social Scientists and Practitioner-Researchers,* 2nd ed., Blackwell.

Rowntree, B. S.［1901］1922 *Poverty : A Study of Town life,* Macmillan.（＝1975 長沼弘毅 訳『貧乏研究』千城.）

Rubin, D. B. 1974 "Estimating Causal Effects of Treatments in Randomized and Non-Randamaized Studies", *Journal of Educational Psychology* 66 : 668-701.

坂本和靖 2006「サンプル脱落に関する分析——『消費生活に関するパネル調査』を用いた脱落の規定要因と推計バイアスの検証」『日本労働研究雑誌』551 : 55-70.

桜井厚 2002『インタビューの社会学——ライフストーリーの聞き方』せりか書房.

桜井厚 2005『境界文化のライフストーリー』せりか書房.

桜井厚・小林多寿子 編 2005『ライフストーリー・インタビュー——質的研究入門』せりか書房.

Salganik, Matthew J. 2018 *Bit by Bit : Social Research in the Digital Age,* Princeton University Press.（＝2019 瀧川裕貴・常松淳・阪本拓人・大林真也 訳『ビット・バイ・ビット——デジタル社会調査入門』有斐閣.）

Saris, Willem E. 1991 *Computer-Assisted Interviewing,* Sage.

佐藤博樹・石田浩・池田謙一 2000「序」佐藤博樹・石田浩・池田謙一 編『社会調査の公開データ——2次分析への招待』東京大学出版会, 1-5.

佐藤郁哉 2002『フィールドワークの技法——問いを育てる，仮説をきたえる』新曜社.

佐藤郁哉 2008a『質的データ分析法——原理・方法・実践』新曜社.

佐藤郁哉 2008b『実践 質的データ分析入門—— QDA ソフトを活用する』新曜社.

佐藤郁哉 2015『社会調査の考え方（上・下）』東京大学出版会.

佐藤健二 2011『社会調査史のリテラシー——方法を読む社会学的想像力』新曜社.

佐藤健二 2020『真木悠介の誕生——人間解放の比較＝歴史社会学』弘文堂.

佐藤正広 2015『国勢調査 日本社会の百年』岩波書店.

佐藤俊樹・友枝敏雄 編 2006『言説分析の可能性——社会学的方法の迷宮から』東信堂.

佐藤嘉倫ほか 編 2011『現代の階層社会（全3巻）』東京大学出版会.

Schaeffer, Nora Cate, and Stanley Presser 2003 "The Science of Asking Questions". *Annual Review of Sociology* 29 : 65-88.

盛山和夫 2004a『統計学入門』放送大学教育振興会.

盛山和夫 2004b『社会調査法入門』有斐閣.

盛山和夫 2005「説明と物語——社会調査は何をめざすべきか」『先端社会研究』2 : 1-25.

盛山和夫・近藤博之・岩永雅也 1992『社会調査法』放送大学教育振興会.

総務省 2016「平成27年国勢調査におけるオンライン調査の実施状況」総務省統計局ホームページ（2016年9月22日取得. http : //www.stat.go.jp/data/kokusei/2015/jisshijoukyou/）.

総務省統計局 2009「平成20年賃金構造基本統計調査, 一般労働者, 雇用形態別」総務省統計局ホームページ（2017年1月9日取得, http : //www.e-stat.go.jp/SG1/estat/List.do?bid=000001022218&cycode=0）.

SSP プロジェクト事務局（吉川徹・伊藤理史）編 2016『2015年階層と社会意識全国調査（第1回SSP調査）報告書』.

Stevens, Stanley S. 1951 "Mathematics, Measurement, and Psychophysics", Stanley S. Stevens ed. *Handbook of Experimental Psychology*, John Wiley and Sons, 1-49.

Strauss, Anselm and Juliet Corbin [1990] 1998 *Basics of Qualitative Research : Techniques and Procedures for Developing Grounded Theory*, 2nd ed., Sage. (＝ [1999] 2004 操華子・森岡崇 訳『質的研究の基礎——グラウンデッド・セオリー開発の技法と手順 第2版』医学書院.）

Sudman, Seymour, Norman M. Bradburn, and Norbert Schwarz 1996 *Thinking About Answers : The Application of Cognitive Process to Survey Methodology*, Jossey-Bass.

Sue, Valerie M. and Lois A. Ritter [2007] 2012 *Conducting Online Surveys*, 2nd ed., Sage.

杉野勇 2006「1936年大統領選予測の実際——Literary Digest と Gallup 再訪」『相関社会科学』15 : 55-69.

杉野勇 2017『入門・社会統計学——2ステップで基礎から〔Rで〕学ぶ』法律文化社.

杉野勇 2019「定性的社会科学の新たな展開と課題——質的比較分析と過程追跡」ダニエル・H・フット／濱野亮／太田勝造 編『法の経験的社会科学の確立に向けて』信山社, 501-30.

杉野勇 2020「多文化共生とライフスタイル——調査結果の概要報告」杉野勇研究室ホームページ（2020年9月23日取得, https://www.li.ocha.ac.jp/ug/hss/socio/sugino/summary2020.html）.

杉野勇・俵希實・轟亮 2015「モード比較研究の解くべき課題」『理論と方法』30(2) : 89-110.

鈴木達三・高橋宏一 1998『標本調査法』朝倉書店.

橘木俊詔 1998『日本の経済格差——所得と資産から考える』岩波書店.

高橋和子・多喜弘文・田辺俊介・李偉 2014「社会調査における職業・産業コーディング自動化システムの一般公開と運用」『言語処理学会　第20回年次大会　発表論文集』932-5.

高井啓二・星野崇宏・野間久史 2016『欠測データの統計科学——医学と社会科学への応用』岩波書店.

武田尚子 2014『20世紀イギリスの都市労働者と生活——ロウントリーの貧困研究と調査の軌跡』ミネルヴァ書房.

玉野和志 2007「日本における社会調査の歴史」森岡清志 編『ガイドブック社会調査 第2版』日本評論社, 323-39.

田中隆一 2015『計量経済学の第一歩——実証分析のススメ』有斐閣.

田中智之・小出隆規・安井裕之 2018『科学者の研究倫理——化学・ライフサイエンスを中心に』東京化学同人.

谷岡一郎 2000『「社会調査」のウソ——リサーチ・リテラシーのすすめ』文藝春秋.

谷富夫 2015『民族関係の都市社会学——大阪猪飼野のフィールドワーク』ミネルヴァ書房.

谷富夫・安藤由美・野入直美 編 2014『持続と変容の沖縄社会——沖縄的なるものの現在』ミネルヴァ書房.

谷富夫・芦田徹郎 編 2009『よくわかる質的社会調査 技法編』ミネルヴァ書房.

谷富夫・山本努 編 2010『よくわかる質的社会調査 プロセス編』ミネルヴァ書房.

田代志門 2011『研究倫理とは何か——臨床医学研究と生命倫理』勁草書房.

俵希實・田邊浩・轟亮 2008「個人情報保護に対応する社会調査の技法——全国自治体調査から」『社会と調査』創刊号：84-8.

俵希實・轟亮 2009「オーストラリアにおける社会調査の実施状況——今後の社会調査法を展望するために」『理論と方法』24(2)：333-43.

Teddlie, Charles and Abbas Tashakkori 2009 *Foundations of Mixed Methods Research : Integrating Quantitative and Qualitative Approaches in the Social and Behavioral Sciences,* Sage.

轟亮・歸山亜紀 2014「予備調査としてのインターネット調査の可能性——変数間の関連に注目して」『社会と調査』12：46-61.

Toepoel, Vera 2015 *Doing Surveys Online,* Sage.

富永健一編 1979『日本の階層構造』東京大学出版会.

Tourangeau, Roger, Brad Edwards, Timothy P. Johnson, Kirk M. Wolter, and Nancy Bates eds. 2014 *Hard-to-Survey Populations,* Cambridge University Press.

Tourangeau, Roger, Frederick Conrad, and Mick Couper 2013 *The Science of Web Survey,* Oxford University Press.（＝2019 大隅昇・鳰真紀子・井田潤治・小野裕亮 訳『ウェブ調査の科学——調査計画から分析まで』朝倉書店.

Tourangeau, Roger, Lance J. Rips, and Kenneth Rasinski 2000 *The Psychology of*

Survey Response, Cambridge University Press.

Tourangeau, Roger, and Tom W. Smith 1996 "Asking Sensitive Questions : The Impact of Data Collection Mode, Question Format, and Question Context". *Public Opinion Quarterly,* 60(2) : 275-304.

豊田秀樹・大橋洸太郎・池原一哉 2013「自由記述のカテゴリ化に伴う観点の飽和度としての捕獲率」『データ分析の理論と応用』3(1) : 49-61.

筒井淳也・水落正明・保田時男 編 2016『パネルデータの調査と分析・入門』ナカニシヤ出版.

Vannette, David L., and Jon A. Krosnick eds. 2018 *The Palgrave Handbook of Survey Research,* Palgrave Macmillan.

Waal, Ton de, Jeroen Pannekoek and Sander Scholtus 2011 *Handbook of Statistical Data Editing and Imputation,* John Wiley and Sons.

Weisberg, Herbert F. 2005 *The Total Survey Error Approach : A Guide to the New Science of Social Research,* University of Chicago Press.

Wolf, Christof, Dominique Joye, Tom W. Smith, and Yang-chin Fu eds. 2016 *The SAGE Handbook of Survey Methodology,* Sage.

山地彩香 2004「回収率の低下，協力拒否の増加と対象者の意識」『中央調査社報』564 : 5032-5.

山田一成 2010『聞き方の技術——リサーチのための調査票作成ガイド』日本経済新聞出版社.

山田一成 2014「Web 調査における最小限化回答」シンポジウム「質問紙の科学：その可能性と展望」(2014年1月11日，慶應義塾大学).

山口一男 2003「米国よりみた社会調査の困難」『社会学評論』53(4) : 552-65.

山口一男 2009『ワークライフバランス——実証と政策』日本経済新聞社.

山本勝美 1995『国勢調査を調査する』岩波書店.

安田三郎 1975「『社会調査』と調査者——被調査者関係」福武直『福武直著作集 第2巻』東京大学出版会，488-99.

安田三郎・原純輔 1982『社会調査ハンドブック 第3版』有斐閣.

保田時男 2008「低下する回収率と回収不能の要因」谷岡一郎・仁田道夫・岩井紀子 編『日本人の意識と行動——日本版総合的社会調査 JGSS による分析』東京大学出版会，447-58.

保田時男 2012「パネルデータの収集と管理をめぐる方法論的な課題」『理論と方法』27(1) : 85-98.

保田時男・宍戸邦章・岩井紀子 2008「大規模調査の回収率改善のための調査員の行動把握—— JGSS における訪問記録の分析から」『理論と方法』23(2) : 129-36.

Yin, Robert K. [1984] 1994 *Case Study Research : Design and Methods,* 2nd ed., Sage.（＝1996 近藤公彦 訳『ケース・スタディの方法〔第2版〕』千倉書房.）

Yin, Robert K. [1993] 2003 *Applications of Case Study Research,* 2nd ed., Sage.

横山源之助［1949］1985『日本の下層社会』岩波書店.

読み書き能力調査委員会 1951『日本人の読み書き能力』東京大学出版会.

吉田貴文 2008『世論調査と政治』講談社.

吉村治正 2017『社会調査における非標本誤差』東信堂.

吉野諒三 1997「世論調査機関の紹介 文部省統計数理研究所」『日本世論調査協会報』
　　　79：82-90.

吉野諒三 2001『心を測る――個と集団の意識の科学』朝倉書店.

事項索引

執筆者紹介

*轟 亮
（とどろき　まこと）

第1章 [基礎][発展] 1〜3，5・第3章 [基礎]・
第5章 [発展] 2・第8章・第9章

金沢大学人間社会研究域教授［専門：計量社会学・社会調査法］
主著：『高校生たちのゆくえ』（世界思想社，2018年／分担執筆），Evaluating the
Quality of Online Survey Data Collected in 2018 in the USA（*International
Journal of Japanese Sociology*, No. 30, 2020年／共著）

*平沢 和司
（ひらさわ　かずし）

第1章 [発展] 4・第3章 [発展] 1・第4章・第13章・第14章

北海道大学大学院文学研究院教授［専門：教育社会学・家族社会学］
主著：『格差の社会学入門 第2版』（北海道大学出版会，2021年／単著），『教育と
社会階層』（東京大学出版会，2018年／編著）

*杉野 勇
（すぎの　いさむ）

第2章・第7章・第9章・第11章・第13章・数学付録

お茶の水女子大学基幹研究院教授［専門：法社会学］
主著：『現代日本の紛争処理と民事司法1——法意識と紛争行動』（東京大学出版
会，2010年／分担執筆），『入門・社会統計学』（法律文化社，2017年／単著）

俵 希實
（たわら　きみ）

第3章 [発展] 2・第13章

北陸学院大学人間総合学部教授［専門：都市社会学］
主著：「日系ブラジル人の居住地域と生活展開——石川県小松市と集住地との比較
から」（『ソシオロジ』51巻1号，2006年／単著），「オーストラリアにおける社会調
査の実施状況——今後の社会調査法を展望するために」（『理論と方法』46号，2009
年／共著）

こ ばやし　だいすけ
小林　大祐　　　　　　　　　第 5 章 [基礎] [発展] **1**, **3**・第 10 章

　金沢大学人間社会研究域教授［専門：階層意識研究・社会階層論］
　主著：『現代の階層社会 3 流動化のなかの社会意識』（東京大学出版会，2011年／
　分担執筆），「階層帰属意識における調査員効果について――個別面接法と郵送法の
　比較から」（『社会学評論』66巻 1 号，2015年／単著）

かえりやま　あ き
歸山　亜紀　　　　　　　　　第 5 章 [発展] **2**・第 8 章

　群馬県立女子大学文学部准教授［専門：社会調査法・労働社会学］
　主著：「予備調査としてのインターネット調査の可能性――変数間の関連に注目し
　て」（『社会と調査』12号，2014年／共著），「コンピュータ支援調査におけるモード
　効果の検証――実験的デザインにもとづく PAPI, CAPI, CASI の比較」（『理論と
　方法』30巻 2 号，2015年／共著）

た ぶち　ろくろう
田渕　六郎　　　　　　　　　第 6 章・第 12 章

　上智大学総合人間科学部教授［専門：家族社会学・福祉社会学］
　主著：「2000年代における現代日本家族の動態」（『家族社会学研究』30巻 1 号，
　2018年／単著），*Changing Families in Northeast Asia*（Sophia University Press,
　2012年／共編著）

（＊は編者，執筆順）

※本書は，独立行政法人日本学術振興会の科学研究費補助金（18330104, 22330148,
　25285147, 16H03689, 18H03649）の助成による研究成果の一部である。

Horitsu Bunka Sha

入門・社会調査法〔第4版〕
——2ステップで基礎から学ぶ

2010年 4 月10日	初　版第 1 刷発行	
2013年 4 月20日	第 2 版第 1 刷発行	
2017年 3 月20日	第 3 版第 1 刷発行	
2021年 4 月15日	第 4 版第 1 刷発行	
2023年11月30日	第 4 版第 4 刷発行	

編　者　　轟　　亮・杉野　勇
　　　　　平沢和司

発行者　　畑　　光

発行所　　株式会社　法律文化社

〒603-8053
京都市北区上賀茂岩ヶ垣内町71
電話 075(791)7131 FAX 075(721)8400
https://www.hou-bun.com/

印刷：共同印刷工業㈱／製本：新生製本㈱
装幀：白沢　正
ISBN978-4-589-04141-8
© 2021 M. Todoroki, I. Sugino, K. Hirasawa
Printed in Japan

乱丁など不良本がありましたら、ご連絡下さい。送料小社負担にて
お取り替えいたします。
本書についてのご意見・ご感想は、小社ウェブサイト，トップページの
「読者カード」にてお聞かせ下さい。

JCOPY 〈出版者著作権管理機構　委託出版物〉

本書の無断複写は著作権法上での例外を除き禁じられています。複写される
場合は，そのつど事前に，出版者著作権管理機構（電話 03-5244-5088,
FAX 03-5244-5089, e-mail: info@jcopy.or.jp）の許諾を得て下さい。

杉野 勇著 ●3080円

入門・社会統計学▶2ステップで基礎から〔Rで〕学ぶ

統計分析フリーソフト "R" を用いて，社会統計学の専門的な知識を基礎と発展とに分けて解説。サポートウェブサイトを開設し，さらに懇切丁寧に手解きする。社会調査士資格取得カリキュラム D・E・I に対応。

工藤保則・寺岡伸悟・宮垣 元編 ●2860円

質的調査の方法〔第3版〕▶都市・文化・メディアの感じ方

質的調査に焦点をあわせた定評書に，新たに SNS を駆使した調査の方法，分析・考察の手法をくわえてヴァージョンアップ。第一線で活躍する調査の達人たちがその「コツ」を披露する。社会調査士資格取得カリキュラム F・G に対応。

津島昌寛・山口 洋・田邊 浩編 ●2970円

数学嫌いのための社会統計学〔第2版〕

社会統計学の基本的な考え方を丁寧に解説した定評書がさらにわかりやすくヴァージョンアップ。関連する社会学の研究事例を紹介することで，嫌いな数学を学ぶ意義を示す。社会調査士資格取得カリキュラム C・D に対応。

景山佳代子・白石真生編 ●2750円

DIY（自分でする）社会学

はじめて社会学を学ぶ人のための実践的テキスト。考えながら学ぶことを目的に，「問い」→「考える」・「共有」→「発見」→「新たな問い」の3つのステップを設け，少しずつ学びを深められ，"社会学する"ことのおもしろさを実感できる。

池田太臣・木村至聖・小島伸之編著 ●2970円

巨大ロボットの社会学▶戦後日本が生んだ想像力のゆくえ

アニメ作品の世界と，玩具・ゲーム・観光といったアニメを超えて広がる巨大ロボットについて社会学のアプローチで分析。日本の文化における意味・位置づけ，そしてそれに託して何が描かれてきたのかを明らかにする。

岡本 健著 ●3080円

アニメ聖地巡礼の観光社会学▶コンテンツツーリズムのメディア・コミュニケーション分析

聖地巡礼研究の第一人者が国内外で注目を集めるアニメ聖地巡礼の起源・実態・機能を分析。アニメ作品，文献・新聞・雑誌記事，質問紙調査，SNSやウェブサイトのアクセス解析等の分析を組み合わせ，関連資料も開示。

———法律文化社———

表示価格は消費税10%を含んだ価格です